Der Verkehrspolizist

Heiter bis wolkige Episoden aus der Kurpfalz

Dieter Schäfer, 2019

Illustrationen: Karl Gärtner
Fotos: Archiv Dieter Schäfer
Satz & Gestaltung: Verena Kessel

ISBN Hardcover 978-3-86476-127-0
ISBN EPUB 978-3-86476-666-4
ISBN PDF 978-3-86476-667-1

Seit 1542

Verlag Waldkirch KG
Schützenstraße 18
68259 Mannheim
Telefon 0621-129150
Fax 0621-1291599
E-Mail: verlag@waldkirch.de
www.verlag-waldkirch.de

Dieter Schäfer

Der Verkehrspolizist

Heiter bis wolkige Episoden aus der Kurpfalz

Verlag Waldkirch

Ich danke meinem Kurpfälzer Freund Karl Gärtner für die Unterstützung bei der Illustration.

Das Titelbild und alle Zeichnungen stammen unverwechselbar aus seinen Pinseln und Zeichenstiften.

KARL GÄRTNER
ILLUSTRATION · MALEREI

Kontakt: info@illustrationsgaertner.de

Inhaltsverzeichnis

Der Diensteid ... **7**

Intro: Der Verkehrspolizist ... **8**

Kapitel 1: Kurpfälzer Eigenheiten ... **12**

Kapitel 2: Die Radfahrer ... **28**

Kapitel 3: So nicht!

Die Interaktion zwischen Bürger und Polizei ... **52**

Kapitel 4: Drogen im Straßenverkehr ... **64**

Kapitel 5: HD–04

Die Affäre Kurzzeitkennzeichen ... **80**

Kapitel 6: Das Phänomen Auto-Poser ... **92**

Kapitel 7: Phänomen Autobahn ... **132**

Kapitel 8: Die Motorradfahrer ... **186**

Kapitel 9: Verkehrspolizist – Warum ich? ... **198**

Die Ableistung des Diensteides hat etwas Feierliches,
ähnlich wie auf festlichem Parkett.

Der Diensteid
§ 47 Landesbeamtengesetzt Baden-Württemberg

Zu Beginn seiner beruflichen Laufbahn legt jeder Polizeibeamte feierlich den Diensteid ab.

Ich schwöre,
dass ich mein Amt nach bestem Wissen und Können führen,
das Grundgesetz für die Bundesrepublik Deutschland,
die Landesverfassung und das Recht achten und verteidigen
und Gerechtigkeit gegen jedermann üben werde.
(So wahr mir Gott helfe.)

Intro: Der Verkehrspolizist

Heiter bis wolkige Episoden aus der Kurpfalz

Jeder kennt ihn.

Nicht jeder mag ihn.

Fast jeder respektiert ihn.

Sein hoheitlicher Blick
Seine virtuelle Art bei der Verkehrsregelung
Seine freundliche Art beim Kontakt
(Prädikate des Verkehrspolizisten)

Der Verkehrspolizist
Heiter bis wolkige Episoden aus der Kurpfalz

Den Kindern brachte er die ersten Verkehrsregeln bei. Den Jugendlichen vermieste er den Spaß an frisierten Mopeds. Den jungen Männern setzte er beim Rasen und Tunen zu. Und irgendwie alle haben ihr Erlebnis, beim zu schnellen Fahren ertappt worden zu sein. Ist sein Bild in der Öffentlichkeit nun freundlich oder doch ablehnend - wir werden sehen.
Eigentlich könnte das Zusammenleben ganz einfach sein. Die Väter unserer Republik haben sich bei der Gestaltung des Grundgesetzes und der darauf aufbauenden Gesetzgebung schon etwas gedacht.
Artikel 1 GG garantiert die Unverletzlichkeit der Menschenwürde und Artikel 2 ermöglicht es für jeden, sich in Freiheit auszuleben.
Paragraf 1 der Straßenverkehrsordnung fordert, jeder solle sich so verhalten, dass er andere nur unvermeidbar belästigt oder gar gefährdet. Das würde durchaus reichen, um gedeihlich miteinander auszukommen. Wäre da nicht Artikel 5 GG, der Jedermanns Meinung nicht nur anerkennt, sondern auch erlaubt, diese frei zu äußern.
So entwickelte sich eine pluralistische Gesellschaft, in der Meinungsvielfalt das Zusammenleben komplizierter macht.
Das ausdrückliche Recht des Artikel 21 GG, in Parteien an der politischen Willensbildung mitzuwirken, förderte unterschiedliche Ideologien, sodass es dann im Alltag doch häufiger eines Schiedsrichters bedarf.
Keine Überraschung, denn jedes individuelle Freiheitsrecht endet dort, wo es die Rechte eines anderen einschränkt[1]. Und in unserer digitalisierten Welt haben immer mehr Mitbürger verlernt, ihre Alltagsprobleme eigenständig durch Kommunikation und Interaktion zu lösen.

Die drei „E“

Die Verkehrswissenschaft hat für solche Fälle, die den Straßenverkehr betreffen, den Ansatz der „Drei E“[2] entwickelt.
Das Erste steht für *Engineering* und umfasst alle baulichen und technischen Optionen zur Verbesserung der Verkehrssicherheit. Hier ist

1 http://www.rechtslexikon.net/d/grundrechtsschranken/grundrechts-schranken.htm

2 https://www.bast.de/DE/Verkehrssicherheit/Publikationen/Veranstaltungen/U-Russisch-Deutsche-Konferenz-2010/Moenninghoff-Vortrag.pdf?__blob=publicationFile&v=1 a.a.O.zu Verbundstrategie

die Polizei insbesondere bei der Unfalluntersuchung und als ständiges Mitglied in den Unfallkommissionen vor Ort vertreten.
Das Zweite steht für *Enforcement* und umfasst alle Sanktionsmöglichkeiten für verkehrsgefährdendes Verhalten. Hierin sind alle repressiven Verkehrsüberwachungsmaßnahmen enthalten.
Das Dritte steht für *Education* und beginnt beim verkehrserzieherischen Gespräch nach einem sanktionierten Verkehrsverstoß. Es lässt alle pädagogischen Spielarten zur Verbesserung des individuellen Verkehrsverhaltens zur Abwehr von Unfallgefahren zu.
Diese „Drei E" begegnen uns im verkehrspolizeilichen Alltag ständig. Der Verkehrspolizist auf der Straße wirkt und handelt überwiegend im zweiten und dritten „E".

Der Alltag
Besonders oft sind es die kleinen Lässlichkeiten im Straßenverkehr, an denen sich Unmut entzündet.
Kennen Sie den Ort an dem am häufigsten und oft hemmungslos geflucht und geschimpft wird?
Ist das nicht am Steuer Ihres Autos, wenn Sie allein unterwegs sind?
Und sind es denn wirklich immer die Anderen, die Fehler machen?
Trotzdem ist es für den Einzelnen relativ selten, in eine Polizeikontrolle zu geraten, weil sich die Mehrheit überwiegend regelkonform verhält. Und begeht man mal einen Regelverstoß, so müsste just in diesem Moment ein Ordnungshüter präsent und ahndungswillig sein. Das ist im Alltag eher nicht der Fall.
Die Polizei richtet ihre Verkehrsüberwachung überwiegend an den unfallträchtigen Gefahren aus. Und diese gibt sie auch jedermann bekannt, sodass man sein Verhalten daran orientieren kann und von Kontrollen unbehelligt bleibt.
Ein noch selteneres Ereignis ist ein Verkehrsunfall. Gerade dann wird wirklich polizeiliche Hilfe erwartet und in Anspruch genommen. Und gerade hier kann der Polizist viel Sympathie gewinnen oder verspielen.
Ich muss dabei immer an die Erzählungen eines längst verstorbenen Onkels denken. Anfang der 1960er Jahre fuhren er, seine Frau und seine Tochter im Spätherbst mit einem Opel Kadett von Heidelberg nach Mannheim. Es war neblig und die Sicht war sehr schlecht. Kaum auf der Autobahn, ereignete sich vor ihm ein Auffahrunfall, der in der Nebelküche eine Massenkarambolage auslöste. Er konnte zwar noch mit Vollbremsung auf den Grasstreifen in der Mitte ausweichen, als ihm schon von hinten der Nächste ins Fahrzeug prallte. Für kurze Zeit hörte man nur noch die krachenden Einschläge im Nebel. Es gab Tote

und viele Verletzte bei diesem Unfall. Es war nasskalt. Die Beteiligten standen unter Schock. Beim Warten auf die Polizei waren alle ziemlich durchgefroren. Der aufnehmende Polizeibeamte, der sich um den Onkel und dessen Familie kümmerte, hat alles richtig gemacht. Er nahm den Unfall so professionell und empathisch auf, dass er in dieser Ausnahmesituation einen bleibenden Wert schuf. „Der Wachtmeister war großartig, er verstand sein Geschäft", bekräftigte der alte Herr seine Erinnerung an den viele Jahrzehnte zurückliegenden Unfall, von der er immer wieder bei entsprechender Gelegenheit berichtete.

Die Veredelung des Schutzes privater Rechte

Für mich ist die Aufgabe der Verkehrsunfallaufnahme die Veredelung des Schutzes privater Rechte. Dieser ist der Polizei zwar über die Polizeigesetzte nur subsidiär zugeschrieben, wenn für den Schutzsuchenden gerichtlicher Schutz nicht rechtzeitig erreichbar ist[3]. Ist man jedoch in einen Verkehrsunfall verwickelt, nehmen die Rechtsfolgen und Ansprüche mit der Unfallschwere zu. Hier kommt es extrem auf die Qualität der Unfallaufnahme und die Professionalität des Polizeibeamten an, will man in der Folge nicht in unendliche Rechtstreitigkeiten bei der Durchsetzung seiner berechtigten Ansprüche verwickelt werden.

So ist auch die Hauptaufgabe der Polizei, Gefahren für die Allgemeinheit und den Einzelnen abzuwehren. Für den Verkehrspolizisten dreht sich deshalb alles um die Sicherung des Straßenverkehrs und die Abwendung von Sach- und Personenschäden – eine verantwortungsvolle, aber auch sehr edle Aufgabe.

Bei der Außenwahrnehmung der Polizei kommt es natürlich auch auf die besonderen Einflüsse der Region, der Menschen und deren Mentalität an.

Um den in der „Kurpfalz" verwurzelten Verkehrspolizisten und sein Umfeld kennen zu lernen, reduziere ich nun alle Betrachtungen auf meine Heimatregion rund um Heidelberg und Mannheim – und nicht alles hat dabei Platz auf der Goldwaage.

Und um die Aktualität zu wahren, beleuchte ich die Verkehrsprobleme und Unfallgefahren in meiner Zeit als Verkehrspolizeichef von 2014 bis 2019, angereichert mit notwendigen Rückblenden.

3 §2 Absatz 2 PolG BW http://www.landesrecht-bw.de/jportal/;jsessionid=BE0DCF23A8EC5B1E251ED287792B1C1A.jp81?quelle=jlink&query=PolG+BW&psml=bsbawueprod.psml&max=true&aiz=true#jlr-PolGBW1992pP2

Kapitel 1: Kurpfälzer Eigenheiten

Vom Einfluss der Region

Vom Einfluss der historischen Entwicklung

Vom Einfluss der Mentalität auf das Handeln

Nicht allein das Angeborene,
sondern auch das Erworbene
ist der Mensch.
Johann Wolfgang von Goethe (1749-1832)

Kurpfälzer Eigenheiten

Zum 1. Januar 2014 vollzog der damalige SPD-Innenminister Reinhold Gall eine umfassende Polizeireform. Aus 37 Polizeidirektionen in Baden-Württemberg wurden zwölf Flächenpräsidien gebildet. Für die Städte Heidelberg und Mannheim und den Rhein-Neckar-Kreis wurden die Polizeidirektion Heidelberg und das Polizeipräsidium Mannheim verschmolzen. Der Sitz des Präsidiums ging nach Mannheim.

Ich erhielt als erfahrener Verkehrspolizist den Auftrag, die größte Verkehrspolizeidirektion im Land zu planen. Zum Fusionsstichtag wurde ich dann auch mit der Wahrnehmung der Führungsaufgaben beauftragt. Da ich die achtziger und frühen neunziger Jahre beruflich in Heidelberg verbracht hatte und die meisten der älteren Kollegen noch kannte, sollte mir die Aufgabe nicht schwerfallen.

Allerdings wusste ich als „Einheimischer", dass da nicht nur durch die vielfach ungeliebte Zwangsehe der Fusion ein Graben quer durch die Beamtenschaft verlief.

Nein, da gibt es auch eine unsichtbare Mentalitätsgrenze, die irgendwo zwischen Mannheim-Seckenheim und Heidelberg-Wieblingen verlaufen muss und die häufig in der Interaktion zwischen Heidelbergern und Mannheimern als Membran wirkt. Manchmal ist sie durchlässig, manchmal auch nur semipermeabel und manchmal wirkt sie als starre Mauer.

Was ist das, was die Heidelberger und die Mannheimer trotz gleicher Geschichte und Herkunft doch manchmal so grundverschieden erscheinen lässt?

Als gebürtiger Heidelberger, der sich in Mannheim sehr wohl fühlt, habe ich durch fünfundzwanzigjährige Erfahrungen natürlich auch eine plausible Erklärung entwickelt.

Um die Ursachen zu ergründen, muss man in die Geschichte der Region eintauchen.

Die Kurpfalz im Wandel der Jahrhunderte

Ich nehme Sie dazu mit ins 16. Jahrhundert, in das Herrschaftsgebiet der Kurfürsten, in die Kurpfalz.[4]

Friedrich II. (Kurfürst von 1544 bis 1556) wagte es, 1545/1546 die Lehren Luthers in der Kurpfalz einzuführen. Wenig erbaut darüber war der römisch-katholische Kaiser Karl V. Schon bald begann der Monarch dieses Vorhaben zu unterdrücken.

Erst Friedrichs Nachfolger, Kurfürst *Ottheinrich* (1556 bis 1559) vollzog die Reformation. Auf sein Geheiß wurde die Heidelberger Univer-

4 Nachzulesen in https://de.wikipedia.org/wiki/Kurpfalz

sität im Geiste der Erneuerungsbewegung umgestaltet. Er ließ Klöster auflösen und gab große Buchbestände an die Universität. Und er führte die Bestände der Universität, der Stiftsbibliothek in der Heiliggeistkirche und der Schlossbibliothek der Kurfürsten von der Pfalz zur eigentlichen *Bibliotheca Palatina*[5] zusammen. So schuf er, umringt von katholisch geprägten Fürstentümern, eine evangelische Landeshochschule und ein protestantisches Zentrum der Lehre.

Friedrich III. (1559 bis 1576), Anhänger der Calvinistischen Lehre[6], ließ später von Zacharias Ursinius[7], einem Schüler Calvins[8], den reformierten Heidelberger Katechismus[9] erarbeiten. Die „Frage 80" darin enthielt eine Verwerfung und Provokation der Katholiken hinsichtlich der päpstlichen Messe:

Und ist also die Messe im Grunde nichts anderes als eine Verleugnung des einzigen Opfers und Leidens Jesu Christi und eine vermaledeite Abgötterei.[10]

Im August 1563 wurde diese neue Kirchenordnung verabschiedet. Damit wurde eine eigenständige, spezifisch kurpfälzische Variante des Reformiertentums geschaffen. Durch die Einführung des Calvinismus wurde die Kurpfalz jedoch im Heiligen Römischen Reich politisch weitgehend isoliert. Das prägte auch die Entwicklung des Heidelberger Bürgertums in einer der ältesten Universitätsstädte Europas und ist mithin ursächlich für den heute hohen Akademikeranteil unter den Berufstätigen.

Bedingt durch die vielen Reformationskonflikte der damaligen Zeit wurde die Pfalz zum Zufluchtsort für Glaubensflüchtlinge aus ganz Europa, unter ihnen viele Flamen und Wallonen aus Frankreich.

Allerdings muss man sich unter der Größe einer Stadt etwas anderes vorstellen als heutzutage. Heidelberg zählte anno 1588 gerade mal 6.300 Einwohner. So wirkten sich die Zuwanderungswellen stark auf die Struktur der Stadtgesellschaft aus.

In den Wirren des Dreißigjährigen Krieges im 17. Jahrhundert werden immer wieder Versuche der zwangsweisen Rekatholisierung unternommen. Als 1648 der Krieg endete, war das Land verwüstet. Die

5 https://de.wikipedia.org/wiki/Bibliotheca_Palatina

6 Geprägt durch harte Arbeit und Ablehnung von Genuss und Luxus, Fleiß wird besonders belohnt

7 https://de.wikipedia.org/wiki/Zacharias_Ursinus Er lehrte von 1561 bis 1576 an der theologischen Fakultät der Universität Heidelberg.

8 https://de.wikipedia.org/wiki/Johannes_Calvin

9 https://www.heidelberger-katechismus.net/8261-0-227-50.html

10 https://www.heidelberger-katechismus.net/8080-214-227-50.html

Kurpfalz war eine der vom Krieg am schwersten betroffenen Regionen und hatte annähernd die Hälfte der Bevölkerung verloren.
Kurfürst Karl I. Ludwig[11] (1649-1680) betrieb den Wiederaufbau. Als überzeugter Calvinist war er sparsam. In einer Zeit, in der religiöser Fanatismus vorherrschte, war er einer der wenigen Herrscher, die in einer Politik der religiösen Toleranz die beste Voraussetzung für ein gedeihliches Zusammenleben der Bevölkerung sahen.
Für die Wiederbesiedlung der verwüsteten Landstriche ließ er überall Siedler anwerben. Seinem Ruf folgten verfolgte Minderheiten aus ganz Europa – Verfolgte, weil sie wissbegierig, reformwillig und dadurch aufgeklärt waren.
Karl Ludwig regierte absolutistisch mit paternalistischen Zügen. Er kannte jeden und kümmerte sich um alles. Der Kurfürst lebte sein Regierungsamt. Er kontrollierte, wollte alles wissen und fuhr oft barsch dazwischen, sobald er Nachlässigkeit und Müßiggang vermutete. Dafür war er bei der einfachen Bevölkerung sehr beliebt.

Das Ende der reformierten Blutlinie
Der Niedergang des Hauses Pfalz-Simmern war jedoch ein Lehrstück dafür, nicht rechtzeitig von der Macht ablassen zu können. Das finden wir auch heute noch in vielfältiger Ausprägung, weshalb ich mich entschlossen habe, darauf etwas umfänglicher einzugehen. Und ich ahnte nicht, dass ich bei meinen Recherchen auf eine Tragödie fast griechischen Ausmaßes stoßen und mich auf einen vermutlich ungeklärten Kriminalfall einlassen würde.
Kurfürst Karl Ludwig war ein autoritärer Vater und trennte sich schon nach sieben Jahren Ehe von seiner ersten Frau Charlotte von Hessen-Cassel. Sein dieser Ehe entstammender Sohn *Karl II.*[12] *wuchs als kränklicher Knabe freudlos am Hofe des Vaters auf; sein reizbares empfindliches Gemüth wurde verschüchtert und von den Eindrücken seiner Umgebung unangenehm berührt; seine Mutter zog sich 1657 nach Cassel zurück, er blieb einsam bei Hofe, widerwillig dem Vater unbedingten Gehorsam zollend. Ohne auf seine Individualität Rücksicht zu nehmen, wurde Karl mit Gelehrsamkeit erdrückt;* schrieb 1882 der deutsche Historiker Arthur Kleinschmidt über den glücklosen Kurfürstensohn.

---

11 https://de.wikipedia.org/wiki/Karl_I._Ludwig_(Pfalz)
12 Artikel „Karl (II.), Kurfürst von der Pfalz" von Arthur Kleinschmidt in: Allgemeine Deutsche Biographie, herausgegeben von der Historischen Kommission bei der Bayerischen Akademie der Wissenschaften, Band 15 (1882), S. 324–326, Digitale Volltext-Ausgabe in Wikisource, URL:https://de.wikisource.org/w/index.php?title=ADB:Karl_II._(Kurf%C3%BCrst_von_der_Pfalz)&oldid=2499632

1664 wurde der junge Gelehrte Paul Hachenberg sein Erzieher und gewann immer mehr sein Vertrauen, was wiederum Argwohn bei seinem Vater hervorrief.
Als er eine württembergische Prinzessin heirathen wollte, bestimmte ihm der Vater die ihm ganz unsympathische Tochter des Königs Friedrich III. von Dänemark, Wilhelmine Ernestine. Ihre Hoffart und Unbedeutendheit entfremdete ihn ihr mehr und mehr, die Ehe blieb kinderlos.[13]
Karl strebte nach Unabhängigkeit. Der Druck des Vaters und seine Lebensumstände ließen ihn immer düsterer und gar zum Menschenfeind werden.
Als 1680 die Franzosen im Oberamt[14] Germersheim in die Pfalz einfielen, schickte ihn sein Vater auf diplomatische Mission zum Onkel König Karl II. nach England. Während dieses Auslandsaufenthalts verstarb am 26. August der verhasste Vater mit 62 Jahren, damit fiel Karl im Alter von 29 Jahren das Kurfürstenamt zu und er kehrte im Oktober nach Heidelberg zurück. Die Leitung der pfälzischen Politik überließ er jedoch seinem engsten Vertrauten. Seinen Erzieher, den Historiker Paul Hachenberg, ernannte er zum leitenden Minister und Oberbefehlshaber, ohne dass dieser zum Staatsmann befähigt gewesen wäre. Andere sagten ihm nach, er sei gänzlich unfähig gewesen. Jedenfalls hat er sich in den 16 Jahren bei Hofe nicht gerade beliebt gemacht.
Karl ließ zudem die Günstlinge des Vaters in Ungnade fallen. Dazu trug auch Hachenberg bei. Er holte ehemalige Höflinge, die Karl Ludwig wegen Unfähigkeit entlassen hatte, die es aber verstanden, sich bei ihm einzuschmeicheln, wieder in gut entlohnte Positionen zurück. Dieser Affront blieb wohl nicht folgenlos. Denn der viel geschmähte Hachenberg starb schon nach wenigen Wochen seiner Amtsführung sehr plötzlich.
Bei der Recherche zu seiner Person stieß ich auf ein digitalisiertes, nur schwerlich lesbares, in alter Handschrift verfasstes Traktätlein von 1735[15], publiziert vom Historiker Georg Christian Joannis. Nach kurzem Einlesen fesselte mich das historische Kleinod.

---

13 Artikel Karl (II.) a.a.O.

14 Hierarchische Verwaltungsstruktur https://de.wikipedia.org/wiki/Oberamt_(Kurpfalz)

15 Aus E-Book: Ausgelöschte Chur-Pfaltz-Simmerische Stamms-Linie, mittelst weiland beyder 1680 und 1685 abgestorbener Churfürsten zu Pfaltz Carl Ludwig und Carls, Vater und Sohnes; https://books.google.de/books?id=hv9-PAAAAcAAJ&pg=PP22&lpg=PP22&dq=Ausgel%C3%B6schte+Chur-Pfaltz-Simmerische+Stamms-Linie,+mittelst+weiland+beyder+1680+und+1685+abge-storbener+Churf%C3%BCrsten+zu+Pfaltz+Carl+Ludwig+und+Carls,+Vater+und+Sohnes&source=bl&ots=9baRRv6H4F&sig=ACfU3U1IKM4p6wPvdnWaW3lIoJxgRbwagA&hl=de&sa=X&ved=2ahUKEwjPt_qeyY7gAhU

Es beschreibt genau diese Zeit bei Hofe, als Karl II. Kurfürst war. Joannis hatte die Originalfassung von 1693 historisch redigiert. Sie entstammte der Feder eines Johann Friederich Reiger.
Dieser war zuletzt kurfürstlicher Hofrat unter Karl Ludwig und hatte sich in dreißigjähriger Tätigkeit bei Hofe hochgedient. Ich nehme an, er hatte sich bei seinem Herrn zu einer Art grauen Eminenz entwickelt, die über alles und jeden etwas wusste.
Er war der Erste, der dem neuen Kurfürsten opportunistisch eine Liste mit Namen übergab, die künftig bei Hofe verzichtbar waren.
Der neue Kurfürst hatte aber, welch Wunder, noch eine andere Liste, auf der Reiger an erster Stelle stand. So wurde er von Karl beurlaubt.
Erst schrieb er verbittert seine Geschichte in anonymen Briefen nieder. Jahre später erschien dann sein Traktätlein.
Joannis bezeichnet einige Begebenheiten daraus als *aus Affekten geschrieben,* dennoch konnte man diese Anwürfe mit Blick auf die private Geschichte bei Hofe nicht übergehen.

Ein heimtückischer Giftmord?

Zum Ableben Hachenbergs ist darin zu lesen: Der plötzliche Tod *gab zu allerhand Muthmassungen Anlass*. Reiger schrieb nieder, dass Hachenberg nach *einem gewissen vornehmen Gastmahl* am 5. Dezember 1680 schon am nächsten Tag erkrankte und nicht mehr auf die Beine kam. Er verstarb am 26. Dezember im 39. Lebensjahr. Auf hohen kurfürstlichen Befehl wurde der Körper geöffnet. Der Verfasser beschreibt, *dass die Instina ganz zernaget waren*. Wenn sich also seine Innereien zersetzt hatten, liegt eine Vergiftung nahe und er wurde ermordet.
Der biographische Teil endet damit: *und wurde hiernächst mit gebührenden Solennien bey St. Peter beerdiget.* Über ein Ermittlungsverfahren ist nichts überliefert – das mutmaßliche Tötungsdelikt blieb demnach ungesühnt.

Und es kam schlimmer

Ihm folgte als leitender Günstling und Minister der in den Geschäften weit gewandtere Hofprediger Johann Ludwig Langhanns. Der herrschsüchtige und leidenschaftliche Mann besaß das volle Vertrauen Karls, gebrauchte ihn als Mittel zu seinen Zwecken und nährte als eifriger Calvinist in ihm die Absicht, Alles in der Kirche wieder auf den Fuß der stren-

---

ONOwKHc09A84Q6AEwA3oECAAQAQ#v=onepage&q=Ausgel%C3%B6schte%20Chur-Pfaltz-Simmerische%20Stamms-Linie%2C%20mittelst%20weiland%20beyder%201680%20und%201685%20abge-storbener%20Churf%C3%BCrsten%20zu%20Pfaltz%20Carl%20Ludwig%20und%20Carls%2C%20Vater%20und%20Sohnes&f=false

gen calvinischen Epoche zurückzuführen. <...> Der strenge Calvinismus eines Friedrich III. zog wieder in der Pfalz ein; freierer politischer Geist verschwand aus der Kirche.[16]
Karl gewährte daher auch aus ihrer Heimat vertriebenen Calvinisten Asyl. Während seiner Regierungszeit wurde beispielsweise der Mannheimer Stadtteil Friedrichsfeld 1682 von calvinistischen Hugenotten gegründet, die in Frankreich um ihr Leben fürchten mussten.
Die Kurpfalz profitierte rückblickend von den vielfältigen Fähigkeiten der neuen Siedler. Die Flüchtlinge waren calvinistisch geprägt. Ihr Los vollzog sich in harter Arbeit und Fleiß und dem Verzicht auf Genuss und Luxus als die Erfüllung ihres Glaubens an Gott. Sicher trugen sie einen guten Teil zur Weiterentwicklung der Stadtgesellschaft bei.
Wenn man so will, erfuhr das Fürstentum eine Frühform der Europäisierung und hatte schon damals eine multikulturelle Sozialstruktur.

Die Zeit der Hofschranzen
Kurfürst Karl II. und seine Entourage begannen das Staatsvermögen zu verschleudern. *Er selbst suchte seine Schwermut, die wohl vom dauernden Zerwürfnis seiner Eltern herrührte, durch die Vergnügungen der Jagd und militärischer Manoeuver zu zerstreuen. Freude fand er auch an allegorischen Aufzügen und am Theaterspiel.*[17]
In den Jahren seiner kurzen Regierungszeit bis zu seinem Tod 1685 (1680 bis 1685) wirtschaftete er die Kurpfalz herunter.
Die Corruption zeigte sich überall in der Verwaltung; Der Hof war das Dorado aller Müßiggänger und Schranzen und zehrte das Mark des Landes aus. In den Canzleien herrschten Nichtsthun und systematischer Betrug; der Stellenhandel griff immer schamloser um sich.[18]
Ich las, er regierte als strenger Calvinist – wohl eher sein Geheimer Minister Langhanns. Offensichtlich nahmen Karl und seine Höflinge es mit der Askese und der Ablehnung von Luxus nicht so ernst. Sie gehörten wohl zu denen, die wirtschaftlichen Wohlstand in der protestantischen Ethik Calvins als Zeichen der Erwählung durch Gott interpretierten.
Man könnte aber auch sagen, er verprasste blasphemisch das Staatsvermögen im Namen Gottes.
Seine finanziellen Schwierigkeiten im Staatshaushalt, hervorgerufen durch überdimensionierte Hofhaltung, Jagd- und Theaterleidenschaft sowie Militärausgaben, konnten auch durch Steuererhöhungen nicht

16 Artikel „Karl (II.), Kurfürst von der Pfalz", a.a.O.
17 https://www2.uni-mannheim.de/mateo/desbillons/symbol.html
18 Artikel Karl (II), Kurfürst von der Pfalz a.a.O.

mehr reguliert werden. 1682 verpfändete Karl deshalb das Oberamt Germersheim für zwanzig Jahre an Frankreich.
Defacto lud er damit den Feind ein, der bereits zwei Jahre zuvor eingefallen war, im Land zu verweilen.
Sein Tod passte ins Bild. Er starb an den Folgen eines Fiebers, das er sich bei der vierwöchigen Scheinbelagerung der als türkische Feste drapierten Burg Eichelsheim in den Mannheimer Rheinauen zugezogen hatte.
Dekadent, nicht wahr?
Um ihn aufzuheitern, wurden militärische Scheingefechte inszeniert und das gemeine Volk darbte. Historiker legten sich deshalb fest: *Er war in allem ein Epigone.*[19]
Das Volk hasste jedoch seinen Berater und Kanzler Langhanns *und die ganze Pfalz schob die Schuld an Allem, was schlecht und drückend war, auf den Emporkömmling.*[20]
Karl starb am 26. Mai 1685, ohne seinen Rücktritt unterzeichnet zu haben. Die Erbfolge musste nun geregelt werden.
Das ganze Land trauerte tief, denn in ihm erlosch der Mannsstamm des Hauses Pfalz-Simmern und es drohte eine katholische Reaction.[21]

Ars vivendi der Menschenführung

Die Analyse des Niederganges des Hauses Pfalz-Simmern und der Regentschaft Karls II. ist pure Führungslehre.
Ein patriarchischer und beliebter Führer kann bis zu seinem Tod nicht von der Macht lassen, geschweige denn diese teilen. Der Erbfolger entwickelt Abneigung gegen den eigenen Vater und ist dann plötzlich Regent, ohne gewissenhaft darauf vorbereitet worden zu sein.
Die Vertreter und Vertrauten der „alten" Macht versuchen zu retten, was zu retten ist, werden aber kurzerhand ausgesondert und entlassen, darunter oft auch fähige Köpfe. Jetzt ist die Zeit der Schmeichler. Nur schnell etwas von der „neuen" Macht abbekommen, koste es auch die eigene Selbstachtung.
So schleicht sich das Phänomen „grauer Eminenzen" leicht in Hierarchien ein, wenn der eigentliche Führer schwach ist und die falschen Berater hat.
Mir gefällt der alte Begriff „Schranzen". Er klingt schon phonetisch abwertend und ist für mich Synonym für Günstlingswirtschaft und berechnende Egoismen. Man bespaßt den Herrschenden, um sich sei-

19 https://www.deutsche-biographie.de/downloadPDF?url=sfz39959.pdf
20 Artikel Karl (II), Kurfürst von der Pfalz a.a.O.
21 Artikel Karl (II), Kurfürst von der Pfalz a.a.O.

ne Vorzüge zu erhalten – ein bis heute wiederkehrendes Phänomen, welches von der Macht angezogen wird. Hat sich das System, das sich schnell wuchernd ausbreitet, erst einmal festgesetzt, ist jede Hierarchie zum Scheitern verurteilt.

Die Erbfolgekriege

Doch zurück in die Kurpfalz ins ausklingenden 17. Jahrhundert:
Der Nachfolger Karls II, *Philipp Wilhelm* (1685 bis 1690), war Katholik. Er stammte aus dem katholischen Zweig Pfalz-Neuburg.
Der Konfessionswechsel sorgte in der calvinistischen Pfalz für einige Probleme. Zwar hatte sich der neue Kurfürst mit seinem Vorgänger Karl in dessen Todesjahr auf einen Kompromiss geeinigt und Philipp Wilhelm hielt sich auch daran, aber das Misstrauen der Calvinisten gegenüber der neuen Regierung wuchs trotzdem an. Der Kurfürst selbst war um eine rechtliche Gleichstellung aller Konfessionen in der Pfalz bemüht. Das allerdings kam bei den Protestanten weniger gut an, weil damit die Katholiken gleichberechtigt waren.[22]
Die offenen Fragen im Zusammenhang mit dem Erbe des verstorbenen Kurfürsten Karl II. führten nun sehr schnell zu Spannungen mit Frankreich. König Ludwig XIV. erhob im Namen seiner Schwägerin *Liselotte von der Pfalz*[23], der Herzogin von Orleans und Schwester Karls II., Ansprüche auf Teile des pfälzischen Erbes. Verhandlungen blieben erfolglos. Der Streit verschärfte sich und Philipp Wilhelm zog sich nach Neuburg an der Donau zurück.
Gleichzeitig rückten im Herbst 1688 die Franzosen in die Pfalz ein und besetzten unter anderem Heidelberg. Im folgenden Jahr begannen sie mit der systematischen Zerstörung des Landes. Auch Heidelberg und Mannheim gingen, überzogen mit furchtbaren Gräueltaten an der Bevölkerung, in Flammen auf und das Heidelberger Schloss wurde am 16. Februar 1689 gesprengt.
Die Erbfolgekriege dauerten mit Unterbrechungen bis 1697 an. Als die Franzosen durch Reichstruppen langsam zurückgedrängt wurden, begannen sie mit der vollständigen Verwüstung der besetzten Gebiete. Den Kriegsplan hatte der französische Generalquartiermeister Jules Louis Bolé de Chamlay entworfen. Alle pfälzischen Städte sollten vollständig zerstört werden, um entlang der französischen Grenze einen etwa 100 Kilometer breiten Streifen zu schaffen, in dem nie wieder eine befestigte menschliche Ansiedlung möglich sein sollte.

22 https://de.wikipedia.org/wiki/Philipp_Wilhelm_(Pfalz)
23 https://de.wikipedia.org/wiki/Liselotte_von_der_Pfalz

Überliefert ist der Befehl *„Brûlez le Palatinat"* – *„brennt die Pfalz nieder!"*, der vor allem durch den General Ezéchiel de Mélac systematisch exekutiert wurde.
So entschlossen sich damals Zehntausende von Pfälzern zur Emigration, u.a. nach Nordamerika und nach Preußen.

Auf zu neuer Blüte
Erst im 18. Jahrhundert blühte die Kurpfalz wieder auf.
1705 einigten sich die Kurpfalz und Brandenburg-Preußen auf die Kurpfälzische Religionsdeklaration[24]. Kernpunkte waren die Garantie der Gewissensfreiheit und die Aufhebung der Simultaneen. Die Kirchen im Land wurden mitsamt Pfarrhäusern und Schulen zwischen den Reformierten und den Katholiken im Verhältnis fünf zu zwei aufgeteilt. Sonderregelungen gab es u.a. für die Hauptstädte, wie Heidelberg und Mannheim. So blieb die Heiliggeistkirche weiterhin eine Simultankirche.
Die Stadtbevölkerung war durch die Kriege dezimiert. 1717 lebten in der Stadt am Neckar noch 4.800 Menschen.
Kurfürst Karl III. Philipp[25] (1716 bis 1742) beabsichtigte, wieder im neu aufzubauenden Heidelberger Schloss zu residieren. Sein katholischer Hofstaat benötigte eine repräsentative Hofkirche. Die Wahl fiel auf die Heiliggeistkirche, die jedoch sowohl von Reformierten als auch von Katholiken genutzt wurde.
1719 kam es deshalb zum Streit um die Kirche, der bis 1720 dauerte und in ganz Deutschland Aufsehen erregte: Der Kurfürst bot der reformierten Heiliggeistgemeinde an, auf dem Marktplatz eine neue Kirche für die Reformierten zu bauen und dieser alle Pfründen der Heiliggeistkirche zu übertragen. Die Reformierten lehnten den Vorschlag ab, worauf der Kurfürst die Scheidemauer des Simultaneums in der Heiliggeistkirche niederreißen ließ.
Außerdem befahl er, den Heidelberger Katechismus wegen der Provokation in Frage 80, welche die päpstlichen Messe als „vermaledeite Abgötterei" bezeichnete, einzuziehen und zu verbieten.
Der reformierte Kirchenrat wandte sich an die evangelischen Reichsstände und bat um Hilfe. Während es daraufhin in Preußen Repressalien gegen katholische Kirchengüter gab, drohten auch Schweden und die Niederlande mit Vergeltungsmaßnahmen. Selbst Kaiser Karl VI. forderte den Kurfürsten zum Einlenken auf.

24 https://de.wikipedia.org/wiki/Pf%C3%A4lzische_Kirchenteilung
25 https://de.wikipedia.org/wiki/Karl_III._Philipp_(Pfalz)

So musste er schließlich nachgeben und den Protestanten das Kirchenschiff zurückgeben.

Der Bruch – die neue Residenz in Mannheim

Aus Verärgerung machte der Kurfürst seine Drohung wahr, die Residenz zu verlegen.1720 ließ er mit dem Bau eines neuen Schlosses in Mannheim beginnen.

Mannheim zählte vor dem Dreißigjährigen Krieg bis zu 7.000 Einwohner. Durch die andauernden Kriege, insbesondere die Erbfolgekriege, wurde es total entvölkert.

Der Vorgänger Karl Phillips, *Kurfürst Johann Wilhelm*[26] (1690 bis 1716), regierte und residierte zuvor als Pfalzgraf und Kurfürst von der Pfalz im Schloss von Düsseldorf und nicht im zerstörten Heidelberg. Er betrieb die Wiederbesiedlung Mannheims ab 1698 und belebte die Stadt aufs Neue. 1719 war die Bevölkerung in etwa wieder auf die Zahl vor dem Krieg angewachsen.

Mit der Verlegung der kurpfälzischen Residenz nach Mannheim im Jahr 1720 setzte ein weiterer Schub ein.

In mehr als 20 Jahren Bauzeit entstand die nach Versailles zweitgrößte Schlossanlage Europas. Auch die Stadt Mannheim selbst musste, da vollständig kriegszerstört, von Grund auf neu geplant werden. Sie wurde nach Schachbrettmuster streng geometrisch in Quadraten angelegt.

Unter Kurfürst *Karl Theodor*[27] (1742-1799) nahm die Kurpfalz dann wahrlich einen Aufschwung. Die Stadtbewohner vermehrten sich in der Folge rasant und erreichten mit rund 26.000 um 1770 einen beachtlichen Höchststand.

Karl Theodors Name steht für die wirtschaftliche und kulturelle Blütezeit Mannheims im 18. Jahrhundert und für den Aufstieg der Stadt zu einem der Kristallisationspunkte des europäischen Barock.

Karl Theodor war den Ideen der Aufklärung verbunden. Er war ein großer Bauherr und Förderer der Wissenschaften. Ganz Menschenfreund, schaffte er 1776 die Folter ab.

Besonderen musikalischen Glanz brachte die „Mannheimer Schule", ein neuer Instrumentalstil als Wegbereiter der europäischen Klassik. Auch der junge Wolfgang Amadeus Mozart erhielt hier 1777/78 wesentliche Anregungen.

Daneben war das Schauspiel im Nationaltheater ein wichtiger Wirtschaftsfaktor. Der noch unbekannte Friedrich Schiller schaffte mit der Uraufführung von „Die Räuber" Anfang 1782 den Durchbruch. Und

26 https://de.wikipedia.org/wiki/Johann_Wilhelm_(Pfalz)

27 https://de.wikipedia.org/wiki/Karl_Theodor_(Pfalz_und_Bayern)

auch Johann Wolfgang von Goethe weilte zu jener Zeit in der Kurpfalz-Metropole. Das barocke Mannheim war einfach schick.

Alt Heidelberg, du Feine: Nachtragend?

Und Heidelberg – war zwar weiterhin Universitätsstadt mit wachsendem Akademikeranteil, hatte aber den Status der kurfürstlichen Residenz eingebüßt.
Und ich befürchte (schmunzel), die Folgen dieser Missachtung spürt man im gegenseitigen Umgang der teils calvinistisch geprägten Heidelberger und der von je her liberalen Mannheimer noch heute.
Und noch etwas bringt mich zum Lächeln. War es damals der reformierte Kirchenrat, der dem Kurfürsten das Regieren erschwerte, ist es heute der bunte Gemeinderat, der das Stadtoberhaupt oftmals einbremst.
Während also Heidelberg die romantische Universitätsstadt am Neckar blieb und jährlich Heerscharen von Touristen anzieht, entwickelte sich Mannheim bereits 1896 zur Großstadt mit mehr als 100.000 Einwohnern. Heidelberg erreichte diesen Status erst 1946 nach dem Zweiten Weltkrieg.
Mannheim prosperierte um 1900 insbesondere durch die Industrialisierung. Viele wichtige Erfindungen, wie das erste Fahrrad von Karl Freiherr von Drais oder das Automobil von Carl Benz, stammen aus der Stadt am Zusammenfluss von Neckar und Rhein. Mannheim ist heute sowohl eine bedeutende Industrie- und Handelsstadt, als auch renommierte Universitätsstadt.
Im Boom des 18. Jahrhunderts profitierte auch Mannheim erheblich von der Zuwanderung religiös Verfolgter aus ganz Europa.
Mit der Industrialisierung und der Ansiedlung von immer mehr produzierendem Gewerbe wuchs auch die Zahl der Arbeiterschaft. Jetzt bildete sich die unverwechselbare Sozialstruktur Mannheims aus Intellektuellen, Industriellen, dem Bürgertum und dem Arbeitermilieu.

Der Dialekt und seine Melodie

Die „Kurpfälzer" sind sowohl von der Klangfarbe und dem Dialekt der Sprache als auch ihrer Sozialisierung und Mentalität sehr stark von den unruhigen und kriegerischen Zeiten seit dem 16. Jahrhundert geprägt.
Horsch ämol – weesch – määnsch – kannsch – hosch – uffbasse: alles nasal und weich, fast gesungen ausgesprochene Worte, die sehr an das Französische erinnern. Je näher man dem Oberzentrum der Kurpfalz, den Mannheimer Quadraten kommt, desto mehr wandelt sich das „a" wie in „kannsch" zum „o" wie in den Wörtern Sonne oder Wonne.

Typisch mannemerisch ist das Füllwort *alla*, das in kaum einem Satz fehlt. Es kommt vom französischen *allez* und dient hier wie dort als Aufforderung: Los! Auf!
Es kann aber auch die Bedeutung von „alsdann" haben: *allaa, machs gud!* Ein alleinstehendes *allaa!* heißt so viel wie: Hab ich's nicht gesagt![28]
Oft wird ein Satz mit einem *heer!* begonnen.
Nehmen wir die folgende Konversation am Telefon:

Er: *Kannst du nicht nach Mannheim kommen?*
Sie: *Du weißt doch, dass ich nicht kann!*
Er: *Na dann.*

So klängen dieselben Sätze in einer Unterhaltung zweier Mannheimer:

Er: *Heer, konnsch nät nach Monnäm kumme?*
Sie: *Heer, isch konn nät!*
Er: *allaa gud.*

Die „Fissematente"

Jedes Monnäma Mädel kennt die Warnung der Mutter: *Mach kää Fissematente!*
Auch wenn es dafür andere Erklärungen geben mag – meine liebste leitet sich vom Locken des französischen Besatzungssoldaten ab, wenn er ein junges einheimisches Mädchen verführen wollte und sie aufforderte, ihn in seinem Zelt zu besuchen: *Mademoiselle, visit ma tente.* (Gnädiges Fräulein, besucht mein Zelt).
Vielleicht waren es aber auch die charmanten jungen Männer der zugewanderten Hugenotten, Flamen oder Wallonen, die anfangs in Zelten lebten.
Egal – die Monnemer Mütter erlebten die Folgen und machten daraus die *Fissematente* und jeder kann sich denken, was die, manchmal auch heute noch, mit erhobenem Zeigefinger ausgesprochene Ermahnung bedeutet.
Was lernen wir daraus? Zum Stereotyp des Mannheimers gehört untrennbar die kurpfälzische Liberalität und Heiterkeit.
Allgegenwärtig versprüht die derbe dialektische Mischung der Sprache der im Arbeitermilieu geborenen Mannheimer einen unvergleichlichen Charme.

28 https://www.mannheim.de/de/service-bieten/bunte-stadt/so-werd-bei-uns-geredd/der-mannheimer-dialekt

Legendär ist beispielsweise der Polizei-Notruf der Frau Zehntbauer aus den Mannheimer „Benz-Barracken", in welchem sie ihren Nachbarn der Ruhestörung bezichtigt[29].
Das Zwiegespräch mit dem Polizisten vermittelt genau den beschriebenen Eindruck von derber Herzlichkeit, die die einfachen Leute hier leben.
Aber: dieselbe, in Mannheim angemessene, schlichtende Ansprache in einem Konflikt, kann für den einschreitenden Polizeibeamten in Heidelberg postwendend zu einer Dienstaufsichtsbeschwerde führen. So wird Polizei als Erfahrungsberuf für den jungen Beamten blitzschnell und schmerzhaft begreifbar.

Multi-Kulti und dennoch verschieden

In Mannheim leben schon immer viele Nationalitäten Tür an Tür. Heute zählt die Stadt 166 davon. Die Vereinten Nationen haben im Vergleich dazu nur unwesentlich mehr, nämlich 193 Mitgliedsstaaten. Ein Viertel der heutigen rund 320.000 Stadtbewohner sind Ausländer und fast 45 Prozent haben Migrationshintergrund[30]. Die Leute haben gelernt, miteinander auszukommen – manchmal derb, aber immer herzlich – naja meistens.
Die Heidelberger dagegen haben sich aus ihrer reformierten calvinistischen Prägung bürgerlich weiterentwickelt. Heidelberg ist mit rund 160.000 Einwohnern beschaulicher als Mannheim. Der Ausländeranteil liegt bei 21 Prozent. Die Akademikerquote unter den hier lebenden Beschäftigten liegt bei etwa 41 Prozent[31].
Die touristische Stadt am Fluss ist nach eigenem Bekunden geprägt von Internationalität und Weltoffenheit.
Mit denselben multikulturellen Wurzeln ausgestattet, wirken sich hier insbesondere die intellektuellen und überwiegend naturwissenschaftlichen Einflüsse auf das soziologische Miteinander aus.
Als gebürtiger Heidelberger erlaube ich mir gerne zu sagen, die Geschicke der Stadt werden mehrheitlich von einem linksliberalen Bildungsbürgertum gelenkt.
Die mentalen Unterschiede zwischen den beiden Stadtbevölkerungen sind real erlebbar.
Zwar gibt es die Kurpfalz seit 1803 infolge des Reichsdeputationshauptschlusses[32] nicht mehr. Heidelberg und Mannheim wurden dem

29 (https://www.youtube.com/watch?v=TzPULn5WPmk)
30 https://www.mannheim.de/de/stadt-gestalten/daten-und-fakten/bevoelkerung/einwohner-mit-migrationshintergrund
31 https://www.heidelberg.de/hd,Lde/HD/Leben/Heidelberg+in+Zahlen.html
32 https://de.wikipedia.org/wiki/Reichsdeputationshauptschluss

gleichzeitig zum Großherzogtum aufgewerteten Baden zugeschlagen. Dennoch wirken sich Geschichte und Tradition noch heute aus.
Du musst schon beide Städte lieben, um diese Mentalitätsmembran – wie ich fast täglich mindestens zweimal – unbeschadet zu durchqueren.
Weil das seit 1994 mein Leben bestimmt, bezeichne ich mich auch gerne als „praktizierenden Kurpfälzer".
So, jetzt aber genug zum Lokalkolorit. Widmen wir uns dem Alltag des Verkehrspolizisten in den sechs Jahren des Bestehens einer Verkehrspolizeidirektion.

Du musst mit der Stadtmentalität zurechtkommen.
Hier beim Verkehrssicherheitstag in der Heidelberger Bahnstadt.

Das gleiche gilt für Mannheims „Gute Stube“ – den Rosengarten. Hier beim gemeinsamen Fastnachtsumzug der Städte Mannheim und Ludwigshafen, dem größten Event in der Kurpfalz mit oft 333.333 Zuschauern.

Kapitel 2: Die Radfahrer

sportlich gesund

ökologisch sinnvoll

moralisch überlegen?

„Bei keiner anderen Erfindung
ist das Nützliche mit dem Angenehmen
so innig verbunden, wie beim Fahrrad.“
(Adam Opel, deutscher Gründer der Firma Opel, 1837 – 1895)

Die Radfahrer

Gleich beim ersten Treffen mit dem für ihn neuen Polizeipräsidenten im Februar 2014 äußerte der Heidelberger Oberbürgermeister Dr. Würzner den Wunsch, die Polizei möge etwas zur Verbesserung des Verkehrsverhaltens der Radfahrer in der Stadt tun.
Als Heidelberger ahnte ich, was ich mir aufbürde, als ich den Auftrag im März entgegennahm. Kommunal gab es bereits konkrete Vorstellungen und eine Infrastruktur als fahrradfreundliche Stadt. Der ADFC Heideberg / Rhein-Neckar hat eine starke Stellung, ist sehr aktiv und ist kommunalpolitisch vernetzt. Eine ehrenamtliche Arbeitsgemeinschaft Fahrrad mit kompetenten Lobbyisten trifft sich regelmäßig im Amt für Verkehrsmanagement, um Probleme in der städtischen Infrastruktur zu diskutieren und zu beheben. Und auch der Stabsbereich für Verkehr der bisherigen Polizeidirektion Heidelberg hatte wiederkehrende Schwerpunktkonzepte zur Überwachung des Radverkehrs ausgearbeitet.
Und jetzt stößt der Oberbürgermeister mit seinem Wunsch nach einer Verbesserung des Status Quo all die Genannten vor den Kopf?
Vielleicht war es aber auch etwas dem Unwillen geschuldet, die Eigenständigkeit der örtlichen Polizeidirektion verloren zu haben. Warum fordert man sonst gerade auf dem aktuell verkehrspolitisch bestaufgestellten Feld, dem Radverkehr, nochmalige Verbesserungen?
Auch wenn es die Mehrheit im Gemeinderat vielleicht nicht so sah, als Heideberger mit dem Blick des Verkehrspolizisten war mir schon bewusst, dass das Verkehrsverhalten vieler Radfahrer in der Stadt erkennbar regelwidrig war. Wahrscheinlich nahm dies Dr. Würzner ähnlich wahr.
Und da war sie nun, die unsichtbare Mentalitätsgrenze bei den Arrivierten. Da soll einer aus Mannheim das Verkehrsverhalten der Heidelberger Radfahrer verändern. Die Skepsis und Zurückhaltung der unterschiedlichen Akteure außerhalb der Verwaltung war für mich bei jedem Erstkontakt greifbar. Da mir solche Reaktionen geläufig sind und ich diese auch erwarten konnte, motivierte mich der Gedanke besonders, in solch einem Umfeld erfolgreich zu sein und Anerkennung zu erwerben.
Kommunen, die sich entschließen, zu fahrradfreundlichen Städten zu avancieren, haben alle dasselbe Problem: Die Infrastruktur passt noch nicht zum ideologischen Leitbild.

GUROM

Gleich zu Beginn meiner polizeilichen Analyse der Verhaltensweisen der Radfahrer hatte ich 2014 das Glück, einen Vortrag von Professor

Rüdiger Trimpop von der Friedrich-Schiller-Universität in Jena zu hören. Sein Thema war die ganzheitliche Analyse von Gefährdungsfaktoren bei der berufsbedingten Verkehrsteilnahme (GUROM)[33]. Er untersucht mit seinem Team Wegeunfälle von Berufspendlern und erfasst dabei Faktoren, die die Gefährdung bei der Mobilität erhöhen können. Verblüffend einfach waren seine Schlussfolgerungen. In der Komplexität der Verkehrsabläufe greifen die Beiträge der unterschiedlichen Verkehrsteilnehmer wie Zahnräder ineinander. Verändert man nun etwas im Verkehrsraum zugunsten einer bestimmten Gruppe, verändert man die Verhältnisse für die Anderen. Oft ist dabei eine Verschlechterung zu beklagen. Es ist deshalb anzuraten, nicht an einzelnen Stellschrauben zu drehen, sondern immer den gesamten Komplex zu optimieren.

Die Idee mit den 5 Minuten

Nun – wie geht man ein Verhaltensproblem einer Gruppe von Verkehrsteilnehmern an, die innerstädtisch nahezu ein Drittel des Verkehrsaufkommens ausmachen?

Aus bereits vertieften Kontakten mit der *Initiative Sicherer Arbeitsweg*[34] der BASF, und der Bezirksdirektion der gesetzlichen Unfallversicherung (DGUV) war mir bekannt, dass in den Industriebetrieben die häufigsten Ausfalltage durch Wegeunfälle entstehen. Die ausfallstärkste Gruppe stellen dabei die Radfahrer dar. Bei der Analyse der Unfallzeiten der örtlichen Radunfälle hielten sich die Unfälle der Berufstätigen und Studenten zwischen 18 und 65 Jahren zu den täglichen Stoßverkehrszeiten an Werktagen etwa die Waage mit den Unfällen außerhalb von Pendlerzeiten. Bei den Unfallursachen fiel bei den Radfahrern ein Teil eher durch offensive und verkehrswidrige Fahrweise auf. Unternimmt man nun den Versuch, auf einer mittleren innerstädtischen Berufspendlerstrecke schnellstmöglich zum Ziel zu kommen, fährt man trotz Umgehung einiger Verkehrsregeln nicht mehr als fünf Minuten Zeitgewinn heraus. Dafür nimmt man aber Risiken in Kauf und hat unnötige Stressphasen.

Beim ersten Treffen mit den Verantwortlichen des Amtes für Verkehrsmanagement im April 2014 brachte ich die Gedanken in ein Brainstorming ein und wir vereinbarten der gemeinsamen Aktion den Titel **„plus5 – Minuten die schützen"** zu geben.

Außerdem vereinbarten wir, die Aktion als Partner-Initiative der vier großen Arbeitgeber Universitätsklinikum Heidelberg, Universität Hei-

33 https://www.gurom.de/

34 https://www.rhein-neckar.ihk24.de/wirtschaftstandort/branchen/Verkehr/Radverkehr/Initiative_Sicherer_Arbeitsweg/945476

delberg, Stadtverwaltung Heidelberg und Polizei Heidelberg zu gestalten. Kontakte hatte ich bereits hergestellt und erreichte sehr schnell über die jeweiligen Verantwortungsträger für Arbeitssicherheit Zustimmung und Mitwirkungsbereitschaft zur Aktion.
Bereits zum 10. Juli 2014 konnten wir mit den Hausspitzen der Partner zum Start der Aktion und dem Launch der Aktionshomepage www.aktionplus5.de zur Pressekonferenz einladen. Als Berichtspaten konnten die Rhein-Neckar-Zeitung und Radio Regenbogen gewonnen werden. In einer gemeinsamen Presseerklärung informierten wir die Öffentlichkeit.

Verkehrsunfallprävention:
Konzertierte Initiative zur Änderung von Fehlverhaltensweisen von Radfahrern und zur Verbesserung der Erkennbarkeit von Radfahrern im Stadtgebiet Heidelberg
2013 wurden im Stadtgebiet bei 309 Radunfällen 245 Personen verletzt. Dass die Verletzung nicht immer schwer ausfallen, hängt meist von glücklichen Umständen ab, da Radfahrer, wie Fußgänger sogenannte schwache Verkehrsteilnehmer sind, die keinen Anprallschutz haben.
Heidelberg ist seit 2013 Modellkommune der Initiative RadKULTUR des Ministeriums für Verkehr und Infrastruktur Baden-Württemberg. Programmziel ist, das Mobilitätsverhalten in Baden-Württemberg dauerhaft zu verändern und dadurch den Anteil des Radverkehrs am Gesamtverkehr zu steigern.
Als Universitätsstadt ist Heidelberg von jeher fahrradfreundlich. Der aktuelle Anteil am Binnenverkehr wird auf 30 Prozent geschätzt.
Größte Arbeitgeber in der Stadt sind die Universitätskliniken und die universitären Einrichtungen mit einer Ballung im Neuenheimer Feld. Mehr als 12.000 Berufstätige und etwa 3.000 Studenten pendeln täglich in dieses Gebiet, in der Radfahrsaison oft deutlich mehr als 5.000 mit dem Fahrrad.
Durch die Flusslage ergeben sich dadurch aber auch Probleme, die sich erheblich auf die Verkehrssicherheit auswirken.
Ab dem Hauptbahnhof bündeln sich bis zur Ernst-Walz-Brücke die Fahrradströme, die über das Nadelöhr „Neckarbrücke" fahren müssen. Bezogen auf 100.000 Einwohner ist die Unfallrate und damit das Verletzungsrisiko in Heidelberg fast doppelt so hoch wie beispielsweise im Stadtgebiet Mannheim. Zwar hinkt dieser Vergleich schon alleine wegen der unterschiedlichen Topografie, dennoch drängt sich ein Blick auf die Hauptunfallursachen auf.

Unter den fünf häufigsten Unfallursachen finden sich drei mit hohem Offensivpotenzial.
Platz eins belegt die falsche Fahrbahn- oder Straßenbenutzung.
Auf Platz zwei folgt die der Situation nicht angepasste Geschwindigkeit.
Auf Platz vier liegt der fehlende Sicherheitsabstand zu den Vorausfahrenden.
Das lässt den Schluss zu, dass Radfahrer in Heidelberg insgesamt offensiver fahren.
Die Hauptunfallzeiten sind deckungsgleich mit den Stoßverkehrszeiten zu Arbeitsbeginn und -ende und über die Mittagszeit.
Ein Blick auf das Alter der Unfallopfer weist die Zielgruppe der Berufstätigen und Studenten aus.
In der ersten Schönwetterperiode im März 2014 hat das Polizeipräsidium Mannheim während dieser Zeiten Filmaufnahmen entlang der belasteten Hauptroute gemacht. Die Unfall-Analysewerte wurden allesamt bestätigt. Vielen Radfahrern mangelt es sowohl am Unrechts- als auch am Risikobewusstsein.

Präventionskampagne
Eine merkliche Verbesserung der Unfalllage kann durch bauliche Trennung der Verkehrsarten und -ströme erreicht werden. Kurzfristig ist dies nicht realisierbar.
Andererseits würde auch eine erzielbare Verhaltensänderung bei den Radfahrern zu einer Reduzierung von Radfahrunfällen führen.
Letzteres führte zur Aktion „plus5 – Minuten die schützen".
Naheliegend werden als erste Zielgruppe die Beschäftigten im Neuenheimer Feld in den Fokus genommen. Durch nachhaltig angelegte, kreative Maßnahmenbündel sollen die Radfahrer überzeugt werden, dass nur 5 Minuten mehr vorgesehene Zeit für den geplanten Weg es ermöglichen, risikobewusster, regeltreu und damit sicherer von und zur Arbeit zu fahren.
Für beabsichtigte Verhaltensänderungen dieses Ausmaßes bedarf es eines Zusammenwirkens möglichst vieler Partner.
Als Modellkommune der Landesinitiative RadKULTUR[35] hat Heidelberg großes Interesse, dass der positive Trend zur Nutzung des Fahrrades als schnelles innerstädtisches Fortbewegungsmittel nebst der Förderung des Gesundheitsaspektes nicht durch individuelle Fehlverhaltensweisen und gesteigerte Unfallgefahren egalisiert wird. Oberbürgermeister Dr. Würzner, selbst überzeugter Radfahrer, unterstützt

35 https://www.radkultur-bw.de/

die Kampagne persönlich. Das Amt für Verkehrsmanagement arbeitet unmittelbar mit den Partnern zusammen.
Gleichrangig haben die großen universitären Arbeitgeber ein Interesse am Erhalt der Arbeitsfähigkeit ihrer Mitarbeiter. Die Leitungsgremien der Universitätskliniken und der Universität Heidelberg stimmten einhellig einer konzertierten Aktion zu. Aufgrund der Zuständigkeit für Wegeunfälle erfolgt die Zusammenarbeit über die Fachkräfte für Arbeitssicherheit.
Das Polizeipräsidium Mannheim – im Rahmen seiner Aufgaben zur Unfallprävention – komplettiert die zunächst aus vier Partnern bestehende Aktionsgemeinschaft.
Zum Aktionsauftakt werden Plakate und Werbebanner entlang der Route Ernst-Walz-Brücke – Im Neuenheimer Feld angebracht. Das Polizeipräsidium Mannheim hat einen Film-Spot produziert, in dem Echtverstöße Heidelberger Radfahrer und reale Unfallgeschehnisse dargestellt werden. Der Spot endet mit einem Appell von OB Dr. Würzner, der zu rücksichtsvollem und korrektem Fahrverhalten auffordert.

Hompage aktionplus5.de
Die Aktion wird untermauert und getragen durch eine gemeinsame Homepage[36].
Diese soll dem Betrachter ermöglichen, sich rund um die Unfallrisiken als Radfahrer zu informieren. Die Informationen sind aufgeteilt nach „aktiver" und „passiver" Sicherheit. Neben dem „plus5"-Gedanken zur Verhaltensänderung kann so auch der „sichtbare Schutz"-Gedanke zur Verbesserung der Erkennbarkeit im Straßenverkehr bedient werden. Denn auch hier ergeben sich Reduktionspotenziale.
Im Herbst 2014 und Frühjahr/Sommer 2015 sind bereits weitere öffentlichkeitswirksame Aktionen geplant.
Die Kampagne ist dynamisch ausgerichtet und soll sich bedarfs- und zielgruppenorientiert weiterentwickeln. Die Assoziation weiterer tangierter Partner war bereits von Anfang an beabsichtigt.

Das AG plus5 Netzwerk
Die Initiative ist sehr schnell gewachsen. Sie umfasst mittlerweile ein Informationsnetzwerk aller größeren Arbeitgeber und Interessengruppen in der Stadt. Dennoch war allenthalben eine Skepsis bemerkbar. Insbesondere in den Kommentarspalten der RNZ digital bildete sich eine Kritiker-Gemeinschaft, die kein gutes Haar an der überwiegend präventiv und aufklärend ausgerichteten Aktion ließ.

36 www.aktionplus5.de

In der jetzt regelmäßig tagenden AG plus5 verfassten wir die Grundsätze:

- *Fahren Sie zu Stoßverkehrszeiten besonders aufmerksam und rücksichtsvoll.*
- *Verzichten Sie auf den stark befahrenen Routen auch mal auf Ihren Vorrang. Gesundheit geht vor.*
- *Rechnen Sie auch mit dem Fehlverhalten der Anderen.*
- *Verbessern Sie Ihre Erkennbarkeit*

Wir ließen diese Grundsätze zur Verteilung auf rotlackierte Denkzettel drucken. Diese sollten eigentlich klar ausdrücken, dass alle Verkehrsteilnehmer angesprochen sind.

Aber immer, wenn meine Verkehrspolizisten begleitende Aktionen im Stadtgebiet durchführten, wurde Kritik laut, es sei eine Aktion gegen die Radfahrer. Jedes Wort auf der Aktionshomepage oder in Presseverlautbarungen wurde auf die Goldwaage gelegt und sofort in eine fahrradfahrerfeindliche Richtung umgedeutet.

Also mussten wir nochmals klarstellen:

aktionplus5.de ist ein Appell an die Vernunft

Es handelt sich nicht um einen staatlichen Eingriff in Freiheitsrechte, wie viele sofort vermuten. Es geht auch nicht um einseitige Schuldzuweisungen an Radfahrer. Natürlich setzen auch Kraftfahrer und Fußgänger Unfallursachen bei Radunfällen. Aber, was nützt es recht zu haben, wenn man wochenlang mit gebrochenen Gliedmaßen außer Gefecht gesetzt ist.

Der aktionplus5-Ansatz ist,

- auf Strecken mit erhöhtem Risiko
- durch bewusste Entscheidung zu defensiver und korrekter Fahrweise
- bei gleichzeitiger Verbesserung der eigenen Erkennbarkeit als Radfahrer,

Unfälle zu vermeiden und damit die Verletztenzahlen zu reduzieren.

aktionplus5.de versteht sich als radfahrerfreundliche Aktion. Wenn es gelingt, allein für die wenigen hoch frequentierten Routen das Bewusstsein der Radfahrer zu schärfen, dass einerseits zu den unfallerhöhenden Risiken das eigene Fehlverhalten zählt, andererseits auch eine defensive Fahrweise und im Konfliktfall der Verzicht auf den eigenen Vorrang Unfälle vermeiden hilft, ließe sich die Zahl der jährlich verletzten Radfahrer deutlich reduzieren.

„Vertreter eines deutschen Repressivorgans“

Ein besonderes Erlebnis hatte ich im Oktober 2014 bei der Studienauftaktmesse in der Neuen Mensa, Im Neuenheimer Feld. Jedes Jahr

werden dort rund 5.000 neue Studierende begrüßt – eine gute Gelegenheit, bei dieser Zielgruppe für die aktionplus5 zu werben und an die jungen Studierenden „Denkzettel" zu verteilen.
Bereits im Spätsommer hatte ich den Studierendenrat angefragt, ob dieser nicht einen Vertreter in die AG plus5 entsenden wolle. Der Beschluss wurde mir mündlich übermittelt: *Der Studierendenrat setzt sich nicht an einen Tisch mit Vertretern eines deutschen Repressivorgans.*
Zu Beginn der Veranstaltung kam ein junger Mann mit Bart und Rasta-Locken, eine gehäkelte Jamaika-Mütze auf dem Kopf, auf mich zu und meinte:
„Wir wollen keine Uniformen auf dem Campus!"
„Meint wer?", erwiderte ich.
„Sie sind Vertreter deutscher Repressivorgane und verantwortlich für die vielen Toten im Mittelmeer!"
„Wollen Sie mich für das gesamte Elend dieser Welt verantwortlich machen? Ich mache Ihnen einen Vorschlag. Vor uns türmt sich ein Berg von 245 verletzten Radfahrern auf. Diesen erklimmen wir jetzt von unseren unterschiedlichen Seiten. Wenn wir oben sind, werden wir feststellen, dass darunter auch einige Ihrer Kommilitonen sind und uns dieses gemeinsame Problem eint. Wir sollten also etwas daran ändern."
Ich hörte ihn noch sagen:
„Sie sind ja nicht unsympathisch, aber wir wollen keine Uniformen auf dem Campus."
Dann zog er von dannen. Ich verteilte weiter meine TIPPS zur Radfahrsicherheit und wünschte jeder und jedem ein unfallfreies und unbeschwertes Studium im schönen Heidelberg.

Lichtkontrollwochen im Herbst 2014
Die Kritiker überschlugen sich. Am 15.11.2014 titelte die RNZ:
Aktion „Plus5": Polizei lässt Radlern die Luft ab
Über mich brach ein Shitstorm mit einem regelrechten Schäfer-Bashing herein. Meine mittlerweile gewachsene Troll-Gemeinschaft ließ kein gutes Haar an unserer Aktion. Die Anfeindungen gingen in Teilen auch ins Persönliche. Meine Kompetenz wurde angezweifelt. Mir wurde unterstellt, ich wolle nur ins Fernsehen kommen. Einige forderten gar meinen Rücktritt. Meine Bashing-Base besteht überwiegend aus Personen, die unter Pseudonym aus der Anonymität alles und jeden kritisieren – nicht nur mich. Diese Oberlehrer treten aber mitnichten den Nachweis an, was sie persönlich aktiv für die Gemeinschaft beigetragen haben. Sie stellen deshalb auch nur eine Mindermeinung dar und sind für mich zuvernachlässigen. Mittlerweile amüsiert mich meine „Fan-Base" sogar.

Verspielen wir den guten Ruf der Verkehrspolizei?

Ein sachlicher Kritiker, ein emeritierter Richter, warf mir allerdings vor, ich verspiele den guten Ruf der Polizei. Das konnte ich nicht unwidersprochen lassen.

Klar, dass ich mit einer Gegendarstellung reagieren musste:

Ausweislich einzelner Leser-Kommentare lässt die gewählte Aussage den Schluss zu, die Polizei habe aktiv und eigenverantwortlich den Aggregatszustand der Fahrradreifen verändert und damit widerrechtlich gehandelt.

Zunächst war die Lichtkontrolle sowohl nach genauer Örtlichkeit, als auch nach exaktem Zeitpunkt im Presseportal für die Presse und für jedermann zugänglich vorher angekündigt.

Es war deshalb enttäuschend, dass in nur 1,5 Stunden insgesamt 52 Radfahrer an dieser Stelle ohne Licht unterwegs waren. Der Verstoß stellt eine geringfügige Ordnungswidrigkeit dar und ist mit 20 Euro Verwarnungsgeld bewehrt. Im Rahmen ihres pflichtgemäßen Ermessens ist die Polizei befugt, im Einzelfall auch ohne Verwarnungsgeld zu verwarnen. Die Verwarnung wegen des ordnungswidrigen Zustandes *Fahren ohne Licht* gilt dann dennoch als erteilt.

Die mittlerweile stark angewachsene Aktionsgemeinschaft plus5 versteht sich als Partnerschaftsaktion pro Radfahrer und will Unfallfolgen für Radfahrer abwenden. Dabei soll zunächst durch Überzeugung Verhalten geändert werden. 47 Radfahrer waren einsichtig, weshalb sie dieses Mal ohne Verwarnungsgeld verwarnt wurden. Bei wem das nicht hilft, kann auch ein Verwarnungsgeld eingesetzt werden.

Damit ist jedoch die konkret bevorstehende Unfallgefahr für den Straßenverkehr nach Paragraf 1 des Polizeigesetzes BW noch nicht abgewehrt. Hierzu bedarf es polizeilicher Eingriffsmaßnahmen und ggf. Verwaltungszwang.

Kommen aber für die Abwehr einer unmittelbar bevorstehenden Gefahr mehrere geeignete Maßnahmen in Betracht, so hat die Polizei diejenige zu wählen, die den Einzelnen voraussichtlich am wenigsten beeinträchtigt. Dies ist dem verfassungsrechtlich vorgegebenen Verhältnismäßigkeitsgrundsatz für staatliche Eingriffsmaßnahmen geschuldet.

Der Alfons-Bell-Platz liegt inmitten der Stadt, sodass ein Abschließen des Rades und eine Beschlagnahmung des Schlüssels für das Fahrradschloss eine geeignete Maßnahme zur Unterbindung der Weiterfahrt darstellen. Aber auch die Verminderung des Reifendruckes auf ein Maß, welches ein Schieben zulässt, eine Weiterfahrt ohne Aufpumpen aber verhindert, ist ein geeignetes Mittel.

Ein Versprechen des Betroffenen jedoch, das Fahrrad ohne Eingriffsmaßnahme nach Hause schieben zu wollen, ist zwar zunächst zulässiges (Austausch-)Mittel, widerspricht aber jeglicher polizeilicher Erfahrung und ist deshalb ungeeignet.
Da der Polizeipflichtige die Wahl hat, wie er die Verfügung der Untersagung der Weiterfahrt erfüllen will, trifft er eine freie Willensentscheidung.
Alle Radfahrer wählten das mildere Mittel der Reifendruckreduzierung und legten auch überwiegend selbst Hand an. Bei wenigen erfolgte eine Unterstützung durch den Kontrollbeamten.
Und keiner der Betroffenen hatte sich beschwert. Im Gegenteil, jeder war froh, sein Fahrrad nicht zurücklassen zu müssen. Klar wusste ich, dass die meisten an geeigneter Stelle den Reifen wieder aufpumpten und weiterfuhren. Zumindest hatte es zu einem Nachdenken geführt.
Ich kündigte weitere Kontrollaktionen an und versprach, dass wir weiter an der Einsichtsfähigkeit der Radfahrer arbeiten und dafür im Rahmen der Rechtmäßigkeit zulässige und geeignete polizeiliche Maßnahmen ergreifen werden.
Über unser Aktionsnetzwerk der AG Plus5 schwor ich die Partner nochmals ein:

Zum Verhalten der Radfahrer in Heidelberg im November 2014

Wir haben nun zwei Licht-Kontrollaktionen jeweils am gleichen Wochentag, jeweils zur gleichen Zeit und jeweils am gleichen Ort hinter uns. Dem Gebot der Fairness und der Partnerschaft folgend, habe ich die Kontrollen breitest möglich in den Medien und über die Informationswege der Aktionspartner angekündigt. Wir haben bei der ersten Kontrolle 52 und bei der zweiten Kontrolle 37 Radfahrer ohne Licht angehalten. Nicht gezählt haben wir diejenigen, die von Gutmeinenden frühzeitig gewarnt wurden und entweder vorher abgebogen sind oder abstiegen und ihr Fahrrad schoben.
Wer sind diese Leute, die, ohne Licht unterwegs, sich und andere gefährden?
Es sind Ihre Kolleginnen und Kollegen, Ihre Studenten und Studentinnen, Ihre Kommilitonen, Ihre Bekannten und Freunde – Sie selbst (?). Das waren nicht Leute, die ich als verantwortungslos bezeichnen würde. Nein, alle Kontrollierten sind einsichtig und waren freundlich an der Kontrollstelle. Ich würde diese Menschen als „eilig und vielleicht deshalb gedankenverloren" bezeichnen.
Wenn ich ehrlich bin, hat die Ankündigung der Kontrollen nicht wirklich geholfen. Insgesamt sind eher gleich viele ohne Licht unterwegs gewesen. Also reichen unsere gewählten Kommunikationswege nicht aus. In ihrer beruflichen und studentischen Belastung konsumieren

diese Menschen offensichtlich keine trivialen Nachrichten. Holt man Sie in direktem, persönlichem Kontakt aber aus ihrer „Schusseligkeit" heraus, erkennt man sie als grundsätzlich regeltreue Bürger oder Einpendler in unsere Stadt.
Die immer wieder beschriebenen „militanten Kampfradler" sind in der Minderheit. Sie ragen jedoch aus der Masse der „eiligen Gedankenverlorenen" heraus, sorgen für Verdruss und werden dann in den Diskussionsforen auf alle projiziert.
Mit unserer aktionplus5.de sind wir angetreten, gefährliche Verhaltensweisen von Radfahrern durch Überzeugungs-ARBEIT zu ändern und dadurch Unfallzahlen zu reduzieren.
Die Gutmeinenden, alles Besserwissenden und Intoleranten, die uns im Internetforum der RNZ als provinziell und unsere Aktion als sinnfrei bezeichnen, die uns Aktionismus vorwerfen, die nur mit Statistiken argumentieren und immer auf die Anderen – in diesem Falle auf die Autofahrer zeigen, zähle ich zum verfestigten ideologischen Status Quo in dieser Stadt. Deren Ansatz hat uns aber bisher nicht wesentlich weitergebracht!
Zu einem Zusammenstoß oder Um- bzw. Überfahren gehören immer zwei. Der, der nicht aufpasst und der, der oft schuldlos, aber auch gedankenverloren oder abgelenkt um- oder überfahren wird. Ist Letzterer ein Radfahrer (oder Fußgänger), hilft es auch nicht, wenn der Autofahrer schuld oder teilschuldig war. Deshalb ist ja eine unserer Empfehlungen die Defensive und der Verzicht auf Vorrang dort, wo es wehtun kann. Ich erinnere daran, dass OB Dr. Würzner Anfang dieses Jahres den Wunsch an die Polizei herangetragen hat, sich mehr dem Radverkehr und den Unfallrisiken zu widmen.
Ich habe mir die Unfallzahlen bis Oktober geben lassen. Während die Unfälle im ersten Halbjahr 2014 im Vergleich zum Vorjahreszeitraum mit einer erschreckend hohen Zunahme durch die Decke gingen, verzeichnen wir im bisherigen Verlauf des zweiten Halbjahres eine Trendumkehr und einen zweistelligen prozentualen Rückgang. Und das lag nicht nur am schönen Wetter im Frühjahr – das Jahr lag durchgängig über dem Temperaturmittel. Lediglich der eh schwach unfallbelastete August war zu kalt, fällt somit statistisch nicht ins Gewicht.
Ich sagte ja bereits zum Verlauf der Sommermonate, dass die Verkehrsteilnehmer besser aufeinander aufgepasst haben. Verhaltensänderung heißt die Beachtung von Verkehrsregeln und nicht das zu tun, was DIE ANDEREN tun. Das ist unbequem, das müssen auch die Rad-Lobbyisten akzeptieren.
Die Facebook-Quoten zu den Artikeln im Internetauftritt von RNZ digital, Heidelberg24 oder dem Rhein-Neckar-Fernsehen sind zu nahezu

99 Prozent pro diese Aktion eingestellt und wollen mehr Kontrollen. Die Likes sind hundertfach und die widergespiegelte Meinung ist eindeutig. Die abgebildete Bürgerschaft ist auf der „Plus5"-Seite.
Uns obliegt es nun, die an sich regeltreuen „eiligen Gedankenverlorenen" zu erreichen. Dazu bedarf es gemeinsamer Anstrengungen. Schaffen Sie in Ihren Organisationen und Institutionen Interesse. Neben den hergebrachten Informationswegen empfehle ich, die erwähnten Artikel in sozialen Netzwerken wie Facebook zu verbreiten. Damit streuen Sie auch die verfassten Kommentare und betreiben Meinungsbildung. Wichtig ist dabei die folgende Botschaft: Wenn alle auf dem Weg sind, vermindern Rücksichtnahme und Regeltreue die Unfallgefahren in unserer Stadt!
Sprechen Sie über die Termine weiterer Fahrradkontrollen. Sprechen Sie über eigene Erlebnisse mit Beinahe-Unfällen. Der Peer-Group-Ansatz in den Kollegien ist hier erfolgversprechender, weil nicht anonym und entpersonalisiert wie in der Medienberichterstattung. Da sind es immer DIE ANDEREN und klar: MIR kann das nicht passieren!
Ich werde die Donnerstagskontrollen in der Mittermaier Straße wöchentlich fortführen und „ritualisieren". Wer donnerstags mit Licht fährt, hat es dann hoffentlich auch an den anderen Tagen an.
Über die Selbstreflexion und Bewusstmachung der Gefahren könnte eine Wiedererweckung der leider unterbewusst gewordenen Regeltreue erfolgen und es würde auch wieder öfter an roten Ampeln gehalten. Eine bewusste Entschleunigung – Synonym: 5 Minuten, die schützen – verringert die Konflikte im Straßenverkehr. Wechselwirkungen mit den Autofahrern sind ausdrücklich erwünscht. Im wachsenden Zusammenschluss der Aktionspartner liegt das Potenzial für eine Bewegung. Gerade tut sich eine Situationschance auf – nutzen wir sie aktiv!

Provokation als Informationsvehikel

Natürlich hatte die Aktion mit dem Luftablassen die Radverkehrslobbyisten provoziert. Dafür war die Aktion aber tagelang in den Medien und in aller Munde. Neben anderen berichtete bspw. das regionale Rhein-Neckar-Fernsehen[37].
Aus Interesse ließ ich bei renommierten Fahrradhändlern in der Stadt nachfragen. Der Verkauf von LED-Stecklichtern war dieser Tage merklich in die Höhe geschnellt. Es wurde deutlich heller am rechten Fahrbahnrand zu jener Zeit.

---

37 http://www.rnf.de/mediathek/video/fahrradkontrollen-in-heidelberg/

Manchmal ist es wirkungsvoller, das polizeiliche Gegenüber mit etwas Unerwartetem zu konfrontieren, auch mal an die Grenzen der Verhältnismäßigkeit zu gehen und damit zu provozieren. Auch eine negative Diskussion befasst sich mit dem Kern des Themas, führt zum Nachdenken und veranlasst vielleicht beim ein oder anderen ein Umdenken.
Die erste Fahrradsaison mit der aktionplus5.de war vergangen. Für die Wortführer der Radfahrer-Lobby war sie immer noch zu einseitig auf Radfahrer fixiert. Aus den aktionsbezogenen Reaktionen auf Facebook war jedoch zu schließen, dass die schweigende Mehrheit den Ansatz begrüßte.

Die Psychologie des Wegeunfalls
Erklärungen findet man in den wissenschaftlichen Untersuchungen von Prof. Dr. Markus Hackenfort von der Züricher Hochschule für angewandte Wissenschaften. 2011/12 hat er die Risikofaktoren im Züricher Radverkehr untersucht
Sich sicherheits- oder regelwidrig verhaltende Radfahrende schätzen die Gefahr der vorliegenden Situation signifikant geringer ein, als sich regelgerecht verhaltende Radfahrende. ...
Die wahrscheinliche eigene Unfallfreiheit nährt fortlaufend den individuellen Eindruck, kompetenter als andere zu sein. [38].
Ehemals Erzieher von Beruf, gibt er in seinen Vorträgen bestechend einfache, aber überzeugende Erklärungen für das Gefährlichkeitsurteil und das Routineverhalten der Radfahrer.
Die sich herausbildende Routine überlagert das Gefahrenbewusstsein. Wer tagein und tagaus immer die gleiche Strecke fährt, merkt sich jede Kleinigkeit im Straßenraum. Aus dieser Vertrautheit erwächst der Spruch: Den Weg fahr ich im Schlaf! Routine reduziert aber auch die Gehirnfunktion. Das Gehirn taktet nicht mit gleichbleibenden Impulsen reihum wie ein Computer, sondern teilt und reduziert damit die Aufmerksamkeit. Der Mensch glaubt in seiner Routine, mehrere Dinge gleichzeitig machen zu können, multitaskingfähig zu sein. Diese Selbstüberschätzung führt zu einem falschen Gefahrenradar. Verändert sich nur eine Situation gegenüber der erlebten Routine, kommt es unweigerlich zum Konflikt und schlimmstenfalls zu einem Unfall.

---

38 Markus Hackenfort in Europa Institut Zürich 2012, Band 134, S. 171 ff., 5. Zürcher Präventionsforum – Raser, Risikofahrer und andere kriminelle Verkehrsteilnehmer: Jenseits des Vorsatzes – Eine Untersuchung zu kognitiven Ursachen von regelwidrigem Verhalten im Radverkehr

Bei der Unfallaufnahme hören dann meine Kollegen des Öfteren die Entschuldigung: „Da ist doch noch nie einer von rechts rausgekommen!"

Es bedarf daher einer systematischen Verringerung der subjektiven Kontrollüberschätzung.[39]

Sind nun viele unterschiedliche Verkehrsteilnehmer gleichzeitig auf ihrem Weg, summieren sich natürlich die Gefahrensituationen. Passt nur einer nicht auf, kann es zum Unfall kommen.

Ursächlich ist dabei auch das unterschiedliche Geschwindigkeitsniveau. Die Gemütlichen radeln mit einem Schnitt von 12 km/h. Die Masse bringt es auf etwa 18 km/h. Und dann gibt es die Sportlichen, die selbst auf dem Weg von und zur Arbeit den Wettkampf suchen und immer einen 30er Schnitt fahren müssen.

Seit einigen Jahren kommen nun auch die Pedelecs dazu, mit denen auch ungeübte und ältere Radfahrer mithalten können.

Künftig mischen sich auch noch die E-Tretroller in die Fahrradpulks. Teils mit 12 km/h, aber auch mit flotten 20 km/h sind sie nicht nur eine echte Alternative für den letzten Kilometer. Unter den diskutierten Aspekten wird es sicher zu Konflikten im Verkehrsraum kommen.

Für alle gilt dennoch: Schnelles Fahren im Pulk, Überholen auf dem Radweg oder unter Einbeziehung des Gehweges, Geisterradeln und Missachten von roten Ampeln bringen innerstädtisch nur Minutenvorsprung.

Dafür setzt sich der Radler selbst und andere unter Stress. Die Unfallgefahren steigen. Das partnerschaftliche Miteinander im Straßenverkehr nimmt Schaden.

Freizeitunfälle

Neben den Pendlerunfällen fällt der Fokus natürlich auch auf das Phänomen der Freizeitunfälle. Exemplarisch möchte ich einen Radunfall am Vatertag 2016 im Wohngebiet des Stadtteils Neuenheim herausgreifen.

Ein 50-Jähriger aus der Gundolfstraße im ruhigen Stadtteil Neuenheim hatte sich mit einem Bekannten zu einer Ausfahrt mit dem Rennrad verabredet. Kurz nach 13 Uhr kehrten sie nach einer 60-km-Tour zurück.

100 Meter vor der Haustür näherten sich die beiden der Seitzstraße. Aus dieser fuhr eine 30-Jährige mit ihrem VW-Golf von zu Hause los und hatte an der Einmündung zur Gundolfstraße Vorfahrt vor den beiden Radfahrern.

39 Hackenfort, a.a.O.

Wegen eines verbotswidrig von einer Anwohnerin im 5-Meter-Bereich abgestellten Pkw mussten die Radfahrer mittig der Fahrbahn fahren. Durch die Sichtbehinderung konnten sich die Kontrahenten erst viel zu spät erkennen.
Der vordere Radfahrer stieß vorne rechts gegen den VW-Golf, wurde aufgegabelt und durchschlug mit seinem Kopf die Windschutzscheibe. Der hintere Rennradler kollidierte ebenfalls mit dem Golf, wurde aber nach hinten abgewiesen.
Zum Glück trugen beide einen Helm. Der 50-Jährige trug eine leichte Gehirnerschütterung sowie eine Kopfplatzwunde davon, der zweite Radler eine schmerzhafte Steißbein-Prellung. Ohne Helm wäre der Unfall mit schwersten Kopfverletzungen ausgegangen.
Solche Unfälle im vertrauten, wohnortnahen Verkehrsraum sind aufgrund des Routineverhaltens der Beteiligten kaum präventabel bzw. vermeidbar.
Warum das so ist, habe ich oben erläutert. Deshalb lasse ich auch nicht nach zu empfehlen, die Regeltreue zur persönlichen Routine zu machen.

Statistische Gefahrenstellen im Verkehrsraum
Das sind örtlich begrenzte Bereiche im Straßennetz, die durch eine erhöhte Konzentration von Unfällen auffällig sind. An diesen Stellen erreicht oder überschreitet die Anzahl der gleichartigen Unfälle einen Grenzwert.
Dabei kann es sich um einen Knotenpunkt oder einen kurzen Streckenabschnitt einer Straße handeln, bei dem die Zahl gleicher Unfallarten, gleicher Unfalltypen oder gleicher Unfallursachen diesen bestimmten Wert überschreitet. Es werden also nur Unfallereignisse erfasst. Eine Häufung von Unfallgefahren an einer bestimmten Stelle wird daher erst spät erkannt.

Die Furt am Gaisbergtunnel
Eine solche erwähnenswerte Gefahrenstelle hat sich mitten in der Stadt, am östlichen Ende des Adenauerplatzes, entwickelt. Die parallel zur Bundesstraße 3, der Rohrbacher Straße, verlaufende Gaisberg-Straße ist ausgewiesene Fahrradstraße. Sie mündet in Nordrichtung mit leichtem Gefälle an einer ampelgeregelten Fahrrad- und Fußgängerfurt. Der querende Fahrzeugverkehr verlässt den Adenauerplatz zweispurig in den Gaisberg-Tunnel. Wenn die Ampel für Fußgänger und Radfahrer auf Rot springt, erhält der Autoverkehr drei Sekunden später Grün.

An einem sonnigen Sommerabend im Juli 2016 fuhr ein junger Mann mit seinen Pkw von der Kurfürstenanlage über den Adenauerplatz in Richtung Tunnel.
Für uns als Polizei ein glücklicher Zufall, zeichnete er seine Fahrt mit einer Dash-Cam auf. Er nähert sich der Fußgänger- und Radfahrerfurt an der Gaisberg-Straße. Auf dem linken Fahrstreifen wartet ein Pkw an der Haltlinie.
Die Ampel springt auf Rot/Gelb und im letzten Augenblick huscht noch ein Radfahrer bei Rot über die Furt, sodass der wartende Pkw noch nicht losfahren kann.
Die Ampel springt auf Grün und der junge Mann ist an der Querung, als plötzlich von rechts eine junge Radfahrerin ohne Geschwindigkeitsverminderung die Furt quert. Sie hat den Blick nach vorne gerichtet und macht einen völlig entspannten Eindruck. Der Pkw erwischt die Radfahrerin etwa mittig der Motorhaube. Die Radfahrerin wird hochgewirbelt, dreht sich um ihre Körperachse und wird mit Vorwärtsdrall seitlich über die Motorhaube abgeworfen. Das Fahrrad wird spektakulär etwa 20 Meter weit nach vorne links katapultiert.
Die junge Frau hatte unglaubliches Glück. Sie trug keinen Helm. Der wartende Pkw konnte jedoch wegen des zuvor querenden Radfahrers nicht losfahren, sodass sie eine Ausrollzone auf dem Asphalt hatte und sich nur eine Beckenprellung zuzog.
In jeder anderen Konstellation wäre sie mit dem Kopf auf der Windschutzscheibe oder dem Fahrzeugholm aufgeschlagen und hätte schwerste Verletzungen davongetragen.
Weniger Glück hatte ein 51-jähriger Radfahrer. Im Oktober 2018 fuhr dieser an gleicher Stelle, morgens um halb sieben, bei Dunkelheit, bei Rotlicht über die Fahrradfurt.
Er wurde dabei von einem Pkw auf der linken der beiden Fahrspuren umgefahren. Obwohl dem Mann diese Gefahr wegen der roten Ampel bewusst sein musste, querte er dennoch leichtfertig die Fahrbahn. Er trug keinen Helm und zog sich deshalb schwerste Kopfverletzungen zu.

Kontrollkampagne „Monat der Fahrradsicherheit"

Jetzt war die Zeit gekommen, den anonymisierten Dash-Cam-Film zu Präventionszwecken zu nutzen. Der Film war der ideale Aufhänger für eine Überwachungskampagne der Verkehrspolizei im darauffolgenden November in Heidelberg und Mannheim.[40]

40 https://www.facebook.com/RheinpfalzOdenwaldNeckarTV/videos/452206015306906/UzpfSTEwMDAwNjQ4NDcwMTA0MzoyNjgzMzM0ODM4NTU5MzEz/

Am Freitag, 2. November 2018, einem Brückentag, veröffentlichten wir die Pressemitteilung zur Aktion[41]: *Gefährliche Routine beim Radfahren erhöht im Herbst und Winter die Unfallgefahr – Verkehrspolizei ruft November zum Kontrollmonat aus.*
Es war, als hätte ich in ein Wespennest gestochen.
Das Schock-Video und die von allen regionalen Print- und Digital-Medien übernommene Berichterstattung wurde allein am folgenden Wochenende mehr als 110.000 Mal aufgerufen und vielfach im Netz geteilt.
Natürlich interessierte mich das Echo der digitalen Medien. In 174 bis Montag verfassten Kommentaren spiegelt sich das zerrissene Bild der Verkehrsteilnehmer. Mit zum Teil aggressiven und hasserfüllten Kommentaren bashen Autofahrer auf Radfahrer und umgekehrt. Mehr als Dreiviertel der Kommentare sind dabei kontra Radfahrer und weniger als 20 Prozent pro. Ganz wenige suchen mäßigend den Ausgleich. Von der Vorgabe des § 1 der Straßenverkehrsordnung, dass bei der Teilnahme am Straßenverkehr ständige Vorsicht und gegenseitige Rücksicht geboten ist, sind die Kommentierenden weit entfernt.
Eine Woche später stellten wir fest:[42] *Ernüchternde Bilanz der ersten Kontrollwoche – Verkehrspolizei ahndet 193 Verstöße in Heidelberg und 140 in Mannheim*
Zur Halbzeit berichteten wir:[43] *November-Schwerpunktaktion Fahrradfahrer – keine merklichen Rückgänge*
Zur Monatsmitte mussten meine Verkehrspolizisten schon 722 Verstöße ahnden. Die kontroverse Auseinandersetzung im Netz ging weiter. Neben der wiederkehrenden Forderung, in Städten nur noch Tempo 30 und Schrittgeschwindigkeit für Autos zuzulassen, argumentierte ein Radenthusiast ernsthaft, man müsse den Autofahrern eine Mitschuld geben, wenn Radfahrer bei Rot über die Ampel fahren. Sehe der Autofahrer einen Radfahrer, der bei Rot quert, müsse er seine Geschwindigkeit reduzieren, weil er mit weiteren Radfahrern rechnen müsse, die bei Rot fahren!
Das stellt dann aber den Vertrauensgrundsatz der StVO total auf den Kopf. Kein Wunder, dass ob solcher skurrilen Einstellungen mehr Radfahrerkontrollen gefordert werden.

41 https://www.presseportal.de/blaulicht/pm/14915/4104024
42 https://www.presseportal.de/blaulicht/pm/14915/4110732
43 https://www.presseportal.de/blaulicht/pm/14915/4117416

Regeln? Sind für Verlierer.

Wenn man nach Gründen dafür forscht, ist man sehr schnell beim Zeitgeist. Sehr gut beschreibt diesen Florian Güßgen in seinem Artikel im STERN: *Jeder gegen jeden in deutschen Städten – was sich im Straßenverkehr ändern muss*[44].

Wer auf deutschem Asphalt unterwegs ist, erlebt Drängler, Raser, Rowdys, die Donald Trumps der Straßen. Regeln? Sind für Verlierer…

Ein Grund für die wachsende Wut ist zunehmende Platznot. Auf den Straßen wird es immer voller und enger, vor allem in den Städten. So stieg in den vergangenen zehn Jahren das Verkehrsaufkommen in Städten um 300 Millionen Personenkilometer pro Tag – ein Zuwachs von fast 20 Prozent…

Auch die Radfahrer haben aufgerüstet, mit schnellen E-Bikes, riesigen Lastenrädern und robusten Mountainbikes pflügen sie sich ihren Weg durch die Ballungsräume, oft mit dem Gefühl moralischer Überlegenheit: Wir sind die Guten, wir fahren umweltfreundlich …

Dabei bewegt sich ein jeder in seiner persönlichen Filterblase. Radfahrer und Fußgänger tragen Kopfhörer und starren auf ihre Handys, im Auto gibt es meist keine akustische Rückkoppelung mit dem Gegenüber. Entscheidende Elemente der menschlichen Kommunikation fehlen.

Einige Prognosen sagen bis 2030 einen weiter anwachsenden Kraftfahrzeugverkehr in den Städten voraus. Trotz Bekenntnis zu fahrradfreundlichen Städten können viele Kommunen den Mobilitätsmix hin zu umweltfreundlicheren Verkehrsmitteln nicht von heute auf morgen realisieren. Städte wie Amsterdam oder Kopenhagen beweisen, dass zur verkehrspolitischen Entscheidung auch eine konsequente Stadtplanung mit der Schaffung von Infrastruktur für den erwünschten Zuwachs von Radverkehr einhergehen muss. Solange die Landflucht anhält und die Städte wachsen, solange das Auto bei vielen noch Symbol für Wohlstand ist, werden sich viele nicht mit dem Fahrrad als priorisiertem Fortbewegungsmittel im städtischen Binnenverkehr zufriedengeben. Tägliche Staus und Parkplatznot werden weiter zunehmen und sind gegenseitiger Rücksichtnahme im Straßenverkehr abträglich. Und dann wird die Polizei als gesellschaftliches Stresskorrektiv gebraucht.

Wie ging nun mein Überwachungsmonat zu Ende?

---

44 https://www.stern.de/panorama/gesellschaft/neues-verkehrskonzept-gesucht-fuer-autofahrer--radfahrer-und-fussgaenger-8418806.html?utm_campaign&utm_source=facebook&utm_medium=mweb_sharing&fbclid=IwAR0Xb7MzCqhn3a-RBD0Z6zAbxfd1gIdVSEorYQ8vVe-w-_KiGI4aV-24rX4

Nüchtern betrachtet zeigt das Ergebnis von 1.557 Verwarnungen und Anzeigen gegen Radfahrer in den beiden Metropolen der Kurpfalz gerade wegen der täglichen Kontrollen deutlich auf, dass man allein mit polizeilichen Mitteln und innerhalb eines Monats ein eingefahrenes Massenverhalten nur sehr zögerlich ändern kann.
Wir haben deshalb Woche für Woche Bilanz gezogen und mit den Überwachungsergebnissen die kontroverse Diskussion in der Bürgerschaft und insbesondere im Netz befeuert. Der Riss in den Stadtgesellschaften ist dabei unverkennbar.
Eigentlich fordert die Straßenverkehrsordnung gegenseitige Rücksichtnahme von allen Verkehrsteilnehmern. Leider gibt es eine auffällige und nicht gerade kleine Minderheit unter den Radfahrern, die jedes Vorurteil bestätigt. Dazu kommen die reflexartigen Forderungen, doch erst einmal die Verstöße der Autofahrer zu ahnden. Dem widerspreche ich, denn der Kraftfahrzeugverkehr ist, auch weil Verstöße über das Kennzeichen verfolgt werden können, ganzjährig im Fokus der verkehrspolizeilichen Überwachung.
Erfreulich war das Ergebnis einer erneuten Zufallsbefragung zum Ende des Kontrollmonats bei acht Fahrradhändlern in Heidelberg. Die Kunden berichteten positiv über die Aktion und auch die Händler lobten unisono die Maßnahmen. Viele wünschen sich häufigere Kontrollen. Fünf Händler stellten einen merklichen, nicht nur jahreszeitlich bedingten, Anstieg des Verkaufs von Fahrradbeleuchtungen fest. Auch das hatten wir bereits 2014 erlebt.
Ich muss in diesem Zusammenhang immer wieder auf den Grundgedanken unserer Aktion plus5 hinweisen. Dieser empfiehlt allen Verkehrsteilnehmern, sich bewusst 5 Minuten mehr Zeit zu nehmen, um defensiv und regeltreu an das gesetzte Ziel zu kommen. Und das funktioniert. Ich habe tatsächlich Rückmeldungen hierzu, dass man viel gelassener ankommt.
Natürlich musste ich ankündigen, dass diese Aktion im nächsten Frühjahr wiederholt wird.
Unterstützt wurde das Vorhaben durch die Radunfallstatistik. In Heidelberg war die Zahl der verunglückten Radler um mehr als 14 Prozent, in Mannheim gar um über 22 Prozent gestiegen.
Die Hauptunfallursachen bei den Radfahrern ließen häufig Unaufmerksamkeit und fehlende Regeltreue vermuten.
Bei den Autofahrern führt der vergessene Schulterblick oft zum Zusammenstoß mit Radfahrern.
Also begannen wir gleich am Aschermittwoch im März mit den Überwachungsmaßnahmen, um ein Zeichen zu setzen. Und natürlich führte

die Hitliste der Verstöße wieder das Geisterfahren und das Missachten roter Ampeln an.
Die Verstoßrate war nicht ganz so hoch wie im November. Die Rhein-Neckar-Zeitung berichtete:
Doch das Ergebnis ist auch mit Einschränkungen zu betrachten, teilt die Polizei mit.
Zum einen ließen sich die Zeiträume nicht eins zu eins vergleichen und im März wurde weniger intensiv kontrolliert, ordnet Verkehrspolizeichef Dieter Schäfer das Resultat ein. Sorge bereite zudem, dass viele Radfahrer weiterhin verbotenerweise links fahren. „Obwohl die Unfallgefahr laut Unfallforschung, um das bis zu Zehnfache steigt und dies auch eine der Hauptunfallursachen für Radfahrende in beiden Städten darstellt, nahmen die Verstöße prozentual deutlich zu", sagte Schäfer.
Dennoch: „Es ist erfreulich, dass relativ fast die Hälfte weniger Verstöße beanstandet wurde als im November."[45]
Wenn man positiv denkt, könnte man daraus schließen, die Regeltreue habe zugenommen.

Das Kalkutta-Phänomen
Bei all den entstehenden Konflikten zwischen Radfahrern, Autofahrern und Fußgängern zeigt sich jedoch auch ein Paradoxon. Dort, wo am meisten geschimpft und geklagt wird, ereignen sich die wenigsten Unfälle. In Heidelberg ist die Plöck eine durch Studenten hoch frequentierte Fahrradstraße. Jeder kann auf Anhieb von einem Beinah-Unfall berichten und wie rücksichtslos die Radfahrer dort unterwegs sind. Die Statistik zeigt jedoch ein anderes Bild. Es passieren nahezu keine Unfälle oder diese werden, warum auch immer, polizeilich nicht gemeldet.
Das gleiche Phänomen ergab sich in Mannheim, als versuchsweise in der westlichen Oberstadt innerhalb der Quadrate die Einbahnstraßen in Gegenrichtung für Radfahrer freigegeben wurden. Es dauerte nur wenige Wochen, bis auch die anderen drei Quadranten innerhalb des Ringes von den Radlern erobert wurden. Jeder schimpft nun über jeden. Aber es passieren so gut wie keine Unfälle mehr.
In Vorträgen spreche ich dann oft vom Kalkutta-Phänomen. Es scheint keine Regeln zu geben und dennoch funktioniert der Verkehr. Der Grund ist wohl, dass jeder weiß, wenn er unaufmerksam ist, dass er Schaden nehmen kann. Also wird aufgepasst, dafür aber umso heftiger geschimpft.

45 https://www.rnz.de/nachrichten/heidelberg_artikel,-heidelbergmannheim-weniger-verstoesse-von-fahrradfahrern-_arid,431586.html

Das funktioniert innerorts allerdings nur in 30er-Zonen oder verkehrsberuhigten Bereichen. Dort wo 50 Stundenkilometer erlaubt sind, ist bei einem Unfall die Aufprallwucht zu groß. Ich bin fest überzeugt, wenn wir die Menschen überzeugen könnten, unsere Städte in den Nebenstraßenbereichen komplett auf 30 km/h und die Wohngebiete auf Schrittgeschwindigkeit herunterzuregeln, würden sich schwere Unfälle schlagartig halbieren. Und wenn wir ehrlich sind, können wir tagsüber eh nur selten schneller fahren.
Die Realität zeigt jedoch, dass der politische wie auch der gesellschaftliche Konsens noch nicht in Sicht ist.

Der Fahrradhelm

Ein Phänomen überschattet jedoch den Fahrradsektor. Die Frage nach dem regelmäßigen Tragen eines Fahrradhelmes entzweit selbst die Radlobbyisten. Ich nehme es vorweg, ich bin gegen eine Helmpflicht für Radfahrer. Eine solche würde eine Überwachungsflut zur Durchsetzung des Helmtragens notwendig machen. Die Polizei ist personell dazu nicht in der Lage und so wäre der Verwarnungstatbestand das Papier nicht wert.
Dennoch plädiere ich für das Helmtragen – aus Vernunftgründen. Auch hier kann ich von einem Paradoxon berichten. Das Betriebsgelände der BASF in Ludwigshafen erstreckt sich über eine sehr große Fläche. Die Distanzen zwischen den einzelnen Produktionsstätten und Verwaltungsgebäuden werden mit einer großen Flotte von Werksfahrrädern zurückgelegt. Aus Gründen der Unfallvermeidung ist dabei das Tragen eines Fahrradhelmes vertraglich festgeschrieben. Kein BASF-Mitarbeiter würde deshalb eine Abmahnung riskieren. Die Helmtragequote auf dem Betriebsgelände beträgt 100 Prozent. An der Pforte wird nach Feierabend dann aber der Helm abgelegt und der Nach-Hause-Weg häufig mit dem Privatfahrrad ohne Helm zurückgelegt – welch ein Widerspruch.
Hierzu muss man sich mit Studien der Unfallforschung befassen. Der Gesamtverband der Versicherer gab 2015 eine Klinikstudie der Rechtsmedizin München und Münster heraus[46]. Nicht die unvollständigen Unfallstatistiken der Polizei wurden dabei herangezogen. Neben der Auswertung der tödlichen Radunfälle führte man Interviews mit Patienten, die sich beim Sturz mit dem Rad oder bei einem Radunfall verletzt hatten. Die Ergebnisse sind deutlich. Alleinunfälle sind danach die Hauptursache für Kopfverletzungen. Kollisionen mit Kraftfahrzeu-

46 https://www.rechtsmedizin.med.uni-muenchen.de/service/downloads/forschungsbericht_fahrradhelm.pdf

gen aber sind ursächlich für schwere Kopfverletzungen. Beim Alleinunfall führt der seitliche Sturz häufig zu Kopfverletzungen. 60 Prozent davon ereignen sich bei geringer Geschwindigkeit! Signifikant ist auch der Sturz über den Lenker, meist bei blockierendem Vorderrad.
Fatal wirkt sich allerdings die Kollision *Pkw-Front gegen Fahrrad seitlich* aus. Hier bilden sich die Kategorien bei geringer Geschwindigkeit von ca. 15 km/h und bei mittlerer Geschwindigkeit von ca. 40 km/h ab. Letztere enden meist besonders schwer.
Auffällig bei allen untersuchten Unfällen ist, dass bei Helmträgern das schlimmste festgestellte Verletzungsmuster die schwere Gehirnerschütterung war. Logischerweise hatte demnach keiner der Getöteten einen Helm getragen.
Eindeutiges Fazit ist, bei Helmträgern ist bei einem Sturz oder einem Unfall die Senkung des Risikos schwerer Kopfverletzungen klar erwiesen. Also – Schütze dein Bestes![47]

Trennung der Verkehrsströme – Die neue Brücke

Nach mehr als fünf Jahren aktionplus5.de in der Fahrradstadt Heidelberg komme ich zum ernüchterten Schluss: Erwachsene, gebildete Radfahrer lassen sich nur unter dem Druck ständiger Überwachung zur Einhaltung der Verkehrsregeln bewegen. Dazu ist die Polizei bei 30 Prozent Binnenverkehrsanteil personell und auf Dauer nicht in der Lage. Lässt der Überwachungsdruck nach, nehmen die Verstöße wieder zu.
Der Radfahrer fährt klimafreundlich, tut etwas für die Gesundheit und will immer auf dem kürzesten Weg von A nach B. Ich erinnere an den STERN-Artikel. Das Gefühl moralischer Überlegenheit bestärkt die Einstellung: Wir sind die Guten, wir fahren umweltfreundlich. Die mobile Frage ist auch eine soziale Frage: Wer darf wo fahren? Was ist gerecht?[48]
Stadtplaner sollten das beachten, wenn sie Unfallgefahren nachhaltig reduzieren wollen. Einige Städte machen es vor. Ein bisschen hier, ein bisschen da hilft kommunalpolitisch nicht. So kommen wir als Verkehrspolizei leider immer nur unserer traurigen Chronistenpflicht nach. Deshalb sind auch im Binnenverkehrsnetz in Heidelberg Radschnellwege und eigene Trassen die Lösung.
Die RNZ schrieb am 16.05.2017 „Mehrheit der Heidelberger Stadträte will eine eigene Fahrradbrücke – Im Stadtentwicklungs- und Ver-

47 https://www.schuetze-dein-bestes.de/
48 STERN a.a.O.

kehrsausschuss gab es nur eine Gegenstimme". Die AG plus5 war als Lobbyist von Beginn an Befürworter einer eigenständigen Brücke.
Stand 2018 zeigte sich anhand der Unfallentwicklung der letzten 5 Jahre, dass sich nach rückläufigen Verletztenzahlen bei prozentualem Anstieg des Anteils der Radfahrer deren Verunglücktenrate wieder deutlich erhöht hatte. Dies korrespondierte auch mit der Verschuldensfrage. Radfahrer waren 2018 in 62 Prozent aller von der Polizei erfassten Radunfälle Verursacher oder Mitverursacher.
Beleuchtet man bei allen beteiligten Verkehrsarten nur die 40 Prozent der Unfälle zwischen Radfahrern und Kraftfahrzeugen, liegt ihr Verursacheranteil allerdings deutlich niedriger, bei rund 30 Prozent.
Schon zu diesem Zeitpunkt war die Leistungsfähigkeit der Nord-Süd-Verbindung ins Neuenheimer Feld bei bis zu 14.000 Fahrradfahrten pro Werktag erschöpft. Verkehrsstörungen, insbesondere in den Morgenstunden, sind zwischen Hauptbahnhof und Berliner Straße wegen der ständigen Rechtsabbiege-Konflikte an der Tagesordnung.
Risikooptimierungen für alle Verkehrsarten sind deutlich ausgereizt.
Engeneering, sprich Verkehrslenkungsmaßnahmen und Ampelschaltungen im gegenwärtigen Verkehrsnetz, verbessern die Leichtigkeit des Verkehrs nicht wirksam.
Enforcement, sprich die Verfolgung von Verkehrsverstößen durch die Polizei, scheitert an der schieren Masse der täglichen Verkehrsverstöße.
Education, sprich Verhaltensänderungen zur Unfallreduzierung ist mittelfristig möglich, auf lange Sicht aber sehr aufwendig und deshalb nachhaltig kaum erreichbar.
Der Mensch, das Gewohnheitstier, fällt immer wieder in denselben Trott zurück.
Ich durfte insgesamt drei Mal im Heidelberger Gemeinderat über die Arbeit der AG Plus5 und die Entwicklungen im Radverkehr berichten und erhielt parteiübergreifende Anerkennung für die Aktion.
Aber ultima ratio ist nur die Trennung der Verkehrsströme durch bauliche Maßnahmen, sprich eine eigene Radbrücke ins Neuenheimer Feld. Und die ist, auch unter Mitwirkung der aktionplus5.de, jetzt in greifbarer Nähe.
Auf der Homepage der Stadt Heidelberg wird das Projekt beschrieben[49].
Die Stadt Heidelberg plant eine neue Rad- und Fußwegverbindung zwischen Bergheim und dem Neuenheimer Feld. Sie beginnt an der künfti-

49 https://www.heidelberg.de/hd,Lde/HD/entwickeln/radverbindung+ueber+den+neckar.html

gen Gneisenaubrücke am Ochsenkopf (westlich des Hauptbahnhofs) und endet am nördlichen Neckarufer. Dabei entsteht eine neue Brücke über den Neckar, die zwischen der Ernst-Walz-Brücke und dem Wieblinger Wehr liegen wird.
Das Ziel ist eine komfortable Anbindung der südlichen und südwestlichen Stadtteile (Bergheim, Wieblingen, Bahnstadt, Pfaffengrund, West- und Südstadt, Rohrbach, Kirchheim) an das Neuenheimer Feld mit seinen zahlreichen Kliniken und Wissenschaftseinrichtungen. Durch die Gestaltung von Freiräumen im Umfeld der Brücke soll außerdem die Aufenthaltsqualität in Bergheim verbessert werden.
Die neue Verbindung soll auch die stark frequentierte Ernst-Walz-Brücke und die Mittermaierstraße entlasten. Zudem würde die Querung die geplante Radschnellverbindung von Mannheim nach Heidelberg verlängern. Gemeinsam mit der projektierten Gneisenaubrücke für Rad- und Fußverkehr stellt sie außerdem eine Verknüpfung zur vorgesehenen Radschnellverbindung über das Patrick-Henry-Village nach Schwetzingen her.
Die Stadt veranstaltet für die Planungsbüros einen Ideenwettbewerb. Ende 2019 wird im Gemeinderat über den Sieger entschieden, der letztendlich den Auftrag ausführen wird. Vielleicht schon 2022 können dann die vielen Tausend Berufspendler auf ihrer eigenen Radweg-Trasse kreuzungsfrei und gefahrlos ins größte zusammenhängende Arbeitsgebiet Heidelbergs radeln.
Experten prognostizieren einen jährlichen Rückgang der Unfallopfer um etwa 100 – eine sehr erfreuliche Aussicht aus der Perspektive des Verkehrspolizisten.
Und sind wir ehrlich, die Verkehrswende ist in Heidelberg doch schon im Gange. Wenn fast ein Drittel aller Wege in der Stadt mit dem Fahrrad zurückgelegt werden, besteht auch ein Anspruch auf eine fahrradfreundliche und gefahrenarme Infrastruktur.

Kapitel 3: So nicht!

Hoheitliches Handeln

Konflikt

Fähigkeit zur Einsicht

Viele Menschen haben sich ihre eingebrockte Suppe selbst zuzuschreiben.
Heinz Erhard (deutscher Komiker, † 1979)

So nicht! – Die Interaktion zwischen Bürger und Polizei

Verwaltungshandeln basiert immer auf Gesetzen und Verordnungen. Da aber nicht jeder Sachverhalt gleich ist, bildet sich eine Verwaltungspraxis aus. Danach soll jeder Sachverhalt im Wesentlichen gleichbehandelt werden.

Was aber, wenn sich schleichend eine Verwaltungspraxis etabliert, die objektive Mängel aufweist? Meist entstehen diese im Bereich der Ermessensausübung und im weiten Feld der Verhältnismäßigkeit der Maßnahmen und der angewandten Mittel. Hierfür wurden die Instrumente der Dienst- und Fachaufsicht geschaffen. Erstere dient dazu, das subjektive Verwaltungshandeln des Amtsträgers, also sein Handeln selbst, zu überprüfen. Die Zweite soll gewährleisten, dass Verwaltungshandeln auch im Laufe der Zeit rechtmäßig bleibt.

Fall 1: Führerschein nicht mitgeführt – was dann?

Es war im Winter 1986/87, einer Zeit ohne Smartphone und Internet, während meines Kommissar-Studiums. Meine Schwägerin bat mich empört um Rat. Sie war mit dem Auto ihres damaligen Freundes an einem Samstag in eine Verkehrskontrolle zwischen Heddesheim und Mannheim geraten und hatte ihren Führerschein nicht dabei. Was ihr dabei widerfuhr, konnte sie nicht glauben.

Ihr Freund, der Fahrzeughalter, saß mit einem Gehgips von einer Skiverletzung auf dem Beifahrersitz. Der Kontrollbeamte erklärte ihr, dass er einen Verdacht des Fahrens ohne Fahrerlaubnis nicht ausschließen könne. Am Wochenende sei eine Überprüfung der Angaben meiner Schwägerin bei der zuständigen Führerscheinstelle nicht möglich, weshalb er ihr die Weiterfahrt untersage, bis sie ihm den Besitz der Fahrerlaubnis nachweisen könne. Das könne durch Vorlage des Führerscheines beim Polizeirevier an ihrem Wohnort erfolgen. Außerdem behalte er bis dahin den Fahrzeugschlüssel, da ein Berechtigter nicht verfügbar sei und er eine Gefahr einer fortgesetzten Verkehrsstraftat sehe.

Es war kalt, der Kontrollort war außerhalb einer Ortschaft und ihr Freund hatte das Bein eingegipst. Auf die Frage, wie sie denn jetzt weiterkommen solle, gab ihr der Beamte den Rat, sie solle ein Taxi rufen. Meine Schwägerin fragte, wo sie denn jetzt eine Telefonzelle[50] finden sollte? Der Beamte wies nur mit dem Blick in die nächste Ortschaft und das war's dann.

50 Kleine gelbe Häuschen mit öffentlichem, kabelgebundenem Wählscheibentelefon, in das man mindestens zwei 10-Pfennig-Münzen einwerfen musste

Theorie und Wirklichkeit

Gegen Ende eines Fachhochschulstudiums für Polizei hast du viel über die verfassungsmäßig garantierten Grundsätze des Mindesteingriffs und der Verhältnismäßigkeit gehört und verinnerlicht, sodass dich eine solche Polizeipraxis ziemlich fassungslos macht.

Ich setzte mich also hin und verfasste für meine Schwägerin eine Dienst- und Fachaufsichtsbeschwerde und zog dabei alle argumentativen Register.

Wenige Wochen später erhielt sie einen Bescheid des Polizeipräsidenten von Mannheim. Er erklärte ihr, dass sein Beamter den Anfangsverdacht einer Straftat hatte und deshalb so handeln musste. Die Maßnahmen seien nicht unverhältnismäßig gewesen. Das Schreiben schloss mit einer Bemerkung, die ich nicht vergessen werde: „Und hätten Sie sich verkehrsgerecht verhalten, wäre Ihnen das nicht passiert."

Ich war so aufgewühlt und entsetzt, dass ich mir damals schwor, wenn ich je in meiner Laufbahn die Gelegenheit haben würde, dies abzustellen, würde ich das tun.

Der Volksmund sagt, man trifft sich immer zweimal im Leben. Das Schicksal wollte es, dass ich im Frühjahr 1995 zum Leiter der Inspektion Verkehr beim Polizeipräsidium Mannheim bestellt wurde.

Und der Tag kam, als ein junger Mann aus Lampertheim, Sohn eines Autobahnpolizisten in Hessen, mit seinem schnittigen Coupé in eine allgemeine Verkehrskontrolle eines mir unterstellten Verkehrspolizisten kam. Er führte seinen Führerschein nicht mit. Hinweise auf seine Person gab sein ausgehändigter Werksausweis. Das Autokennzeichen hatte als Buchstaben die Initialen seines Vor- und Zunamens und er gab an, dass sein Vater Polizist in Hessen sei.

Der Beamte war gnadenlos konsequent. Er beschlagnahmte den Fahrzeugschlüssel und verwies den bei kühlen Temperaturen nur leicht bekleideten jungen Mann für ein Weiterkommen auf die Haltestelle des öffentlichen Nahverkehrs unweit des Kontrollortes. Der Vater des jungen Mannes rief später beim Dienstgruppenführer des Kontrollbeamten an. Er gab sich als Kollege zu erkennen und nannte seine Dienststelle. Der Kommissar bedeutete ihm, dass dies am Telefon jeder behaupten könne. Er verlangte, dass er zumindest eine Kopie des Führerscheines zur Dienststelle faxt. Besser sei aber, er käme mit dem Führerschein vorbei. Dann könne er den Fahrzeugschlüssel wiederhaben.

Sie meinen, das gibt es doch nicht? Jetzt fing mein Kampf gegen eine über Jahre eingefahrene Verwaltungspraxis erst an. Keiner der Beteiligten war bereit, in diesem Handeln ein Unrecht zu sehen. Der unmittelbare Vorgesetzte der Beamten konfrontierte mich gar mit seiner Tä-

tigkeit als Verkehrsrechtslehrer an der Polizeischule in der Ausbildung für den mittleren Dienst. Auch dort habe er diese Verwaltungspraxis und seine Rechtsauffassung gelehrt.
Es kam mir entgegen, dass der Vater des jungen Mannes, selbst Polizist, ausgesprochen empört über das Handeln und Verhalten der einschreitenden Beamten war. Er zog alle Beschwerderegister und reichte auch eine Petition im Landtag von Baden-Württemberg ein. Das Polizeipräsidium Mannheim musste Stellung dazu beziehen und ich konnte meine Rechtsauffassung zu Papier bringen. Der Ausschuss übernahm meine Begründungen nahezu wortgleich. Die Rechtsauffassung war identisch:

Der Petition wurde abgeholfen
Stuttgart, 05.05.97 Petitionsausschuss des Landtags von Baden-Württemberg
Gegenstand der Petition
Der Petent wendet sich gegen die Handlungsweise von zwei Polizeibeamten wegen Nichtmitführens des Führerscheins anlässlich einer Verkehrskontrolle.
II. Die Prüfung der Petition ergab folgendes:

1. Sachverhalt
Der Sohn des Petenten kam am 05.02.97 mit dem Pkw des Petenten gegen 18.50 Uhr in eine allgemeine Verkehrskontrolle in Mannheim. Ihm wurden dabei von den Polizeibeamten des Verkehrsüberwachungsdienstes mittels beleuchteter Anhaltekelle Haltezeichen gegeben. Bei der Überprüfung konnte der Fahrer weder einen Führerschein noch einen Personalausweis vorzeigen. Dem Polizeibeamten erklärte er, dass er jedoch im Besitz einer gültigen Fahrerlaubnis sei.
Als Nachweis der Identität wurde von dem Polizeibeamten ein Werksausweis mit Lichtbild anerkannt. Über Funk wurde dann festgestellt, dass der Petent Halter des Fahrzeugs war. Die Führerscheinabfrage verlief negativ.
Der Betroffene wurde daraufhin von dem Polizeibeamten gefragt, ob bei ihm jemand zu Hause sei, der seinen Führerschein entweder direkt zur Kontrollstelle bringen oder bei einer Polizeidienststelle in der Nähe des Wohnortes vorlegen könnte. Dies wurde vom Fahrer verneint. Außerdem lehnte er es ab, zwecks weiterer Ermittlung des Sachverhalts zur Polizeidienststelle gebracht zu werden. Da auch der Beifahrer keinen Führerschein vorweisen konnte, wurde wegen des Verdachts des Fahrens ohne Fahrerlaubnis der Fahrzeugschlüssel beschlagnahmt. Der Fahrer wurde auf sein Widerspruchsrecht gegen die

Beschlagnahme hingewiesen. Nach § 33 Abs. 2 Satz 2 PolG ist eine Beschlagnahmebescheinigung nur auf Verlangen zu erteilen.

Auf Nachfrage wurde den beiden Fahrzeuginsassen der Weg zur nächsten Telefonzelle sowie zur nahegelegenen Haltestelle der Deutschen Bundesbahn AG erklärt. Der Fahrzeuglenker rief daraufhin den Petenten an. Der Petent setzte sich telefonisch mit dem Dienstgruppenführer und Vorgesetzten der Polizeibeamten in Verbindung. Um die Aufhebung der Schlüsselbeschlagnahme und die Weiterfahrt seines Sohnes zu erreichen, wollte er ihm die Führerscheindaten telefonisch mitteilen. Dies wurde von dem Beamten mit der Begründung abgelehnt, dass diese Daten auch in Form einer Fotokopie oder Abschrift vorliegen könnten und eine Überprüfung deshalb nicht möglich sei. Er bot allerdings an, dass der Führerschein auf der nächstgelegenen Polizeidienststelle vorgelegt werden kann und die Kollegen die Daten dann mittels Telefon bzw. per Telefax übermitteln könnten.
Die Angabe des Petenten, dass er selbst Polizist sei, war für den Polizeibeamten kein Grund, den Sachverhalt anders zu beurteilen. Er erklärte dem Petenten, dass der kontrollierende Beamte wohl den Verdacht habe, dass sein Sohn nicht im Besitz einer gültigen Fahrerlaubnis sei. Aus diesem Grund sei zur Verhinderung der Weiterfahrt der Fahrzeugschlüssel polizeirechtlich beschlagnahmt worden. Die Schlüssel könnten jedoch jederzeit beim Verkehrsüberwachungsdienst des Polizeipräsidiums M. abgeholt werden. Auch sein Sohn könne den Fahrzeugschlüssel in Empfang nehmen, wenn der Verdacht gegen ihn nicht mehr bestehe. Im Laufe des Telefonats führte der Petent einige polizeiliche Abfrage- und Überprüfungsmöglichkeiten an. Der Polizeibeamte erläuterte, dass bei der üblichen „ZEVIS‘-Führerscheinabfrage kurzfristige Fahrverbote nicht erfasst seien. Des Weiteren bestünde die Möglichkeit, dass die kontrollierte Person noch nie im Besitz einer Fahrerlaubnis gewesen sei bzw. diese erst vor kurzer Zeit entzogen bekommen habe. Der kontrollierende Beamte sei deshalb verpflichtet, bei solchen Sachverhalten weiterhin zu prüfen, ob die Angaben glaubhaft seien. Bestünden Zweifel an den Angaben des Betroffenen, sei die Maßnahme der polizeirechtlichen Beschlagnahme des Fahrzeugschlüssels verhältnismäßig.

2. Rechtliche Würdigung

Bei der Verkehrskontrolle konnte der Fahrzeuglenker seinen Führerschein nicht vorzeigen. Das Nichtmitführen des Führerscheins stellt für sich eine Ordnungswidrigkeit dar und kann mit einer Geldbuße geahndet werden. Der kontrollierende Polizeibeamte hatte zudem den

Verdacht, dass der Fahrer nicht im Besitz einer gültigen Fahrerlaubnis war. Das Fahren ohne Fahrerlaubnis ist eine Straftat nach § 21 StVG. Durch das Nichtmitführen des Führerscheins war eine Störung der öffentlichen Sicherheit gegeben. Weitere Ermittlungen seitens der Polizei gegen den Fahrer als Störer im Sinne des Polizeigesetzes waren erforderlich. Zur Abwehr der Gefahr für die Verkehrssicherheit kamen mehrere Maßnahmen in Betracht. Der Polizeibeamte vor Ort traf die am meisten belastende Maßnahme der Schlüsselbeschlagnahme und Untersagung der Weiterfahrt. Dies wäre nur dann zulässig gewesen, wenn eine erhebliche Gefahr für die Verkehrssicherheit unmittelbar bevorgestanden hätte und die Glaubhaftmachung des Fahrerlaubnisbesitzes auf andere Weise nicht erreichbar gewesen wäre.
Bei pflichtgemäßer Ermessensausübung hätte der Polizeibeamte jedenfalls nach einem Telefonat mit dem Petenten von der Glaubhaftmachung des Fahrerlaubnisbesitzes ausgehen müssen. Die Auswahl der Mittel wurde von dem Beamten nicht ermessensfehlerfrei getroffen; die Maßnahmen entsprachen nicht dem Grundsatz der Verhältnismäßigkeit und des Mindesteingriffs.
Die Entscheidung des vorgesetzten Polizeibeamten, in Kenntnis des telefonisch vorgetragenen Sachverhalts die Beschlagnahme- und Untersagungsverfügung aufrechtzuerhalten, war ebenfalls nicht ermessensfehlerfrei. Der Polizeibeamte bot dem Petenten als mildestes Mittel die Vorlage des Führerscheins auf der nächstgelegenen Polizeidienststelle an. Auch hier wäre das Telefonat mit dem Petenten zur Glaubhaftmachung des Fahrerlaubnisbesitzes des Sohnes des Petenten ausreichend gewesen.

3. Ergebnis:
Bei dieser Sach- und Rechtslage kann der Petition nach Auffassung des Innenministeriums abgeholfen werden. Die beteiligten Beamten wurden über die Auffassung des Innenministeriums in Kenntnis gesetzt.
Ab sofort war dieses rechtswidrige Verwaltungshandeln beim Polizeipräsidium Mannheim Vergangenheit. Ich gab den Entscheid der Polizeischule Baden-Württemberg für die Ausbildung zur Kenntnis und veröffentlichte zudem einen Fachartikel.
Ich konnte meinen Schwur aus dem Jahr 1987 einlösen – mein Rechtsstaatsverständnis war wiederhergestellt.

Fall 2: Beschwerde als Retourkutsche
Bei der Bearbeitung von Beschwerden entwickelst du ein Gespür, ob diese berechtigt ist oder der Beschwerdeführer dem Polizeibeamten aus Verärgerung oder Uneinsichtigkeit „eine mitgeben" will. Ein

ganz besonderes Beispiel dafür bot eine Dame, die sich über Unrat im Schwemmgebiet des Rheins bei der zuständigen Wasserschutzpolizeistation beschwerte. Unzufrieden mit den dort getroffenen Maßnahmen wandte sie sich zuletzt mit einem sehr provokanten Brief auch noch an den Justizminister persönlich. Natürlich landete dieser Schriftverkehr auf meinem Tisch.
Hier meine Antwort:

Sehr geehrte Frau XY,
als Leiter der Zentralen Dienste beim Polizeipräsidium Mannheim bin ich auch Vorgesetzter der Beamten und Beamtinnen der Wasserschutzpolizeistation.
Nach Rückkehr aus dem Urlaub fand ich Ihre Beschwerde in der elektronischen Post.
Diese hatte eine Odyssee über Herrn Justizminister Strickelberger – der eigentlich Stickelberger heißt – über die Beschwerdestelle meines vorgesetzten Innenministeriums und zuletzt über das Referat 67 in der Polizeiabteilung des mir vorgesetzten Regierungspräsidiums hinter sich gebracht. Von all diesen Stellen erhielten Sie Abgabenachricht.
Nun finde ich endlich die Zeit, Ihnen zu antworten.
Ich gehöre wie Sie zu den Menschen, die sich neben ihrer beruflichen Verpflichtung zum Wohl der Gemeinschaft engagieren. Seit Jahren bekleide ich Ehrenämter und weiß um die Mühen, die zusätzliches Engagement verursacht.
Als Führungskraft beim Polizeipräsidium arbeite ich seit dem Tag, als ich Verantwortung übernahm, an der dienstlichen Einstellung der mir nachgeordneten Beamten. Bürgernahe Pflichterfüllung bedeutet für mich, dass sich der einzelne Beamte bei der Wahrnehmung seines Dienstes kümmert, wenn er polizeiliche Missstände feststellt und nicht nach Gründen sucht, warum er im einzelnen Fall nicht zuständig ist. Ich kann Ihnen versichern, dass EPHK M als einer von sieben mir unterstellten Dienststellenleitern mich in dieser Auffassung mit Überzeugung unterstützt.
Er hat Sie in zwei E-Mails (30.03. und 08.04.2011) sachlich über die getroffenen Maßnahmen informiert und Ihnen mitgeteilt, dass die Verunreinigungen von der zuständigen Stelle der Stadt Mannheim entfernt werden. Er teilte Ihnen auch mit, dass wir weder zur Dienst- noch zur Fachaufsicht über diese Stelle berufen sind. Dennoch haben Sie sich damit nicht zufriedengegeben und beschweren sich beim Justizminister (an nicht zuständiger Stelle).
Es liegt mir fern, Ihnen Unterricht über Verwaltungsrecht zu erteilen. Wir leben jedoch seit Kriegsende in einer demokratischen Staatsform

mit klar festgelegter Gewaltenteilung und hierarchisch gegliederten Verwaltungsorganisationen. Wenn manchmal auch etwas schwerfällig, funktioniert diese Staatsform in Baden-Württemberg nun bereits seit 62 Jahren äußerst erfolgreich.
Staaten, in denen die Exekutive die Verwaltung zwingen kann, etwas sofort zu tun, nennt man zu Recht Bananenrepublik.
Nun ist es für mich nichts Neues, dass Bürger nicht so genau wissen, wie Kommunalverwaltung funktioniert, dafür sind Adressaten wie EPHK M. ja da, um mit Engelsgeduld die Abläufe zu erklären.
Was mir allerdings missfällt, ist die Diktion Ihrer Schreiben. Die Wahrnehmungspsychologie beschreibt die sogenannte „Sender-/ und Empfängerproblematik". Je nach Ausprägung, wirkt Empfangenes sympathisch oder unsympathisch. Für jemanden, der vorgibt, sich für die Gemeinschaft zu engagieren, verwenden Sie mir zu oft den Imperativ. Außerdem verknüpfen Sie Forderungen häufig mit Drohungen.
Wäre EPHK M. nicht selbst ein erfahrener Vorgesetzter, den so schnell nichts erschüttert, sondern ein junger, am Anfang seiner Karriere stehender Polizist, könnte man die Setzung eines Ultimatums und die Drohung mit einer „Beamtenaufsichtsbeschwerde" als subjektiv empfundenes „Empfindliches Übel" im Sinne des Nötigungstatbestandes im Strafgesetzbuch werten. Sie sollten semantisch Vorsicht walten lassen. Außerdem lässt Ihre Wortwahl auf einen ziemlich herrischen Charakter schließen. Im Lichte der Ihnen von EPHK M. im Rahmen unserer Zuständigkeit entgegengebrachten Dienstleistung teile ich Ihnen auch hierzu mein Missfallen mit. Den von Ihnen in unserem Berufsstand vermuteten Büttel gibt es selbst in Ihrer Provinz seit der Kaiserzeit nicht mehr.

Sehr geehrter Frau XY,
amüsiert hat mich in Ihren schriftlich gefassten Vorwürfen die Passage zu Ihrer Herkunft und Begründung, warum die Schwarzwälder mehr Erfolg und ein schöneres Ländle haben als wir Kurpfälzer. Wenn Sie dazugehören und Sie sich auch durch das beschriebene „unübertreffliche persönliche Einsetzen" auszeichnen – warum haben Sie den Vorgang nicht schon längst abgekürzt und selbst Hand angelegt?
Irgendwie assoziiere ich den Vorgang mit dem Intro von „Waldi's WM-Club" im Ersten Fernsehprogramm während der Fußballweltmeisterschaft 2006. Mehrere Anzugträger spielen auf einer Wiese Fußball und Waldemar Hartmann steht bloß rum. Einer ruft ihm auf bayrisch zu: „Spuilst jetzt?" – worauf Waldi antwortet: „Na, I red bloß drüber!"
Ich habe keine Veranlassung, die Maßnahmen von EPHK M. und die seiner Kollegen zu beanstanden.

Ihre Beschwerde weise ich zurück.
Mit freundlichen Grüßen

Auch wenn manch einer meiner Kollegen im höheren Dienst meine Beschwerdeantworten im Einzelfall als zu heftig empfand, bin ich doch der Auffassung, dass man böswilligen Beschwerdeführern genau diesen Spiegel vorhalten sollte.

Fall 3: Drogen im Straßenverkehr – Generalverdacht gegen junge Fahrer?

Ich kenne A. schon ewig. Er ist mit meinem Sohn zur Schule gegangen. Er hat erkennbar griechischen Migrationshintergrund. Er studiert Zahnmedizin. Ich würde ihn als zurückhaltend und rechtschaffen bezeichnen. Wie jeder junge Mann in seinem Alter trägt er eine Base-Cap – auch beim Autofahren.

An einem späten Freitagabend im Frühsommer 2013 wird er auf der Heimfahrt von einer Polizeistreife eines Heidelberger Stadtreviers angehalten. Der Kontrollbeamte tritt zu ihm ans Seitenfenster und es entwickelt sich folgende Kontrollsituation:

Beamter: „Etwas getrunken? Etwas geraucht? Aussteigen! Kofferraum auf!"

A.: „Ich trinke nichts, wenn ich Auto fahre. Und ich rauche nicht."

Beamter: „Das sagen sie alle." Und nachdem er im Kofferraum nichts Verdächtiges findet. „Sind Sie mit einem Drogentest einverstanden?"

A.: Rechtschaffen und zu Respekt vor der Polizei erzogen folgt ein zittriges „Ja".

Der Beamte bietet ihm einen Urintest an. A. ist nervös und kann keinen Urin lassen. Der Beamte macht ein paar motorische Tests mit ihm und stellt schlussendlich ein drogentypisches Lidflattern fest. Er holt sich eine richterliche Anordnung zur Blutentnahme wegen des Verdachts einer Drogenfahrt. A. muss mit zum Polizeirevier und ein Arzt nimmt ihm eine Blutprobe. Sein Fahrzeugschlüssel wird einbehalten und ihm wird für 24 Stunden untersagt, ein Kraftfahrzeug zu führen.

A. ist entsetzt, verärgert und erschüttert, dass ihm die Polizei nicht geglaubt hat. Das Ergebnis der Blutprobe: Alkohol negativ, Drogen negativ!

A. hat einen großen Bekannten- und Freundeskreis. Und natürlich verbreitet er die für ihn als Willkürmaßnahmen der Polizei wahrgenommenen Erlebnisse.

Ich bin überzeugt, der Beamte hatte keinen Zweifel an seiner Anordnung und hielt diese für rechtmäßig und zulässig. Es gibt zwar das

Irrtumsprivileg der öffentlichen Hand, der Bürger muss jedoch darauf vertrauen können, dass rechtsstaatliches Eingriffshandeln auch frei von Ermessensfehlern ist. Das kann man aber nur garantieren, wenn man komplexe Eingriffshandlungen einer ständigen Qualitätskontrolle und Fachaufsicht unterzieht.
Ähnliches widerfuhr einem 18-jährigen Autofahrer aus dem hessischen Odenwald, der an einem Montagmorgen von einer meiner Motorradstreifen kontrolliert wurde. Auch bei ihm schöpfte der Kontrollbeamte im Laufe der Personenkontrolle den Verdacht, der junge Mann könnte Drogen konsumiert haben, weil er bei einem spezifischen Test Lidflattern festgestellt hatte. Der Streifenwagen zum Transport zur Blutprobe war schon auf Anfahrt, als der junge Mann in seiner Aufregung doch noch eine paar Tropfen Urin lassen konnte und ein Schnelltest seine Unschuld erwies.
Der Betroffene war noch 14 Tage später so empört, dass er einen Anwalt mit einer Dienstaufsichtsbeschwerde beauftragte. Ich konnte dieser zwar nicht abhelfen, da mein Beamter vom Anfangsverdacht des Drogenkonsums überzeugt war und es das Irrtumsprivileg der öffentlichen Hand gibt.
Ich versicherte dem Beschwerdeführer allerdings, dass ich für eine Verbesserung des Drogenerkennungsverfahrens sorgen werde – dazu aber später.

Artikel 17 Grundgesetz – Das verbriefte Beschwerderecht

Jedermann hat das Recht, sich einzeln oder in Gemeinschaft mit anderen schriftlich mit Bitten oder Beschwerden an die zuständigen Stellen und an die Volksvertretung zu wenden.
Ja, aber: Die Verwaltungspraxis zeigt auch, dass mindestens vier von fünf Beschwerden gegen Polizeibeamte bei der Dienstausübung unberechtigt sind.
Haben wir die Fähigkeit zur sozialen Interaktion verloren?
Mangelt es uns an Selbstkritik?
Ärgern wir uns, dass wir bei einer Regelverletzung ertappt worden sind und brauchen nun einen Blitzableiter?
Sind da zwei mit dem falschen Bein aufgestanden?
Die Gründe sind zwar vielfältig, sie wurzeln aber meist im eigenen Ego. Ist dieses verletzt, wird eine Beschwerde an den Polizeipräsidenten geschrieben.
Manchen ist diese Instanz zu schwach und sie schreiben gleich an den Minister – oft auch noch an den falschen. Besonders Impertinente ver-

suchen ihr Anliegen dann noch mit einer imperativen Beteuerung zu bestärken:

Sehr geehrter Herr Minister, lieber <Vorname>, hätte ich gewusst, dass ein solches Verhalten in einem Land wie Baden-Württemberg möglich ist, hätte ich die CDU nicht gewählt.

Jetzt wird der Bürokratie-Apparat angeworfen. Der Beschwerdeführer erhält eine Eingangsbestätigung. Nach Prüfung und Feststellung der Nichtzuständigkeit wird an das zuständige Innenministerium abverfügt und der Beschwerdeführer erhält eine Abgabenachricht.

Natürlich erklärt sich auch das Innenministerium als sachlich nicht zuständig und gibt den Beschwerdevorgang gegen Abgabenachricht an das zuständige Polizeipräsidium weiter. Vom dortigen Stabsbereich Recht wird der betroffene Beamte zu einer dienstlichen Stellungnahme aufgefordert. Dann erfolgt die rechtliche und sachliche Prüfung und der Beschwerdeführer erhält einen Bescheid.

Oft gehen solche Beschwerdesachverhalte mit einer Strafanzeige gegen den Beamten einher. Die Dienstaufsichtsbeschwerde ruht dann, bis die Staatsanwaltschaft eine Verfügung getroffen hat. In der großen Mehrheit der Fälle erfolgt eine Einstellung des Verfahrens.

Fühlt sich der Beamte durch Wortwahl oder Vorwurf zu Unrecht einem strafrechtlichen Vorwurf ausgesetzt oder in seiner Ehre verletzt, kann er Gegenanzeige erstatten, die ebenfalls seitens der Staatsanwaltschaft geprüft werden muss.

Zum Schluss ist die Beschwerde meist entkräftet. Ein strafrechtlicher Vorwurf ist nicht zu halten und die Parteien sind nach Wochen oder Monaten der Auseinandersetzung so weit, wie ausgangs der Beschwerde. Dafür wurden viele Arbeitsstunden unterschiedlicher Landesbediensteter verbraucht.

Manchmal ist es wirklich von Vorteil, den Sachverhalt ein paar Tage wirken zu lassen und diesen nochmals zu reflektieren.

Lässt das Gefühl der ungerechten Behandlung nicht nach, empfehle ich sogar, den Sachverhalt durch eine Beschwerde klären zu lassen.

Fehlgeleitetes Verwaltungshandeln kann so gegebenenfalls korrigiert werden.

Und bei der großen Zahl an Polizeibeamtinnen und -beamten gibt es sicher welche, denen Bürgernähe und Freundlichkeit nicht immer eigen sind.

Meine Erfahrung ist, dass diese im Lauf ihrer beruflichen Tätigkeit auffällig werden und entsprechend gemaßregelt werden können.

Einen schlechten Tag kann jeder einmal haben – auch ein Polizist.

Die kurpfälzer Liberalität und Heiterkeit hilft oft weiter.

Kapitel 4: Drogen im Straßenverkehr

Selbstverwirklichung

Recht auf körperliche Unversehrtheit

Schranken der Grundrechtsausübung

Hasch macht gleichgültig.
– Mir doch egal.
aus APHORISMEN.DE – Thema Drogen

Drogen im Straßenverkehr – Qualitätsoptimierung in der Polizeiarbeit

Die Polizei des Landes Baden-Württemberg war einst um die Jahrtausendwende in der Spitzengruppe im Bund-Länder-Vergleich bei der Bekämpfung des Phänomens „Drogen im Straßenverkehr".
Mit der strategischen Entscheidung des Landespolizeipräsidiums, die Verfolgung von Drogenfahrten der Zielsetzung der örtlichen Polizeidienststellen anheim zu stellen, delegierte es die Verantwortung an Dienststellenleiter, die auch Haushaltsverantwortliche sind. Jedes Polizeipräsidium hat ein begrenztes Budget. Da es sich beim Deliktsfeld *Drogen im Straßenverkehr* um kostenträchtige Verfahren handelt und die Haushaltsmittel für Ermittlungskosten im Gesamtbudget nicht rein belastungsorientiert, sondern überwiegend nach einem Personalschlüssel verteilt wurden, waren Kostentreiber bei keinem Haushaltsverantwortlichen richtig beliebt.
So nahm der flächendeckende Überwachungsdruck immer weiter ab und Baden-Württemberg stürzte ans untere Ende der Überwachungsskala der Bundesländer ab.
Eine nennenswerte zentrale Fortbildung gab es nicht mehr. Es hing vom persönlichen Engagement des Einzelnen ab, ob ein Wissens- und Erfahrungstransfer an junge Beamtinnen und Beamte erfolgte.
Zur Verdachtsgewinnung einer Drogenbeeinflussung bedarf es nicht nur der theoretischen Erkennungsgrundlagen, sondern insbesondere eines durch die Praxis vertieften Erfahrungswissens. Da es sich hierbei um Fragen der Unschuldsvermutung und Eingriffe in die körperliche Unversehrtheit handelt, ist eine konsequente Dienst- und Fachaufsicht erforderlich.
Bei den technischen Mitteln, den zur Verfügung gestellten Drogenvortests, hatte sich ebenfalls ein Wildwuchs eingestellt. Einerseits hing es von der Philosophie der Beamten ab, ob sie speichelbasierte oder urinbasierte Tests durchführten. Andererseits hatten die verfügbaren Tests unterschiedliche Reaktionsgrenzwerte (Cut-off-Werte). Und dann zeigten sie auch noch unterschiedlich an – bei den einen war der Verdacht erhärtet, wenn eine Linie im Reagenzfeld angezeigt wurde, bei den anderen musste eine solche Linie ausbleiben. Dadurch wurde natürlich auch die individuelle Fehleranfälligkeit gefördert.
Wie bereits geschildert und aus eigenen Erfahrungen erhärtet, bestand die Gefahr, dass durch Anwendungs- und Interpretationsfehler unbeeinflusste Personen in Verdacht gerieten und ihnen eine Blutprobe entnommen wurde. Das musste sich wieder ändern.

Die Gelegenheit kam 2014 mit der Fusion des Polizeipräsidiums (PP) Mannheim und der Polizeidirektion (PD) Heidelberg. Ab sofort war mir als Leiter der Verkehrsdirektion auch die Fachaufsicht über die verkehrspolizeilichen Maßnahmen in der Region übertragen.

Das KoDiS-Team

Schon im Februar 2014 beauftragte ich eine Arbeitsgruppe aus erfahrenen Verkehrspolizisten mit Kontrollpraxis beider ehemals eigenständigen Dienststellen, sich der Qualitätsoptimierung anzunehmen.
In wenigen Wochen waren sämtliche Fehlerquellen identifiziert. Zentrale Forderungen waren die Verbesserung der Fortbildung, die Vereinheitlichung der Drogenvortests, die Festlegung auf Urin als Testbasis, die Standardisierung des Anzeigevorganges sowie die Zentralisierung der Aus- und Eingänge der Untersuchungsaufträge auf Drogen im Blut.
Ich setzte ein ständiges Kompetenz-Team „Drogen im Straßenverkehr" (KoDiS) ein und dieses nahm mit monatlichen Meetings seine Arbeit auf.
Das Ergebnis war eine praxisbezogene und mit den Staatsanwaltschaften im Zuständigkeitsbereich abgestimmte Dienstanweisung mit Handlungsanleitungen, die der ständigen Evaluation unterliegt. Außerdem trat haushälterisch eine Kostendämpfung ein, da die Zahl der Negativgutachten, sogenannter „Fehlstiche", die durch individuelle Fehlinterpretationen entstanden, deutlich unter 10 Prozent zurückgeführt werden konnten. Beim Autobahnrevier Mannheim, dem Sitz des Kompetenzteams, reduzierten sich die Negativgutachten bei THC[51], neben Alkohol das am häufigsten vorkommende Rauschmittel im Straßenverkehr, zeitweise sogar auf ein Prozent.
Ein Kraftakt war die Intensivierung der Fortbildung. Meine Spezialisten, die bisher selbst häufig auf Drogenmissbrauch kontrollierten, übernahmen nun den Auftrag der Fortbildung in Theorie und Praxis. Den zu erwartenden Rückgang der eigenen Kontrollzahlen der Verkehrspolizei nahm ich in Kauf.
Vorrang hatte jedoch die Schulung meiner Verkehrspolizei. Bis Dezember 2014 waren alle operativ tätigen Verkehrspolizisten beschult. Ab 2015 hatten wir uns zum Ziel gesetzt, in jeder Dienstgruppe der 17 Polizeireviere des PP Mannheim mindestens zwei Beamte, insgesamt 170, zu beschulen und zu qualifizieren. Aufgrund des großen Interesses an den Schulungen hatten wir das Ziel bereits Ende 2015 sogar übertroffen.

51 Rauschverursachende Substanz in Cannabis https://de.wikipedia.org/wiki/Tetrahydrocannabinol

Der Erfolg trat unmittelbar ein. Die Rückgänge bei den Kontrollaufgriffen der Experten der Verkehrspolizei wurden sofort durch die neu beschulten Beamtinnen und Beamten kompensiert. Und in den Jahren 2016 und 2017 gingen die Zahlen erkannter Drogenfahrten dann förmlich durch die Decke. Nimmt man das Basisjahr vor der Fusionierung, so hatte das PP Mannheim Ende 2017, nach nur vier Jahren, mit 1.411 erkannten Drogenfahrten eine Steigerung um satte 54 Prozent erarbeitet. Damit waren wir nicht nur dem Landestrend enteilt. Während das Verhältnis Drogen- zu Alkoholfahrten im gesamten Land bei 40 zu 60 liegt, weist das PP Mannheim genau den umgekehrten Wert von 60 zu 40 auf. Denn 2017 wurde bei gleichbleibenden Kontrollmaßnahmen mit 999 Alkoholfahrten im Zuständigkeitsbereich erstmals die 1.000er Marke unterschritten.

Das Jahr 2018 bedarf einer gesonderten Betrachtung. Die Motivation der Revierbeamten war weiterhin hoch, an den modularen Fortbildungen teilzunehmen. Ende des Jahres waren 500 Beamtinnen und Beamten im Modul 1 in der Theorie und 270 von ihnen im Fortsetzungsmodul 2 auch in der Praxis beschult.

Aber schon früh drohten dem PP Mannheim durch stark ansteigende Ermittlungskosten und der Verteuerung des Dieselpreises erhebliche Haushaltsdefizite.

Eine politische Aussage zur Deckung der Ermittlungskosten blieb zunächst aus, und so mussten wir zur Haushaltskonsolidierung Sparbeschlüsse anordnen. Dazu gehörte eine individuelle Einsparverpflichtung der Streifendienste und der Verkehrspolizei mit Vorrang alternativer, spritsparender Tätigkeiten.

Das späte Entgegenwirken des Innenministers durch Freigabe von zusätzlich einer Million Haushaltsmittel im Oktober war für die aktive Verkehrsüberwachung von nur geringem Nutzen.

Das angeordnete Reduzieren der Fahrtätigkeiten wirkte sich besonders auf die Feststellung folgenloser Trunkenheitsfahrten aus. Während der Zeit der Sparbeschlüsse wurden bis zu 15 Prozent weniger Alkoholfahrten festgestellt. Am Jahresende lag die Differenz zum Vorjahr bei 8,8 Prozent, einem Minus von 88 Fällen. Gleichzeitig stieg die Zahl der Alkoholunfälle um fast 15 Prozent auf 345. Ein Zusammenhang mit dem nachlassenden Überwachungsdruck, Trunkenheitsfahrten werden nun mal überwiegende im fließenden Verkehr festgestellt, ist möglich, lässt sich aber nicht belegen.

Im Segment Drogen im Straßenverkehr wirkte die Motivation der Vorjahre weiter. Bis zu den Sparbeschlüssen lag schon wieder ein Anstieg von rund 30 Prozent in der Luft. Dieser wurde jedoch auf etwa 10 Pro-

zent eingebremst. Zum Jahresende wiesen die Kontrollzahlen immerhin eine Steigerung auf 1.542 Fälle aus.
2019 wurden die Maßnahmen wieder auf dem Normallevel fortgeführt. Der Trend bestätigt zur Jahresmitte in etwa das hohe Vorjahresniveau. Das Dunkelfeld und damit die Gefahren im Straßenverkehr durch von Drogen beeinflussten Fahrern sind weiter akut vorhanden.
Da mehr als 90 Prozent aller Drogenfahrten auf THC zurückzuführen sind, behaupte ich öfter in vertrauten Kreisen mit einem Augenzwinkern:
„In der Kurpfalz wird vor dem Fahren mehr gekifft als gesoffen."
Klingt humoristisch, ist es aber auf gar keinen Fall.

Die Gefahrenanalyse

Die Drogenbeauftragte der Bundesregierung veröffentlichte 2016 die aktuelle WHO-Studie zum Thema Cannabiskonsum[52]. Eine internationale Expertenkommission ist sich einig, dass nach dem Konsum folgende Kurzzeitfolgen auftreten können: Cannabis kann zu Panikattacken, kurzweiliger Euphorie, Halluzinationen und Brechreiz führen. Bewusstseins-, Verhaltens- und Wahrnehmungsstörungen, verzögerte Reaktionszeiten können auftreten.
Die weltweit häufigste Art Cannabis zu konsumieren ist das Rauchen von Marihuana. Eine weitere, zunehmend häufigere Form des Konsums ist die sog. „Vaporisation"[53]. Beide Formen führen zu einer sehr hohen Konzentration von THC im Blut, welche nach 15-20 Minuten messbar ist und nach ca. zwei bis drei Stunden wieder abfällt.
Primär Männer mit einer eher mäßigen Schulbildung, keinem Abschluss sowie instabilem Elternhaus sind laut der WHO-Studie besonders betroffen.
Leider erbrachte aus meiner Sicht die Forschung zur Gefährlichkeit bei der Teilnahme am Straßenverkehr nie verlässliche Grundlagen. In der letzten Studie der WHO aus dem Jahr 1997 konnte noch nicht eindeutig der Zusammenhang zwischen einem erhöhten Unfallrisiko und Cannabis verifiziert werden, wohingegen aktuelle epidemiologische Studien belegen, dass Autofahrer, die unter Cannabiseinfluss stehen, ihr Unfallrisiko verdoppeln.
Wenn man allerdings bedenkt, dass die Unfallforschung der deutschen Versicherer (GDV) beispielsweise ein 10-fach erhöhtes Unfallrisiko für

52 https://www.drogenbeauftragte.de/presse/pressekontakt-und-mitteilungen/2016/2016-2-quatarl/aktuelle-who-studie-zum-thema-cannabiskonsum.html?L=0
53 https://www.naturheilkunde-krebs.de/cannabis-bei-krebs/cannabis-vaporizer-richtig-verdampfen/

Radfahrer ausweist, wenn sie verbotswidrig auf der linken Fahrbahnseite dem Verkehr als Geisterfahrer entgegenfahren, relativiert sich die Einschätzung einer Verdoppelung der Gefahr bei Cannabiskonsum doch sehr und hilft bei der Bekämpfung nicht wirklich.
So argumentiert auch der Deutsche Hanfverband. In seiner Übersicht *Cannabis im Straßenverkehr – Unfälle durch Drogenkonsum*[54] finden sich 13 wissenschaftliche Studien von 1994 bis 2015, die sich mit den Auswirkungen des Konsums von Cannabis auf die Fahrleistung beschäftigt haben. Der Verfasser zieht folgendes Fazit: Anders als bei Alkohol gilt bei Cannabis und anderen Drogen eine Null-Toleranz-Grenze im Straßenverkehr. Das heißt, wer zum Beispiel bekifft oder gar nur mit THC-Spuren im Blut Auto fährt, riskiert damit seinen Führerschein, während man mit moderaten Alkoholwerten ungeschoren davonkommt. Selbst Cannabiskonsumenten, die nie berauscht am Steuer saßen, droht der Entzug der Fahrerlaubnis, da Menschen, die regelmäßig Cannabis konsumieren, automatisch als fahruntauglich eingestuft werden. Diese Ungleichbehandlung wird damit begründet, dass viele Unfälle unter Cannabiseinfluss passieren. Aber stimmt das wirklich?

Tödlicher Verkehrsunfall unter THC-Beeinflussung
Letzteres führt mich zu einem Unfall im Sommer 2018, im Rhein-Neckar-Kreis, zwischen Ketsch und Schwetzingen. Ein 27-jähriger Fahrer eines hoch motorisierten Mittelklassefahrzeugs überholt auf gerader Strecke in der Abenddämmerung nach einer Brückenkuppe eine Autofahrerin, die mit 70 km/h unterwegs ist. Er beschleunigt mindestens auf die dort zulässigen 100 km/h, höchstwahrscheinlich deutlich mehr. Einige hundert Meter weiter vorne überquert zur gleichen Zeit ein 56-jähriger Radfahrer die Straße und will vom rechts der Fahrbahn verlaufenden Radweg auf den linksseitigen Radweg wechseln. Er hatte es fast geschafft. Der Überholende könnte an dieser Stelle längst wieder nach rechts einscheren, bleibt aber auf der Gegenfahrbahn. Er erwischt den Radfahrer mit dem linken Kotflügel am linken Pedal. Dem Radfahrer wird vom scharfkantigen Blech des deformierten Kotflügels das linke Bein unterhalb des Knies abgetrennt, er schlägt mit dem Rücken auf dem A-Holm auf und wird dann mehr als 40 Meter weit auf den Radweg, links der Straße, katapultiert. Er war, ob der Aufprallwucht, vermutlich sofort tot.
Der Unfallfahrer wies erkennbare Auffälligkeiten für Drogenkonsum auf. Ein Drogentest reagierte positiv auf Cannabis.

54 https://hanfverband.de/nachrichten/news/cannabis-im-strassenverkehr-unfaelle-durch-drogenkonsum#Duesseldorf

Meist fällt den eingesetzten Beamten das abgestumpfte Verhalten des Unfallfahrers auf. Bei der ärztlichen Begutachtung wird dann oft eine erhebliche Pupillenverengung und damit einhergehend ein verengtes Sichtfeld, der sogenannte Tunnelblick, festgestellt.
Enthält die Blutprobe mehr als ein Nanogramm THC im Blut, ist das fürs Gerichtsverfahren von Relevanz. Denn THC ist hauptverantwortlich für die psychoaktiven Effekte des Cannabiskonsums.
Der beauftragte Gutachter wird hinsichtlich der Unfallursache entweder von einer deutlich überhöhten Geschwindigkeit oder bei einer gefahrenen Geschwindigkeit der zulässigen 100 km/h von einer maßgeblichen Reaktionsverzögerung ausgehen. Am wahrscheinlichsten ist eine Kombination aus beidem.
Ich habe den Fall intensiv mit meinen Drogenspezialisten diskutiert. Wären nach dem Unfall beim Fahrer ein abgestumpftes Verhalten und insbesondere stark verengten Pupillen festgestellt worden, wären dies Indizien für einen vorangegangenen Drogenkonsum. Hier unterstützt ein Urteil des OLG Zweibrücken aus dem Jahr 2004[55]:
Das von dem Beamten geschilderte Verhalten der Pupillen des Angeklagten beim Anleuchten – sehr langsames Verengen und Öffnen „fast wieder auf die ursprüngliche Größe" (Reboundeffekt) – zeigt, dass der Angeklagte an einer starken Sehbehinderung litt, <...> und nach den Ausführungen des medizinischen Sachverständigen typische Folge des Drogenkonsums war.
Für mich unstrittig, wäre das Phänomen des Tunnelblickes, verursacht durch die verengten Pupillen, der Grund, warum der Unfallfahrer den Radfahrer am für ihn linken Rand des Sehfeldes gar nicht wahrnehmen konnte. Vermutlich erst der Aufschrei seiner Beifahrerin, die den Radfahrer in der Abenddämmerung sehen musste, veranlasste ihn zu einer Vollbremsung. Da war es aber schon zu spät. Auch die Frage, warum der Fahrer nach dem Überholen nicht wieder nach rechts einscherte, lässt sich mit dem eingeengten Sichtfeld erklären. Er kann den überholten Pkw im Rückspiegel lange nicht sehen und bleibt vermutlich deshalb noch links.
Eigentlich ist der Unfall prädestiniert, die besonderen Gefahren der Teilnahme am Straßenverkehr unter Drogeneinfluss zu belegen.

Rechtsprechung und herrschende Meinung

Probleme werfen immer wieder die gängige Rechtsprechung, die herrschende Meinung der Strafverteidiger und die lückenhafte Rechtsmedizin hinsichtlich abgesicherter Forschungsergebnisse auf, wann

55 OLG Zweibrücken Beschluss vom 10.05.2004, Az. 1 Ss 26/04

genau und vor allem wie lange ein Fahrzeugführer aufgrund des Konsums berauschender Mittel nicht in der Lage ist, ein Fahrzeug sicher zu führen.
Hierzu muss meines Erachtens auch der Faktor Zeit diskutiert werden. THC wird im Blut relativ schnell abgebaut. Aus der *Maastricht-Studie*[56] wissen wir, dass bei dem gemessenen Wert des Unfallverursachers von 1,1 ng/ml Blut eine akute Beeinflussung vorliegen muss und der Zeitraum von sechs Stunden seit Konsumende noch nicht abgelaufen sein kann.[57]
Nimmt man zugunsten des Beschuldigten an, dass er sich zum Entnahmezeitpunkt der Blutprobe um 00:47 Uhr in der sechsten Abbaustunde befand, muss er zum Unfallzeitpunkt um 22:01 Uhr längstens in der vierten Abbaustunde gewesen sein.
Hierfür weisen nun sowohl die Maastricht-Studie als auch die neuere *Montreal-Studie*[58] von 2017 darauf hin, dass er sich noch vollumfänglich im Zeitraum der signifikanten Beeinflussung von THC befunden haben muss. Somit müssten die Einschränkungen durch die Beeinflussung mit hoher Wahrscheinlichkeit ursächlich für den Verkehrsunfall gewesen sein.
Und der Beschuldigte machte mutmaßlich falsche Angaben hinsichtlich seines letzten Cannabis-Konsums. Denn aus der Praxis der medizinisch-psychologischen Untersuchung (MPU) von THC-Konsumenten ist zwar bekannt, dass sich bei chronischem Konsum THC-Depots im Körper bilden können. So kann eine Kumulation einsetzen, in der sich Aufbau und Abbau von THC über einen längeren Zeitraum überlagern und der Konsument während dieser Zeit immer mehr als 1 ng/ml im Blut aufweist. Das ist für die Gefahrenprognose der Führerscheinbehörde wesentlich, um zu beurteilen, ob der Proband wegen seines Konsumverhaltens dauerhaft als ungeeignet zum Führen von Kraftfahrzeugen eingeschätzt werden muss und eine Entziehung der Fahrerlaubnis notwendig ist.
Ich habe verschiedene Rechtsmediziner zu einer möglichen Rückwirkung meist im Fettgewebe gebildeter THC-Depots in Form von akuten Ausfallerscheinungen bei der aktiven Verkehrsteilnahme befragt. Alle schlossen eine solche Wahrscheinlichkeit aus. Also muss der Fahrer in den Stunden vor dem Unfall THC konsumiert haben.
Der Fall zeigt deutlich auf, in welchem Dilemma sich die Staatsanwaltschaft und das Gericht befinden. Die im Verfahren beteiligten Rechts-

56 http://casr.adelaide.edu.au/T95/paper/s1p2.html
57 Patzak/Bohnen, Betäubungsmittelrecht, S. 282, Rn. 255
58 http://cmajopen.ca/content/6/4/E453.full

mediziner orientieren sich zwar bei der Beurteilung der akuten Beeinflussung an Erfahrungswerten wie denen der Maastricht-Studien 2006 und 2009. Eine zeitliche Rückrechnung wie beim Alkohol ist aber nicht möglich.
In den Maastricht Studien[59] wurde u.a. das Leistungsverhalten von 20 Gelegenheitskonsumenten und deren Blutwerte, jeweils nach Konsum von 17 bzw. 34 ng THC untersucht. Beide Studien kamen zu ähnlichen Ergebnissen bezüglich der Abbauwerte im Blut. Nach sechs Stunden sanken die THC-Werte auf unter 1 ng/ml. Bis zu fünf Stunden nach Konsumende war noch eine Beeinflussung der Feinmotorik feststellbar, während bei Messwerten von unter 1 ng/ml keine Auffälligkeiten mehr nachweisbar waren.[60]
Bei vorhandenen Ausfallerscheinungen ist für die Praxis die Unterschreitung des Grenzwertes von 1,0 ng / THC nach etwa sechs Stunden zu beachten.
Eine weitere Option zur, wenn auch nur groben, zeitlichen Eingrenzung des letzten Konsums bieten die Regressionsmodelle nach Huestis et al. (2005). Diese entwickelten zwei mathematische Modelle, die aus einer linearen Regressionsanalyse der Plasma-THC-Konzentration und der nach Cannabiskonsum verstrichenen Zeit abgeleitet wurden.[61]
So können die Angaben des Fahrers zum letzten Konsumzeitpunkt, mit Ersteren aber auch zur Konsumhäufigkeit gegengeprüft werden. Das reicht aber immer noch nicht, um einem drogenbeeinflussten Fahrer nachzuweisen, dass er sein Fahrzeug nicht sicher führen konnte.
Der *ZEIT*-Artikel *Aus der Spur geraucht*[62] von 2015 bringt es auf den Punkt. *Das Verzwickte an jeder Nanogrammgrenze für Cannabisfahrten ist darum: Kein Mediziner und kein Toxikologe kann sagen, wie viele Joints man rauchen darf, ohne als Fahrer sich und andere zu gefährden; und wie viel Zeit es braucht, bis man zuverlässig nüchtern ist.*
Hier liefert das Oberlandesgericht München wenigstens einen Ansatz. In einem Urteil aus 2006 legte es folgenden Leitsatz fest:
In Rechtsprechung und Literatur ist nach wie vor die Meinung vorherrschend, dass sich derzeit für die Fahruntauglichkeit aufgrund von Betäubungsmitteln keine „absoluten" Wirkstoffgrenzen feststellen lassen. Kommt der Tatrichter deshalb sachverständig beraten zu dem Ergebnis, dass die von Polizeibeamten festgestellten Auffälligkeiten die Annahme von Fahruntauglichkeit begründen, ist er im Rahmen seiner Aufklä-

59 http://www.grotenhermen.com/driving/robbe.pdf
60 Patzak/Bohnen, Betäubungsmittelrecht, S. 282, Rn. 255 bis 257
61 Ethan B. Russo et al, The Handbook of Cannabis Therapeutics, S. 98
62 https://www.zeit.de/2015/26/cannabis-fuehrerschein-entzug-mpu-idioten-test/seite-2

rungspflicht nicht gehalten, einen Sachverständigen zu hören, der die veröffentlichte Meinung vertritt, der alleinige Konsum von Cannabis führe jedenfalls dann zu keiner Risikoerhöhung für den Verkehr, wenn die aufgenommene Menge THC eine Konzentration von 2 ng/ml im Blut nicht übersteigt.[63]

Dieser Richterspruch lässt demnach ausdrücklich, entgegen der in Rechtsprechung und Literatur vorherrschenden Meinung, auch eine Verurteilung des Fahrzeugführers nach § 316 StGB zu, wenn zwar die Menge THC im Blut nur zwischen 1 und 2 ng/ml liegt, der ermittelnde Polizeibeamte aber sachkundig darlegt, dass seine durchgeführten Tests Auffälligkeiten erbrachten, die auf den Drogenkonsum zurückzuführen sind.

Beweiserheblich sind also erst weitere festgestellte Tatsachen, die erweisen müssen, dass der Genuss von Marihuana oder anderer THC-haltiger Substanzen in der konkreten Verkehrssituation zu dessen Fahruntüchtigkeit geführt hat.[64]

Und es muss die Kausalität hergestellt werde, also der Beweis, dass der Fehler rauschbedingt war und der Fahrer diesen in nüchternem Zustand nicht begangen hätte.

Es muss sich aber nicht notwendig um Fahrfehler handeln, die die geforderten Tatsachen begründen. Die Rechtsprechung hat auch andere, nicht fahrbezogene Auffälligkeiten zur Begründung der Trunkenheitsfahrt herangezogen.[65] , so wie bspw. im vorliegenden Fall das stumpfe Verhalten und eine verlangsamte Koordination.

Eine solche Beweiswürdigung ist umso wichtiger, als es keine mir bekannte Studie gibt, die beweissicher einen zeitlichen Zusammenhang zwischen dem Abbau von THC im Blut und dem Effekt verengter Pupillen herstellt.

Da THC lipophil, also fettliebend ist, kommt es zu einer Depotbildung im Fettgewebe, was, wie bereits angesprochen, zu einer asymptomatisch langen Nachweisbarkeit führt.[66]

Zur Frage des letzten Konsums von Marihuana stellte der Verwaltungsgerichtshof in Kassel in einem Urteil[67] aus 2018 fest.

<u>*Leitsatz:*</u> *Räumt ein Fahrerlaubnisinhaber einen zwei Tage vor einer Polizeikontrolle stattgefundenen Cannabiskonsum ein und weist die bei der Polizeikontrolle entnommene Blutprobe einen THC-Wert von 3,5 ng/ml*

63 OLG München, Beschluss vom 30.01.2006, Az. 4 St RR 11/06

64 Patzak, Drogen im Straßenverkehr, vor §§ 29ff, Rn. 435

65 Patzak, a.a.O, Rn. 438

66 http://www.drogenscreening.info/cms/index.php/klassische-drogen/cannabis

67 VGH Hessen, 11.10.2018 - 2 B 1543/18

auf, so deutet dies nach dem Stand der Wissenschaft darauf hin, dass zwischen dem eingeräumten Konsumakt und der Blutentnahme ein weiterer Konsumakt stattgefunden haben muss.
In der Begründung führt das Gericht aus:
Zwar ist es in seltenen Fällen möglich, dass bei einer als gelegentlich einzustufenden Konsumhäufigkeit auch noch mehr als 24 Stunden nach dem letzten Konsumakt noch THC-Konzentrationen von mehr als 1,0 ng/ml festgestellt werden können, hinreichend wahrscheinlich ist dies jedoch nicht. Dabei nimmt die Wahrscheinlichkeit eines solchen Ausnahmefalls mit der Höhe der THC-Konzentration im entsprechenden zeitlichen Abstand zum Konsumakt weiter ab. Ein THC-Wert von 3,5 ng/ml, wie er hier in Rede steht, ist schlechterdings zwei Tage nach dem letzten Konsumakt kaum noch vorstellbar. Demgegenüber wurden derartige THC-Konzentrationen von 1,0 ng/ml und darüber nach dem letzten Konsumakt in mehreren Studien bei Personen festgestellt, die regelmäßig Cannabis konsumiert haben
Nochmal zum diskutierten Unfall: Meist behaupten die Täter zum Selbstschutz, sie hätten am Unfalltag kein Marihuana konsumiert. Da nach Meinung von Experten eine Rückwirkung von THC-Depots im Körperfett, wie etwa jene auf die Größendifferenz der Pupillen, auszuschließen sind, lügt dann entweder der Unfallfahrer oder genau hier müsste die Forschung nachlegen.

Legalisierung von Marihuana
Die Stimmen nach einer Legalisierung von Cannabis und Marihuana, auch in Deutschland, werden immer lauter. Müssen wir uns als Gesellschaft ernsthaft Sorgen machen?
Die Frankfurter Rundschau berichtet am 27. Juni 2018. *Uruguay hat es bereits vor fünf Jahren getan, neun US-Bundesstaaten folgten und in Kanada wird die entsprechende Gesetzesänderung am 17. Oktober in Kraft treten: die Legalisierung von Cannabis. Weltweit wird darüber diskutiert, ob der „Krieg gegen die Drogen" gescheitert und eine weitere Kriminalisierung des Cannabiskonsums noch zu rechtfertigen sei. Auch der Bundestag beschäftigt sich in der neuen Wahlperiode erneut mit der Liberalisierung, weil die Oppositionsparteien Bündnis90/Grüne, Linkspartei und FDP nicht lockerlassen. In einer Anhörung wird der Gesundheitsausschuss am Mittwoch Experten befragen. Aus den bereits vorliegenden Stellungnahmen geht hervor, dass auch Mediziner eine Entkriminalisierung befürworten. Anlass der Anhörung sind zwei Anträge zu Cannabis von FDP und Linkspartei sowie ein fertiger Gesetzentwurf der Grünen. Alle Parteien argumentieren, dass die „Prohibitionspolitik" im Bereich von Cannabis gescheitert sei, weil sich weder Angebot noch Nachfrage*

einschränken ließen. Gleichzeitig verhindere das Betäubungsmittelrecht durch den so geschaffenen Schwarzmarkt die Prävention und einen wirksamen Jugendschutz. Ein weiteres Argument: Die Kriminalisierung führe zu einer erheblichen Belastung von Polizei und Justiz. [68]:

Der Internetblog bento berichtete zur Erörterung im Petitionsausschuss am 11. Juni 2018:

In der Runde saßen Vertreter aller Parteien des Bundestags. Zu pro und contra einer Legalisierung ging es mehrmals hin und her. Die CDU/CSU-Fraktion und die AfD sprachen sich gegen eine Legalisierung aus. Es gebe noch nicht genügend Studien über die Gefahren von Cannabis, außerdem müsste die Jugend geschützt werden. Grüne, Linke und FDP waren für die Legalisierung, auch die SPD zeigte sich positiv: Wird Cannabis staatlich kontrolliert, wäre die Qualität des Grases besser – was Konsumenten schützt. Außerdem könnte man es besteuern und gleichzeitig Justiz und Polizei deutlich entlasten. Georg Wurth, Chef des Hanfverbandes, war als Initiator der Petition als Gast eingeladen. Er sagte: „Ich bin nicht hier, um die Gefährlichkeit von Cannabis runterzureden, aber ich sehe immer einen Zwiespalt zum Alkohol. Es gibt keine Begründung, warum Cannabis verboten ist und Alkohol nicht." Cannabis sollte daher genauso behandelt werden und in Fachgeschäften an erwachsene Konsumenten verkauft werden dürfen. Eine Gefahr für Jugendliche sah er nicht, „die interessieren sich sowieso nur für Verbotenes." Wurth führte unter anderem Colorado als positives Beispiel an. Seit 2011 ist Cannabis dort legal – und die Zahl der jugendlichen Konsumenten sei nicht angestiegen, obwohl konservative Politiker genau davor Angst gehabt hatten. Stattdessen gebe es etwas mehr kiffende Rentner, die nun weniger Alkohol trinken. Am Ende musste die Bundesregierung zugeben, dass eine Legalisierung von Cannabis gar nicht so gefährlich ist, wie behauptet. Denn aus dem Gesundheitsministerium hieß es, Cannabis gelte längst nicht mehr als Einstiegsdroge– und damit nicht mehr als besondere Gefahr. Auch gebe es keine Statistik über Cannabistote, Gefahren lassen sich also kaum einschätzen. Da die Petition des Hanfverbandes mit knapp 80.000 Unterzeichnern so erfolgreich war, stehen die Chancen gut, dass die Debatte weitergeht.[69]

Und wenn die politischen Mehrheiten wechseln, wird eine Legalisierung immer wahrscheinlicher. Ich gehöre mit 40 Jahren Berufserfahrung nicht zu denen, die dann den Untergang herbeireden. Natürlich

68 http://www.fr.de/panorama/cannabis-in-deutschland-soll-cannabis-legalisiert-werden-a-1533048

69 https://www.bento.de/politik/cannabis-koennte-legalisiert-werden-so-lief-der-bundestag-petitionsausschuss-a-00000000-0003-0001-0000-000002491231

bestehen gesundheitliche Gefahren beim chronischen Konsum in der Jugend. Gleiches gilt aber schon immer auch für den Alkoholabusus. Da ist das Elternhaus, aber auch die Gemeinschaft gefordert. Eine Legalisierung von Haschisch und Marihuana stünde am Ende einer gesellschaftlichen Entwicklung. Diese mit ordnungspolitischen oder gar polizeilichen Mitteln verhindern zu wollen, ist schon immer gescheitert. Sie fragen, woher meine Gelassenheit kommt?
Aus verkehrspolizeilicher Sicht ändert sich zunächst gar nichts. Paragraph 316 des Strafgesetzbuches stellt weiterhin jedes Rausch- oder medikamentenbedingte Fahren mit Ausfallerscheinungen unter Strafe und ein Fahrerlaubnisentzug ist die Regel.

Grenzwerte-Diskussion

Während es beim Alkohol forensisch abgesicherte Promille-Grenzwerte gibt, tut sich die Rechtsprechung bei Cannabis- oder Marihuana-Konsum bei der Verurteilung einer Straftat nach 316 StGB noch schwer. ZEIT ONLINE berichtet im Januar 2019[70]: *Wie unsicher noch immer die Datenlage zu Hanf ist, belegt eindrücklich eine Auswertung eines Großteils aller relevanten Studien der vergangenen 20 Jahre, veröffentlicht von der Nationalen Akademie der Wissenschaften in den USA (National Academy of Sciences, 2017). Zusammengefasst über viele Kapitel hinweg lautet das Fazit: Was man über Hanf weiß, ist meist unsicher, nicht ausreichend zu belegen, fraglich oder schlicht unbekannt. ... Während sich die Wirkstoffe im medizinischen Cannabis die Balance halten, hat sich der THC-Gehalt in Schwarzmarktprodukten in den vergangenen zehn Jahren verdoppelt – zumindest im Großteil Europas. ...„Züchter und Händler sind daran interessiert, dass ihr Stoff ordentlich knallt. Denn das kaufen die Leute", sagt dazu Heino Stöver, Direktor des Instituts für Suchtforschung in Frankfurt.*
Es fehlen bis heute wissenschaftlich abgesicherte Grenzwerte und darauf bezogene Ausfallerscheinungen. Die Verkehrsunfalllage gibt darüber keinen hinreichenden Aufschluss. Und eine breite Forschung an einer illegalen Droge verbietet sich.
Seit Einführung unseres KoDiS-Programmes gehen die entdeckten folgenlosen Drogenfahrten zwar durch die Decke. Die festgesellten Unfälle unter Drogeneinfluss steigen jedoch bei Weitem nicht im gleichen Umfang. Während von 2014 bis 2018 bei durchschnittlich 1.000

70 https://www.zeit.de/wissen/gesundheit/2019-01/cannabis-konsum-gefahren-wirkstoffgehalt-anstieg?wt_zmc=sm.ext.zonaudev.facebook.ref.zeitde.share.link.x&fbclid=IwAR3ltGujbmEckgyEiUV933E2o9296ytWlwv-l8ercsLjy0wh65mQccEzht4

festgestellten folgenlosen Trunkenheitsfahrten im Schnitt 320 Alkoholunfälle zu beklagen sind, ist das Verhältnis bei Drogenbezug nur etwa 1.500 zu 60.[71] Das mag daran liegen, dass noch nicht ausreichend Streifenbeamte im Erkennen von Drogenbeeinflussung beschult sind und es ein größeres Dunkelfeld gibt. Allerdings zeigt sich dieses Missverhältnis auch bei den schweren Unfällen mit Körperschäden. Bei Alkoholunfällen gab es im Mittel der fünf Jahre 105 Unfälle pro Jahr, also ein Verhältnis von etwa 1 zu10. Bei den Drogenunfällen waren es dagegen maximal 25 mit Personenschaden – ein Verhältnis von etwa 1 zu 55. Und unsere Unfallaufnahmebeamten sind geschulte Profis.

Die Frage der objektiven Gefährlichkeit von THC in Kurzzeit- und Langzeitwirkung muss deshalb intensiver erforscht werden.

Frühere Untersuchungsreihen, wie die Maastricht-Studien, haben hierzu zwar aufgezeigt, dass Cannabiskonsum verschiedene Auswirkungen auf die Fahrfunktionen hat, wie die Verlängerung der Brems- und Auswahlreaktionszeit, die Beeinträchtigung des Spurhaltevermögens, die Verzerrung der Zeitwahrnehmung oder die Verringerung der Aufmerksamkeit. Was aus den Forschungsergebnissen nicht eindeutig hervorgeht, ist, wie vorher dargestellt, ob die empfohlene Zeitspanne von sechs Stunden nach dem Konsum so verlässlich ist, dass Defizite beim Führen von Fahrzeugen ausgeschlossen werden können.

2017 lieferte Canada, das Cannabis und Marihuana im Oktober 2018 legalisiert hat, weitere Ansätze.

Die Medizinische Fakultät der McGill University, Montreal, führte die experimentelle klinische Zufallsstudie *Cannabiskonsum und Fahrleistungen bei jungen Freizeitkonsumenten*[72] durch. Eine Gesamtmenge von 45 Probanden durchlief sämtliche Tests.

Untersucht wurden die Auswirkungen von inhaliertem Cannabis auf die Fahrleistung bei gesunden 18- bis 24-jährigen Konsumenten. Die Studie sollte ermitteln, in welchem Umfang und wie lange die Fahrleistung nach einer üblichen Inhalationsdosis von Cannabis beeinträchtigt wird und ob es Zusammenhänge mit selbst gemeldeten Wahrnehmungen (Fahrfähigkeit, Fahrsicherheit und Arzneimittelwirkung) der Probanden gibt.

Die Vergleichsgruppen absolvierten gleiche Tests ohne Cannabiskonsum sowie eine, drei und fünf Stunden nach Inhalation einer Standarddosis von 100 mg Cannabis.

71 https://ppmannheim.polizei-bw.de/wp-content/uploads/sites/8/2018/03/PM_Jahresunfallstatistik-2017_Polizeipr%C3%A4sidium-Mannheim-gesamt.pdf

72 http://cmajopen.ca/content/6/4/E453.full

Bei jüngeren Konsumenten hatte diese Dosis keinen Einfluss auf einfache fahrerische Aufgaben. Auffälligkeiten gab es jedoch bei komplexen Aufgaben, insbesondere, wenn diese für die Testperson neu waren. Hier war die Problemlösung signifikant beeinträchtigt. Die negativen Effekte hielten zusammen mit einer verringerten Selbstwahrnehmung und fehlender Handlungssicherheit bis zu fünf Stunden nach dem Konsum an.

Diesen Empfehlungen folgt die kanadische *Cannabis-Gebrauchsanleitung für ein geringeres Risiko* [73], in der empfohlen wird, nach dem Konsum von Cannabis sechs Stunden zu warten, bis z.B. wieder ein Kraftfahrzeug geführt wird.

In der Einzelempfehlung *Cannabiskonsum und Autofahren* wird ausgeführt:

Cannabis beeinträchtigt die Wahrnehmung, Aufmerksamkeit, Reaktion und psychomotorische Kontrolle – alles entscheidende Fähigkeiten beim Fahren oder Bedienen von Maschinen. Zahlreiche Studien haben gezeigt, dass das Risiko einer unfallbedingten und fahrunfallbedingten Verletzung, sowohl nicht tödlich als auch tödlich, bei Cannabis-Konsumenten zwei- bis dreimal höher ist als bei nicht beeinträchtigten Fahrern. Akute Beeinträchtigungen setzen kurz nach der Anwendung ein und dauern bis zu etwa 6 Stunden an, sie variieren jedoch je nach den Merkmalen und der Beschaffenheit des Individuums sowie des Wirkstoffgehalts und Art des verwendeten Cannabis. Es gibt keine Belege für einen sicheren Cannabiskonsum beim Fahren. Unabhängig von den gesetzlichen Bestimmungen sollten Benutzer während des Zeitraums akuter psychoaktiver Wirkungen von Cannabis nicht fahren.

Das Risiko eines Unfalls ist noch höher, wenn Cannabis und Alkohol zusammen verwendet werden, da dieser Mischkonsum die Beeinträchtigungseffekte potenziert.

Das Fahren unter Einfluss von Cannabis geht einher mit einem erhöhten Risiko einer Beteiligung an Kraftfahrzeugunfällen. Es wird empfohlen, dass Konsumenten das Fahren (oder das Bedienen anderer Maschinen oder Mobilitätsgeräte) für mindestens sechs Stunden nach der Verwendung von Cannabis grundsätzlich unterlassen. Diese Wartezeit kann erforderlichenfalls länger sein, je nach Konsument und den Eigenschaften des jeweils verwendeten Cannabisproduktes. Neben diesen Verhaltensweisen-Empfehlungen, sind Konsumenten an lokal geltende gesetzliche Bestimmungen und Einschränkungen hinsichtlich der Beeinträchtigung von Cannabis und des Fahrens gebunden. Die Verwendung von Cannabis zusammen mit Alkohol führt zu einer mehrfachen Erhöhung der Beein-

73 https://www.camh.ca/-/media/files/lrcug_professional-pdf

trächtigungen und Risiken für das Fahren und sollte grundsätzlich vermieden werden.

Derzeit ergeht tatsächlich bei jedem Fahrerlaubnisinhaber, der unter Drogen erwischt wurde, immer auch eine Meldung an die Führerscheinstelle. Diese entscheidet, ob der Betroffene sich einem Drogenscreening unterziehen muss oder gar eine medizinisch-psychologische Untersuchung (MPU) erforderlich ist, um den Nachweis anzutreten, dass er zur Teilnahme am Straßenverkehr geeignet ist. Stand der gegenwärtigen Diskussion und Empfehlung der Grenzwertekommission für den verwaltungsrechtlichen Sofortentzug der Fahrerlaubnis ist der Nachweis von mindestens 3 ng/ml im Blut. Ab diesem Wert geht die Rechtsmedizin von chronischem Konsum aus.[74]

Beim alkoholisierten Fahrer ist die MPU erst ab dem hohen Wert von 1,6 Promille der Regelfall. Mangels erforschter und gerichtlich anerkannter Gefahrengrenzwerte beim THC könnte hier eine staatliche Ungleichbehandlung gegenüber Alkoholsündern vorliegen.

Allerdings erkenne ich auch, dass es sehr schwierig wird, einen forensisch abgesicherten Weg zu finden. Zu sehr ist die Aufnahme und damit Konzentration von THC im Blut von den unterschiedlichsten Faktoren abhängig. Da ist zunächst der Wirkstoffgehalt. Dieser kann von wenigen Prozent bis über 20 Prozent in gezüchteten Marihuana-Blüten reichen. Dann kommt es auf die Konsummenge an. Und selbst die Art der Inhalation, tief oder weniger tief, wirkt sich auf die Aufnahme aus. Möglicherweise werden wir nie gerichtlich anerkannte Berechnungsformeln wie beim Alkohol erhalten.

Sollte also eine Legalisierung kommen, werden sich möglicherweise die Fälle des Fahrens unter dem Einfluss von Marihuana und Haschisch häufen. Zu erwarten sind dann auch Klagen gegen die Verwaltungspraxis. Trotz aller Schwierigkeiten, spätestens dann wird die Rechtsmedizin gefordert sein, verbindliche Grenzwerte für den Straftatbestand des § 316 StGB vorzuschlagen, die auch vor Gericht standhalten.

Das würde Klarheit sowohl für den Konsumenten, als auch für den kontrollierenden Polizeibeamten schaffen.

Über alledem steht jedoch der Grundsatz zur Gefahrenabwehr:

Alkohol und sonstige Rauschmittel, wie auch die Fahreignung beeinflussende Medikamente müssen beim Führen eines (Kraft-) fahrzeuges dann tabu sein, wenn sie die Fahreignung beeinflussen.

74 Prof. Frank Mußhoff, FTC München bei AFN-Verkehrspsychologen-Tagung am 30.03.2019 in Berlin

Kapitel 5: HD–04

Die Affäre Kurzzeitkennzeichen

Kennzeichenmissbrauch

Datenmissbrauch

Falsche Motivation

Wenn Kontrollmechanismen versagen,
wenn staatliche und Wirtschaftsinteressen verschmelzen,
wenn zu viele zu lange wegschauen.

HD-04: Die Affäre Kurzzeitkennzeichen

Da baut sich über mehr als 20 Jahre ein Dienstleister eine Monopolstellung rund um die kurzzeitige Zulassung von Kraftfahrzeugen auf. Im Netz wirbt er, schon 1990 im Dokumentenmanagement tätig geworden zu sein. Dabei habe er sich auf die Prozessoptimierung im Zusammenspiel von Behörde und Autohandel spezialisiert.

Man habe sich auf die Fahrzeugbrieferstellung für Neu- und Gebrauchtfahrzeuge spezialisiert. Die Gebrauchtfahrzeuge würden in Zusammenarbeit mit technischen Überwachungsorganisationen geprüft und bei Bedarf über verschiedene Tochtergesellschaften als Tageszulassung zugelassen. Die Dokumente würden für Hersteller, Importeure, den Automobilhandel und Remarketing-Organisationen erstellt.

Die Einbindung der technischen Überwachungsorganisationen bei der Erstellung der Dokumente (§21; §13) erfolge europaweit.

Für den Automobilhandel würden darüber hinaus fehlende COC-Papiere[75] beschafft.

Man sei ausdrücklich kein Autohändler, man kaufe und verkaufe keine Fahrzeuge. Informationen über Fahrzeuge dürften und könnten nicht an Dritte weitergegeben werden.

Der Dienstleister hatte sich dabei auf einem Geschäftsfeld breit gemacht, in welchem viele Grauzonen und komplexe Vorschriften zu durchdringen waren, in welchem es aber offensichtlich Millionen zu verdienen gab. Und das nicht nur für seine Unternehmensgruppe, sondern auch für das kooperierende Landratsamt.

Ein Blick in den Haushalt des Rhein-Neckar-Kreises lässt aufhorchen. Die Mitarbeiter der Zulassungsstelle Wiesloch scheinen besonders tüchtig zu sein, erzielten Gebühreneinnahmen in Höhe von 3,6 Millionen Euro,[76] so die Westfälische Rundschau am 22.06.2011.

Die erfolgreiche Zusammenarbeit des Landratsamtes mit dem Monopolisten entwickelte sich so vertrauensvoll, dass man sich auf Ebene der Amts- und Abteilungsleitungen begegnete und Vereinbarungen traf.

In einem Spitzenjahr wurden über Zwischenhändler rund 130.000 Kurzzeitkennzeichen in der ganzen Republik ausgegeben und verkauft. Und man plante die Zusammenarbeit gar noch zu steigern. Die Einnahmen des Landratsamtes Rhein-Neckar-Kreis (LRA RNK) sollten um weitere drei Millionen aus diesen Geschäften gesteigert werden.[77]

75 https://www.allianz-autowelt.de/kfz-versicherung/coc-papiere/

76 https://www.wr.de/wr-info/kasse-machen-mit-kurzzeitkennzeichen-id4796843.html

77 Westfälische Rundschau a.a.O.

Wie so oft wird bei gewinnorientierter Ausrichtung das Verwaltungshandeln in Grauzonen „unsauber". Fallstricke werden umgangen oder beseitigt und die Verstrickungen werden immer undurchschaubarer. Am Ende kommt meistens das böse Erwachen. So auch im Falle der Affäre rund um die Ausgabe von Kurzzeitkennzeichen in der Zulassungsstelle des Landratsamtes Rhein-Neckar-Kreis in Wiesloch.
Die Ermittlungen rund um diese massenhafte Ausgabe von Kurzzeitkennzeichen stellen wohl das bisher größte und umfangreichste Korruptionsverfahren gegen Bedienstete einer staatlichen Behörde im Rhein-Neckar-Kreis dar. Die Ermittlungen sind zwar abgeschlossen und bereits einige Täter rechtskräftig abgeurteilt, die Verhandlung gegen die Haupttäter und das Hauptverfahren stehen jedoch noch aus.
Als ich am 6. Mai 2014 als Einsatzleiter bundesweit Durchsuchungsbeschlüsse des Amtsgerichts Mannheim vollstrecken ließ, war mir nicht klar, dass dieses Verfahren die gesamten sechs Jahre meiner Amtszeit als Verkehrspolizeichef überdauern sollte.
Sicher kann ich heute aber auch sagen, dass es ohne die Polizeireform vom 1. Januar 2014 dieses Ermittlungsverfahren gar nicht gegeben hätte. Die Staatsanwaltschaft Heidelberg hatte die Ermittlungsberichte der ehemaligen Polizeidirektion Heidelberg geprüft und einen Anfangsverdacht bis zuletzt verneint.
Mit der Reform wurden bei jedem Polizeipräsidium eigenständige Verkehrspolizeidirektionen mit eigenen Ermittlungseinheiten gegründet. Da die bisherigen Dienststellen in Heidelberg und Mannheim unter dem Dach des Polizeipräsidiums Mannheim fusioniert wurden, war jetzt die Verkehrspolizeidirektion Mannheim auch für den Rhein-Neckar-Kreis zuständig.
Zwei Verkehrspolizisten der Verkehrspolizei Tuttlingen nutzten die Gunst der Stunde. Sie hatten sich schon länger in die ihrer Auffassung nach strafbare Vergabepraxis von Kurzzeitkennzeichen durch die Zulassungsstelle in Wiesloch verbissen. Da ein Anfangsverdacht, insbesondere für Kennzeichenmissbrauch, bisher in Heidelberg immer abgelehnt wurde, überzeugten sie nun einen Mannheimer Verkehrsstaatsanwalt, dass ein solcher sowohl hinsichtlich der missbräuchlichen Verwendung von Personendaten nach dem Bundesdatenschutzgesetz als auch des Kennzeichenmissbrauchs vorlag. Auch meine zuständigen Ermittler des Verkehrskommissariates Walldorf waren seit 2013 an der Sache dran. So bereiteten wir nun gemeinsam den ersten Schlag gegen das kriminelle Netzwerk vor.

Der Dienstleister und „seine" Zulassungsstelle
Die rechtswidrige Vergabepraxis

Aber von vorne – obwohl sich seit 2008 immer wieder Bund-Länder-Fachausschüsse aufgrund von Beschwerden anderer Behörden aus anderen Bundesländern mit der dubiosen, massenhaften Vergabe von Kurzzeitkennzeichen durch die Zulassungsstelle des Landratsamtes Rhein-Neckar-Kreis befassten, sah die Staatsanwaltschat Heidelberg kein strafbares Verhalten.

In einer Nachbargemeinde der Zulassungsstelle, in Walldorf, richtete der Dienstleister seinen Sitz ein.

Die Behörde hatte in Wiesloch eigens eine sogenannte „Briefgruppe" mit rund 30 Mitarbeiterinnen und Mitarbeitern eingerichtet, die fast ausschließlich diesem Großkunden der Zulassungsstelle zuarbeitete. Damit hatte er sich dort de facto ein Monopol geschaffen.

Als besonderen Service richtete man sogar einen Samstagsdienst für eilige Kunden ein. Nach offiziellen Mitteilungen orderte dieser Dienstleister allein im Jahr 2013 mehr als 100.000 Kurzzeitkennzeichen und erzielte dabei einen Erlös von etwa 2,6 Mio. Euro. Die Behörde gewährte ihm als Großkunde einen Rabatt von 50 Prozent auf den vorgeschriebenen Gebührensatz von 10,20 Euro.

Die Westfälische Rundschau prangerte 2011 an: „Kasse machen mit Kurzzeitkennzeichen". Hier einige Auszüge aus dem Bericht:

Der Rhein-Neckar-Kreis (HD) geht bei der Ausgabe von Kurzzeitkennzeichen sehr großzügig zu Werke. Zwischenhändler vertrieben die HD-Schilder in der ganzen Republik. Nun soll dem Gebaren ein Ende gemacht werden. Die Kennzeichen aus dem Rhein-Neckar-Kreis (HD) haben es mittlerweile zu zweifelhaftem Ruhm gebracht. In der ganzen Republik tauchen vor allem Kurzzeitkennzeichen aus dem Landkreis rund um Heidelberg auf – und gerieten mittlerweile auch ins Visier der hiesigen Staatsanwaltschaften. Im Mittelpunkt der Ermittlungen stehe das „unerlaubte Abgeben von Kurzzeitkennzeichen" durch sogenannte Zwischenhändler. Das Gesetz verpflichtet, die Kennzeichen lediglich bei Bedarf auszustellen. Die Prüfung des Bedarfes ist nicht generell vorgeschrieben. Diese Gesetzeslücke schöpft die Zulassungsstelle Wiesloch derzeit noch munter aus.

Der Bärenanteil entfällt dabei auf den Posten „Briefzuteilung". 1,5 Millionen Euro flossen im vergangenen Jahr in die Kreiskasse, 2011 sollen es dreimal so viel werden. Insgesamt kommt der Rhein-Neckar-Kreis (536 000 Einwohner) auf einen Fahrzeugbestand von mehr als 380 000. Zum Vergleich: In Dortmund sind es knapp 50 000 Einwohner mehr und rund 160 000 angemeldete Fahrzeuge weniger.

„Briefzuteilung" sei ein „historisch gewachsener Begriff", hinter dem sich die Abteilung Kurzzeitkennzeichen verberge, sagt Silke Hartmann, Pressesprecherin des Rhein-Neckar-Kreises. Diese „Außenstelle des Landratsamtes" arbeite „sehr rasch", so ihre Erklärung für die hohen Gebühreneinnahmen. „Eine Zulassung ist bei uns in 30 Minuten fertig", so Hartmann, um sich gleich zu korrigieren: „Nein, sogar in 15 Minuten." Und eine Bedarfsprüfung werde immer durchgeführt, gerade bei Händlern, die mehr als ein Auto zulassen möchten, betont sie. Des Weiteren gebe es die Möglichkeit des Online-Antrags. Hier begnüge man sich mit einem eingescannten Ausweis des Antragstellers.
Umso argwöhnischer werden die Zwischenhändler beäugt, die im großen Stil Kurzzeitkennzeichen herausgeben – inklusive Siegel des Rhein-Neckar-Kreises. Mittlerweile riss auch dem Land Baden-Württemberg der Geduldsfaden. Rolf Gramm, Pressesprecher im Verkehrsministerium: „Das Gebaren des Rhein-Neckar-Kreises war in etlichen Bundesländern Gesprächsthema." Daher habe der Bundesrat am 17. Juni 2011 beschlossen, den „Kennzeichennehmern das Selbstsiegeln zu untersagen". Die Zulassungsstelle in Wiesloch wird ihr ehrgeiziges Einnahmeziel damit wohl vergessen können. [78]

Der Blog nordbayern.de berichtete am 22.05.2013 zur laxen Vergabepraxis:

Ingo S. (Name geändert) hat schnell ein Kennzeichen für sein Auto gebraucht. Nicht irgendeins, sondern ein sogenanntes Kurzzeit-Kennzeichen mit gelbem Balken am Rand. Es gilt fünf Tage, für Probe- und Überfahrten. Woher sollte er am Wochenende so ein Schilderpaar bekommen? Auf Facebook sendete er eine Anfrage — und bekam Antwort: In der Leyher Straße gebe es einen Dienstleister, der sie verkauft. Keine öffentliche Zulassungsstelle der Stadt, sondern ein privates Geschäft, das sich auf Kennzeichen spezialisiert hat. „Das war total verrückt", erzählt S. Neben einer Spielhalle war der Eingang zum Büro. Für 75 Euro hielt er drei Stunden später die Nummernschilder mit Heidelberger Kennzeichen in der Hand. Und einen Fahrzeugschein, ausgestellt vom Landratsamt Rhein-Neckar-Kreis, mit Stempel und Kürzel. Der Inhaber ist laut diesem Dokument aber nicht S. Ein anderer Name war darauf eingetragen mit einer Adresse in Baku, der Hauptstadt in Aserbaidschan. Ob ihm das komisch vorkam? „Ja. Aber ich war glücklich, ich konnte den Wagen dann überführen."
Weniger glücklich sind jedoch die Zulassungsstellen der Stadt. Amtsleiter Steffen Kessler ärgert sich maßlos, dass diese Kennzeichen in großem Stil verkauft werden. Sicher, auch bei der Stadt können Bürger diese Kfz-

78 Westfälische Rundschau a.a.O.

Schilder beantragen — doch muss der Fahrer persönlich mit seinem Ausweis im Original erscheinen. Hintergrund: Seit dem 1. November 2012 gelten verschärfte Regeln für die Ausgabe. Alle rund 400 Zulassungsbehörden in Deutschland halten sich daran. Bis auf eine. Und die ist für den Heidelberger Rhein-Neckar-Kreis zuständig. „Im Zehnerpack lassen sich täglich sogenannte Geschäftsleute diese Schilder mit dem Kennzeichen ‚HD' anliefern", sagt er. Das dortige Landratsamt „verfährt nach eigenen Regeln, Polizei und Staatsanwaltschaft kommen da offensichtlich nicht weiter".[79]

Übrigens lag die Westfälische Rundschau mit ihrer Prognose zur Erschwerung der Zulassungspraxis durch Verschärfung der Vorschriften ziemlich daneben.

Am 25. Oktober 2012 wurde die Änderungsverordnung zur Fahrzeugzulassungsverordnung (FZV) veröffentlicht und trat zum 1. November in Kraft. Alle redeten von einer Verschärfung. Zur Überraschung von Fachleuten wurde unter Ziffer 23 zu den behördlichen Zuständigkeiten verfügt:

In §46 Absatz 2 Satz 2 werden nach dem Wort „Inland" die Wörter „kein Wohnsitz" eingefügt.

Im Gesetzestext hieß es nun:

(2) Örtlich zuständig ist, soweit nichts anderes vorgeschrieben ist, die Behörde des Wohnorts, bei mehreren Wohnungen des Ortes der Hauptwohnung im Sinne des Bundesmeldegesetzes, mangels eines solchen des Aufenthaltsortes des Antragstellers oder Betroffenen, bei juristischen Personen, Gewerbetreibenden und Selbständigen mit festem Betriebssitz oder Behörden die Behörde des Sitzes oder des Ortes der beteiligten Niederlassung oder Dienststelle.

Besteht im Inland kein Wohnsitz, kein Sitz, keine Niederlassung oder keine Dienststelle, so ist die Behörde des Wohnorts oder des Aufenthaltsorts eines Empfangsbevollmächtigten zuständig.

Es erschließt sich nun nicht sofort, welches Bedürfnis ein nicht in Deutschland Wohnhafter geltend machen könnte, der zudem noch nicht einmal einen Firmensitz bzw. Niederlassung in Deutschland haben muss, ein Kurzeitkennzeichen in einer deutschen Zulassungsstelle zu beantragen.

Mit der Empfangsbevollmächtigten-Regelung erschlossen sich dem Dienstleister in Walldorf nun auch europäische Geschäfte. Über das von ihm betriebene Dokumentenmanagementsystem versorgte er jetzt auch den polnischen Markt.

79 http://www.nordbayern.de/nurnberg-krumme-geschafte-mit-kurzzeit-kennzeichen-1.2919352

Ende 2014 berichtete Der Spiegel: *Bei Polizeibeamten im ganzen Bundesgebiet sorgten die Nummernschilder mit der Kennung HD-04 seit Jahren für Verdruss. Tauchten die sogenannten Kurzzeitkennzeichen mit Heidelberger Stadtkürzel bei einem Tankbetrug oder diversen Verkehrsdelikten auf, dann schwante den Ermittlern schon, dass sie die Lösung des Falls wohl in den Wind schreiben konnten. Möglich war das, weil das Wieslocher Amt sich besonderer Kundenfreundlichkeit verschrieben hatte: Vor einigen Jahren eröffnete die Zulassungsstelle das „Servicecenter Briefgruppe", das auch via Internet Kurzzeitkennzeichen vergab. Während andernorts der Antragsteller seinen Ausweis vorlegen musste, reichte in Wiesloch eine E-Mail samt Ausweiskopie im Anhang. Ob das Dokument echt war, prüfte die Behörde offenbar nicht. Wie viele Straftaten mit den Kurzzulassungen aus dem Rhein-Neckar-Kreis begangen wurden, wird sich wahrscheinlich nie aufklären lassen. Kurzzeitkennzeichen sind eigentlich dazu gedacht, Probe-, Prüfungs- und Überführungsfahrten zu ermöglichen. Sie sind fünf Tage lang gültig und unterscheiden sich insofern von normalen Schildern, als dass die Behörde nur den Halter registriert und nicht das betreffende Auto. Ab 2011 hagelte es denn auch Proteste von Polizeistellen, denen HD-04 Kennzeichen immer wieder bei Delikten begegneten.* [80]

Der Unmut ist schnell erklärt. Bei einer vierstelligen Zahlenkombination gibt es 10.000 Möglichkeiten. Und diese reizte der Dienstleister jeden Monat voll aus. Da die Maximalgültigkeit fünf Tage betrug, musste es zwangsläufig zu Doppelvergaben von Kennzeichen kommen. Außerdem fuhren auch Käufer mit abgelaufenen Kennzeichen weiter.

Ob der Masse der verkauften Kennzeichen kam es natürlich gehäuft zu Verkehrsverstößen und Verkehrsstraftaten. Der Sachbearbeiter beim zuständigen Polizeirevier in Wiesloch war nicht zu beneiden. Die meisten der externen Ermittlungsersuchen waren nicht zu klären. Das warf in Fachkreisen natürlich auch kein gutes Licht auf die Heidelberger Polizeidirektion.

Der entscheidende Schlag

Da in laufenden Verfahren die Staatsanwaltschaft Herrin des Verfahrens ist, beziehe ich mich hier ausschließlich auf die freigegebenen Fakten in der öffentlichen Medienberichterstattung.

Mehr als 100 Polizeibeamte und Vertreter der Staatsanwaltschaft Mannheim durchsuchten am 6. Mai 2014 zeitgleich mehr als 40 Objekte in ganz Deutschland mit Schwerpunkten in Nordrhein-Westfalen, Berlin, Nürnberg und natürlich auch die Zulassungsstelle des

80 http://m.spiegel.de/spiegel/print/d-130754207.html

Landratsamtes Rhein-Neckar-Kreis in Wiesloch. Dabei wurden neben anderem große Datenmengen beschlagnahmt, die in langwieriger Ermittlungsarbeit ausgewertet werden mussten. Ein Jahr lang ermittelte eine gemeinsame Ermittlungsgruppe der Kriminal- und Schutzpolizei. Weitere zwei Jahre mussten meine Ermittler des Verkehrskommissariats Walldorf umfangreiche weitere Ermittlungsaufträge der Schwerpunktstaatsanwaltschaft für Wirtschaftskriminalität in Mannheim abarbeiten, bis alle Fallakten anklagereif waren.

Der Spiegel berichtete bereits im Dezember 2014, dass das Regierungspräsidium Karlsruhe im Mai dieses Jahres verfügt hatte, dass auch in Wiesloch Originaldokumente vorgezeigt werden müssten. Daraufhin soll laut den Ermittlern ein „Pool von gut 140 Ausweisdokumenten" für die Beantragung der Kennzeichen benutzt worden sein, von denen viele „als verlustig gemeldet und zur Auffindung ausgeschrieben" waren.

Die Rhein-Neckar-Zeitung ergänzte hierzu am 10.12.2014: *Damals schon erteilten die Aufsichtsbehörden – das baden-württembergische Verkehrsministerium und das Regierungspräsidium (RP) Karlsruhe – dem Landratsamt des Rhein-Neckar-Kreises die Weisung, das Internetverfahren zu stoppen. Doch das ist offenbar nicht geschehen. Im Gegenteil: Ministerium und RP haben den Verdacht, über die Einhaltung von Weisungen getäuscht worden zu sein. Man biete diese Form der Zulassung nicht mehr an, sagte Stefan Hildebrandt, Dezernent für Umwelt und Technik im Landratsamt. In der Zwischenzeit bekamen die Zulassungsstelle und der Walldorfer Dienstleister erneut Besuch von den Fahndern. Die Staatsanwaltschaft Mannheim ermittelt gegen den 47-jährigen Unternehmer und zwei Führungskräfte der Zulassungsstelle. Die Anklagebehörde verdächtigt die beiden Frauen, dem Dienstleister gegen Zahlung einer insgesamt sechsstelligen Summe große Mengen Kurzzeitkennzeichen vermittelt zu haben. Nach Informationen des Magazins „Der Spiegel" hat die Tochter einer Führungskraft zumindest mittelbar für den Walldorfer gearbeitet. Inzwischen ist die Zahl der Beschuldigten bundesweit auf 39 Personen angewachsen.* [81]

Nach den neuerlichen Durchsuchungsmaßnahmen reagierte auch das Regierungspräsidium Karlsruhe. Im Rahmen seiner Fachaufsicht untersagte es der Zulassungsstelle Wiesloch nun endgültig, das KIM-Dokumentenmanagement weiter zu betreiben. Damit war nun endlich Schluss mit der undurchschaubaren Vergabepraxis von Kurzzeitkenn-

81 https://www.rnz.de/nachrichten/metropolregion_artikel,-Metropolregion-Kurzzeitkennzeichen-von-der-Zulassungsstelle-Wiesloch-viel-Geld-und-offene-Fragen-_arid,68739.html

zeichen. Der Briefgruppe wurde die Arbeitsgrundlage entzogen und die Zusammenarbeit mit dem Dienstleister wurde beendet.
Am 15.04.2016 berichtet die Rhein-Neckar-Zeitung weiter: *Die Kurzzeitkennzeichen-Affäre zieht immer weitere Kreise. Wie Peter Lintz, der Sprecher der Staatsanwaltschaft Mannheim, gestern der RNZ sagte, ermittelt die Behörde inzwischen auch gegen einen ehemaligen Spitzenbeamten des Rhein-Neckar-Kreises. Er soll Informationen aus dem Fahrzeugregister an mehrere Personen weitergegeben haben. Den Hinweis habe man vom Landesdatenschutzbeauftragten erhalten, erklärte Lintz. Schon seit knapp zwei Jahren ermittelt die Staatsanwaltschaft gegen zwei Führungskräfte der Zulassungsstelle in Wiesloch. Der Vorwurf: Bestechlichkeit. Die beiden Frauen sollen vom Inhaber eines Kfz-Dienstleistungsunternehmens mit Sitz in Walldorf statt den üblichen 10,20 Euro pro HD-Kurzzeitkennzeichen lediglich die Hälfte verlangt haben. Im Gegenzug soll über Jahre hinweg eine insgesamt sechsstellige Summe auf ein Konto des Landratsamts geflossen sein. Der Walldorfer soll nach den Erkenntnissen der Behörde alleine im Jahr 2013 mehr als 100 000 HD-Schilder geordert haben. Den Gesamterlös bezifferte Lintz dabei auf rund 2,6 Millionen Euro.*[82]
Am 19.01.2017 setzte die Rhein-Neckar-Zeitung ihre Berichterstattung fort:
Das Verfahren ist kompliziert und umfangreich. Nach Angaben einer Behördensprecherin gibt es aktuell noch 25 Beschuldigte. Hier ist unklar, ob Anklage erhoben wird – in fünf Fällen ist dies bereits geschehen: dreimal beim Amtsgericht Wiesloch, je einmal beim Amtsgericht Mannheim und beim Landgericht Heidelberg. Die Staatsanwaltschaft wirft fünf Betreibern von privaten Kfz-Zulassungsdiensten in Berlin und Brandenburg gewerbs- und bandenmäßige Urkundenfälschung sowie Datenmissbrauch vor. Die Beschuldigten sollen zwischen April 2012 und November 2014 in knapp 900 Fällen Kurzzeitkennzeichen bei der Zulassungsstelle des Rhein-Neckar-Kreises in Wiesloch beantragt haben – mithilfe gefälschter Dokumente. Die Schilder verkauften sie für bis zu 130 Euro pro Stück auf Automärkten in Berlin und strichen das Geld ein, wie die Staatsanwaltschaft herausgefunden hat. Für die falschen Anträge verwendeten sie die Personalien ahnungsloser Kunden aus Osteuropa. Gegen diese Menschen lief später eine Reihe von Ermittlungen im In- und Ausland, insbesondere wegen Ordnungswidrigkeiten im Straßenverkehr. Im Gegensatz zu ihren Daten waren diejenigen der tatsächlichen Hal-

82 https://www.rnz.de/nachrichten/metropolregion_artikel,-Metropolregion-Kennzeichen-Affaere-Hoher-Ex-Beamter-im-Visier-der-Ermittler-_arid,184588.html

ter nicht in den Fahrzeugregistern gespeichert. In bislang zwei Fällen sind Inhaber von Zulassungsdiensten wegen dubioser Machenschaften vom Amtsgericht Wiesloch zu Bewährungsstrafen verurteilt worden. Die Zulassungsstelle des Landkreises hatte es von Frühjahr 2012 bis Herbst 2014 Schilderhändlern leicht gemacht, ihre mitunter krummen Geschäfte mit HD-Schildern zu betreiben. Denn während anderswo Originaldokumente persönlich vorgelegt werden mussten, reichte es in Wiesloch aus, eine E-Mail zu schreiben und die erforderlichen Papiere eingescannt der Nachricht anzuhängen. [83]

In der Woche vor Weihnachten 2018 verurteilte dann das Amtsgericht Mannheim einen hochverschuldeten Mannheimer Autohändler und dessen Sohn zu Freiheitsstrafen von jeweils einem Jahr und sechs Monaten, ausgesetzt zur Bewährung.

In dem von dem Walldorfer Schilderdienst erdachten System beantragten sie bei der Zulassungsstelle Schilder und gaben dabei die Personalien von angeblichen Haltern an, die im Ausland wohnen und von dem Deal gar nichts wussten. Die Kennzeichen verkauften die beiden anschließend gewinnbringend an Personen, denen das Auto zwar gehörte, in den Fahrzeugpapieren stand jedoch der Name des fingierten Halters. Kopien oder PDF-Dateien ihrer Papiere beschafften sich mal die Angeklagten und mal der Walldorfer.

Auf diese Weise sollen der 63-Jährige und sein Sohn (27) zwischen 2012 und 2014 in insgesamt 1031 Fällen Kurzzeitkennzeichen beantragt haben. In einem Fall wurden für ein und denselben Mann fast 200 Anträge gestellt.

„Man war halt so drin, und die Behörde hat ja auch mitgemacht. Deshalb hofften wir, dass das Ganze nicht auffliegt", sagte der am Freitag verurteilte ältere Autohändler.[84]

2019 – das Jahr der Klageerhebung

Am 6. Mai 2019 jährte sich der Tag der bundesweiten Durchsuchungen zum fünften Mal. Nach allen bisherigen Verfahren und Verurteilungen ist auch im Hauptverfahren ein Strafrahmen zwischen ein und fünf Jahren zu erwarten.

83 https://www.rnz.de/nachrichten/metropolregion_artikel,-Metropolregion-Krumme-Geschaefte-mit-Kurzzeit-Kennzeichen-Bislang-zwei-Verurteilungen-_arid,249157.html

84 https://www.rnz.de/nachrichten/metropolregion_artikel,-kurzzeit-kennzeichen-affaere-fuer-angeblichen-autohalter-knapp-200-hd-schilder-beantragt-_arid,408944.html?fbclid=IwAR2o3_NCSgF-JT9AML8A-nv1_A0ND6Pt-5t77xo1xpADQI_oeg-NzRt9M32c

Das Strafgesetzbuch sieht hierfür eine Verjährungsfrist von fünf Jahren vor.[85]
Allerdings wird die Verjährung unterbrochen durch jede richterliche Beschlagnahme- und Durchsuchungsanordnung und richterliche Entscheidungen, welche diese aufrechterhalten, aber auch durch die Erhebung der öffentlichen Anklage.[86]
Da es im Oktober 2014 nochmals eine richterliche Durchsuchungsanordnung gab, lief die Frist erst im Oktober 2019 ab. Die öffentliche Klage wurde rechtzeitig vor Fristablauf erhoben.
So wird es zum Verfahren gegen die Haupttäter kommen. Allerdings ist zu erwarten, dass die Anwälte auf die lange Ermittlungsdauer verweisen und versuchen, eine Prozessverschleppung geltend zu machen. Sie werden versuchen, das Gericht und die Staatsanwaltschaft im Interesse ihrer Mandanten zu einer Verfahrensabsprache im Sinne des § 257 c StPO, einem sogenannten Deal, zu bewegen. Dabei erfolgt eine Verfahrensabsprache auf ein bestimmtes Strafmaß, das das Gericht mit seinem Urteil nicht überschreitet. Der Deal kann die Höhe der Freiheitsstrafe aber im Einzelfall auch die Zusicherung betreffen, dass die Freiheitsstrafe zur Bewährung ausgesetzt wird.
Eines ist jedoch sicher: Sollten vor Gericht in der Verhandlung Anschuldigungen gegenüber weiteren, bisher nicht beschuldigten Personen erhoben werden, sind die Taten definitiv verjährt und eine Verfolgung ist nicht mehr möglich.

Die Hauptverhandlung vor dem Landgericht Mannheim wird nicht vor 2020 stattfinden. Es bleibt also spannend, welche Strafen die einzelnen Täter erhalten.
Hätte mir im Mai 2014 jemand prophezeit, dass ich den Verfahrensausgang nicht mehr in meiner aktiven Dienstzeit erlebe, hätte ich ihn für verrückt erklärt.

85 § 78 Absatz 3 Nr. 4 StGB
86 § 78c Absatz 1 Nrn. 4 und 6 StGB

Es wird interessant, welchen Schuldspruch
die Richter am Landgericht Mannheim fällen.

Kapitel 6: Das Phänomen Auto-Poser

Tief – breit – laut

Hörgenuss

Alles eingetragen!

AMG
Wir sind Azzlackz mit Geld, mon ami.
Fahr'n gechillt auf der Champs Élysées.
Wagen weiß, damit alle uns sehn.
AMG
AZZI MEMO FEAT. ENO – AMG

Beim Posen lassen die überwiegend jungen Männer in belebten Straßen unnötig den Motor aufheulen, fahren mit quietschenden Reifen an oder legen kurze Vollgas-Sprints hin. Neben breiten Reifen auf auffälligen Felgen muss das Auto vor allem laut sein.
Stadtbewohner in Deutschland leiden unter diesem Krach.

Alle Stadtbewohner in Deutschland? Nein!
Da gibt es ein kurpfälzisches Oberzentrum, wo eine kleine Gruppe von aufrechten Spezialisten den Posern den Spaß verdirbt – die Ermittlungsgruppe Poser.

Das Phänomen Auto-Poser

Am 29. Juli 2016 macht der Manneimer Morgen mit der Schlagzeile auf:

Polizei und Stadt sagen dem Autolärm den Kampf an[87]

Nach heftigen Beschwerden aus der Bürgerschaft wollen Polizei und Stadt in den nächsten Wochen massiv gegen die sogenannte „Poser"Szene in der Innenstadt vorgehen. <...> „Wir werden diese Leute mit kreativen Maßnahmen überziehen", kündigte der Direktor der Verkehrspolizei, Dieter Schäfer, bei der Sitzung des Bezirksbeirates Innenstadt am Mittwochabend im Stadthaus intensive Aktionen mit Sanktionen gegen die Szene an. <...>Zuletzt hatten vier Bürgervereine und -gruppen aus der Innenstadt sich in einen Brandbrief an Sicherheitsdezernent Christian Specht gewandt. Die Bewohner haben mittlerweile über 200 Unterschriften gegen Lärm und Raserei in der City gesammelt. 70 Prozent der Unterzeichner sind Einzelhändler und Gastronomen, etwa 25 Unterschriften kommen von privaten Hauseigentümern, berichtete Wolffried Wenneis von der IG Kapuzinerplanken bei der Sitzung. Das Poserproblem werde nicht nur als Belästigung empfunden, sondern auch als geschäfts- und gesundheitsschädigend. Insgesamt gehe es um die Aufenthalts- und Wohnqualität in der City. Mittlerweile würden Mieter wegziehen. <...> Die Politiker begrüßten dankbar die konzertierte Aktion: <...> Aus dem Publikum gab es mehrfach Applaus.

Das Phänomen war uns nicht neu. Seit rund 10 Jahren beschäftigten uns immer wieder meist junge Männer, die mit ihren protzigen und lauten Fahrzeugen durch die Kunststraße fuhren, um dabei den Café-Besuchern auffällig zu zeigen, was sie draufhaben. Irgendwann in den letzten Jahren entwickelte sich daraus eine Art Subkultur. Zur Eindämmung der Beschleunigungsfahrten installierte die Stadt 2014 sogar eine Blitzer-Säule in der Kunststraße.

Ein Büroangestellter aus der Innenstadt schrieb uns am 9. Dezember 2014:

Ich arbeite in N7 (Kunststraße) und kann täglich mehrfach beobachten, wie Autofahrer unmittelbar nachdem sie den neuen Blitzer passiert haben, nochmal ordentlich Gas geben, um mit hohem Tempo Richtung Kaiserring zu rasen. Manche machen dies mehrfach am Tag. Dies stellt eine erhebliche Belästigung dar, vor allem aber auch eine Gefährdung der Fußgänger. Erst gestern querte ich die Straße auf Höhe Rossmann-Drogerie – und das nächste Auto war ca. 100 m entfernt (Höhe Saturn). Dieser Wagen beschleunigte derart, dass er auf mich und meine Kolle-

87 https://www.morgenweb.de/mannheimer-morgen_artikel,-mannheim-polizei-und-stadt-sagen-dem-autolaerm-den-kampf-an-_arid,897197.html

gen zugerast kam und wir zur Seite springen mussten. Sollte dies noch einmal passieren, werde ich Anzeige wegen versuchten Totschlags, oder was auch immer sich da in der Preisklasse anbietet, erstatten. Ich habe den Eindruck, dass der neue Blitzer von gewissen Personen als Provokation angesehen wird – und dass diese Personen auf den verbleibenden Metern der Kunststraße noch einen Ausgleich schaffen müssen. Gerade jetzt im Weihnachtsverkehr halte ich dies für eine riskante Sache und kann Sie nur bitten, die Einhaltung von Tempo 30 an dieser Stelle strikt und regelmäßig zu kontrollieren. Der neue Blitzer ist dennoch ein Segen, insgesamt fließt der Verkehr besser und ruhiger als vorher.

Natürlich hatten wir auch zurückliegend Verstöße gegen Zulassungsvorschriften bei den Kontrollen konsequent geahndet. Eine abschreckende Wirkung ergab sich dadurch jedoch nicht. Nun war der öffentliche Druck so groß geworden, dass er die Verwaltungsspitze und den Gemeinderat erreichte.

Der Mannheimer Morgen kommentierte[88]:

Na endlich! Stadt und Polizei gehen gemeinsam mit den Bürgern gegen die Raser und „Poser" in der Innenstadt vor. Eine gute, aber längst überfällige Maßnahme. Die Erleichterung von Stadtteilvertretern und Aktivisten war bei der Sitzung des Bezirksbeirates förmlich mit Händen zu greifen. Ein Grund: Wer will, dass in der City noch Menschen leben, muss für entsprechende Aufenthaltsqualität sorgen. Darum kämpfen die Bewohner seit mehr als zehn Jahren. Im „Entwicklungskonzept Innenstadt" kann man das nachlesen. Nun wird auf permanenten Druck der Bürger gehandelt – ein Erfolg von konsequenter, andauernder Bürgerbeteiligung, die zeigt, dass auch der Einzelne durchaus etwas bewegen kann. Darüber hinaus ist die Polizei gut beraten, bei aller Personalknappheit und nötiger Terrorbekämpfung, Recht und Ordnung an der Basis nicht aus dem Auge zu verlieren. Denn dort, vor der Haustür der Leute, entscheidet sich das Sicherheitsgefühl der Menschen und ob der Staat als Ordnungsmacht noch ernst genommen wird. Polizei, Verwaltung, Gemeinderat – „die wissen mitunter doch gar nicht mehr, was hier in der Stadt so alles abläuft", war jetzt wieder als Vorwurf zu hören. Ein Alarmsignal. Denn: Wer da nicht handelt, überlässt am Ende den Populisten das Feld.

Die Situationschance

Ich nenne eine solche Zuspitzung gerne Situationschance. Es sind plötzlich und aus der Spontanität heraus Koalitionen und Maßnahmen

---

88 https://www.morgenweb.de/mannheimer-morgen_artikel,-kommentar-gut-aber-ueberfaellig-_arid,897482.html

möglich, die in normalen Zeiten deutlich schwieriger oder gar nicht zu erlangen wären.
Nehmen Sie meinen Vorschlag zur Einrichtung einer per E-Mail gespeisten Informationssammelstelle bei der Verkehrspolizei Mannheim. Die belasteten Bürger können Ort, Zeit und Kennzeichen des störenden Fahrzeuges mitteilen und wir entwickeln daraus ein Lagebild, um unsere Maßnahmen gezielt ausrichten zu können.
Es wird also eine Poser-Datei eingerichtet, wobei die Mitteiler nur dazu beitragen, Verwaltungsermittlungen zur Erhärtung eines Anfangsverdachts für polizeiliche Maßnahmen durchzuführen. Das ist ein wichtiger Aspekt. Der Bürger hilft zwar mit, löst aber kein unmittelbares Verfahren aus, an dem er beteiligt ist.
Jetzt lassen Sie diesen Vorschlag von langer Hand stabsmäßig planen und beteiligen Sie dabei auch noch die Fachabteilungen der Stadtverwaltung. Wenn Sie nicht bereits an den Bedenken der Datenschützer scheitern, wird das Konzept spätestens im Fachausschuss des Gemeinderates zerrissen.
Der Mannheimer Morgen schrieb: „Die Politiker begrüßten dankbar die Aktion“ und das unter Leitung eines Stadtrates der Grünen. Das meine ich mit Erkennen und Ausnutzen einer Situationschance.

Die Lösung:
Konzertierung von Bürgern, Polizei und Kommunalverwaltung
Die Polizei kann Probleme dieser Intensität allein nur schwer schultern und schon gar nicht nachhaltig lösen. Sie braucht die unbedingte Unterstützung der Bürgerschaft und insbesondere die enge Zusammenarbeit mit der Kommunalverwaltung.
Anzeigen und Sanktionierungen allein bringen keinen dauerhaften Erfolg – eine Verknüpfung mit Maßnahmen aus der Verwaltungsvollstreckung aber sehr wohl.

Exkurs: Erste Erfahrungen haben wir in Mannheim mit dieser Kombination in der zweiten Hälfte der 1990er Jahre gemacht, als die Innenstadtbewohner unter den Folgeerscheinungen einer offenen Drogenszene, insbesondere der Drogenprostitution, litten. Ich war lange Jahre Redakteur bei der Fachzeitschrift „Polizei *heute*“[89] und habe damals folgenden Artikel verfasst.

89 Die Zeitschrift wurde 2012 eingestellt. https://www.fachzeitungen.de/zeitschrift-magazin-polizei-heute

Prostitution – Ein ungewöhnliches Bekämpfungskonzept in Mannheim

Zunächst zu den damaligen Strukturdaten: Mannheim hat damals rund 325.000 Einwohner und ist die zweitgrößte Stadt Baden-Württembergs. Mannheim ist wirtschaftliches Oberzentrum der Region. Der Einzelhandelsumsatz beträgt jährlich rund zwei Milliarden Euro. Die Zahl der Beschäftigten erreicht rund 168.000. Die Arbeitslosenquote liegt bei 11,9 Prozent. Es gibt Stadtteile mit überproportional hohem Anteil an Sozialhilfeempfängern und großen Suchtpotenzialen. In den Kriminalakten sind ca. 1.800 Erstkonsumenten harter Drogen erfasst. Der Ausländeranteil der Wohnbevölkerung beträgt mehr als 20 Prozent. Besonders hoch ist dieser im Innenstadtbereich, in der Unterstadt. Die größte ethnische Gruppe bilden die Türken. Diese dominieren insbesondere das Straßenbild der Westlichen Unterstadt mit 51 Prozent der Einwohner im Herzen Mannheims – den Quadraten. Auch in der angrenzenden Östlichen Unterstadt liegt der Ausländeranteil überproportional hoch bei 34 Prozent. Hinzu kommt, dass sich in diesem Quadranten über Jahrzehnte viele Bars und Etablissements ansiedelten, die dem Rotlicht-Milieu zuzuordnen sind. Durch restriktivere Konzessionsvergabe reduzierte sich deren Zahl mittlerweile auf 11. Obwohl der Stadtteil im ausgewiesenen Sperrbezirk liegt, bildete sich dort bereits in den 70er Jahren der sogenannte „Hausfrauenstrich" aus. Seither war Straßenprostitution in diesem Wohnviertel immer wieder ein Problem für die Anwohner.

Die Drogensucht und ihre Auswirkungen

In den 90er Jahren entwickelte sich in der Breiten Straße, ab dem Marktplatz und den daran angrenzenden Stadtteilen Östliche und Westliche Unterstadt eine „Offene Drogenszene". Das Problem der Verelendung öffentlicher Bereiche trat dort offen zutage. Manche Wege und Plätze wurden durch Heroinabhängige und ihre Dealer förmlich dem Gemeingebrauch entzogen. Viele alteingesessene Einzelhändler kapitulierten. Während die Einzelhandelsgeschäfte der Westlichen Unterstadt überwiegend von türkischen Pächtern übernommen wurden, schloss in der Östlichen Unterstadt ein Geschäft nach dem anderen. Besonders schlimm machten sich der hemmungslose Heroinhandel und der suchtgesteuerte Anstieg der Beschaffungskriminalität bemerkbar. Die Delikte der Straßenkriminalität erreichten in der ersten Hälfte der 90er Jahre nie dagewesene Höchststände. 1996 zählte die Polizei 12.797 Fälle. Die Gesamtzahl der Straftaten lag bei 40.260 Fällen. Besondere Auswirkungen ergaben sich für die Brennpunktdienststellen der Polizei. Die für die Unterstadt zuständigen Beamten des Polizeireviers Innenstadt waren chronisch überlastet. Der Streifendienst spielte nur noch Feuerwehr. Für eine konsequente und wirkungsvolle Situationsverbesserung fehlten die personellen Ressourcen. Ab 1997 erhielt das Polizeipräsidium Mannheim personelle Unterstützung durch Bereitschaftspolizeikräfte. 1998 wurde die Einsatzkonzeption „Sicheres Mannheim" mit einer besonderen Aufbauorganisation begründet. Durch brennpunktorientierten Kontrolldruck auf die Drogenszene und deren Dealer mit offenen und verdeckten Maßnahmen wurde die Zahl der Straßenkriminalitätsdelikte bis Ende 1999 um rund 30 Prozent reduziert. Die Bekämpfung der Drogenprostitution blieb zunächst Aufgabe des Polizeireviers Innenstadt und des Fachdezernates der Kriminalpolizei.

Verkehrsrecht zur Eindämmung der Drogenprostitution im Sperrbezirk?

In den Quadrate-Straßen der Östlichen Unterstadt, dem „Quartier", florierte die Drogenprostitution weiter. Die Zahl der Prostituierten war genauso wenig überschaubar, wie die der Freier, die ab den späten Vormittagsstunden bis in die Nacht mit ihren Fahrzeugen auf der Suche nach dem preisgünstigen Liebesakt um die Quadrate kreisten und den Anwohnern die Ruhe raubten.

Die süchtigen Frauen traten hierbei nicht in dirnentypischer Kleidung oder besonders aufreizend auf, sondern ganz alltäglich in witterungsangepasster Kleidung. Dies führte zu einer weiteren, besonderen Belastung für Frauen und Mädchen, die sich in diesem Wohn- und Einkaufsgebiet aufhielten.

„Mit den Drogen kommen die Prostituierten. Abend für Abend stehen sie da, immer dieselben, warten auf Freier. Die drehen dann auf „Brautschau" bis zum frühen Morgen in den Autos Runden um die Quadrate, die ganze Nacht Radau, Türenschlagen, Herumkrakeelen. Gehen Sie mal als Frau raus auf die Straße, ..., da kann man von Glück reden, wenn nicht sofort einer mit dem Wagen neben einem anhält und nach dem Preis fragt."

Bewohnerin der Östlichen Unterstadt – Auszug aus einem Artikel des Mannheimer Morgen vom 10./11.Februar 1996

Im Jahr 1999 war die Leidensgrenze der Wohnbevölkerung erreicht. Wer als Frau länger als 60 Sekunden an einer Stelle verweilte, wurde anzüglich und frech „nach dem Preis" gefragt. Nicht nur bei Dunkelheit, sondern auch am Tage wurde im Quartier in Schuleingängen, an Kinderspielplätzen und an sonstigen Plätzen ungeniert der Sexualakt vollzogen. Dem Polizeirevier Innenstadt war es trotz monatlich wiederkehrender, konzeptionell angelegter, kräfteintensiver Einsätze nicht gelungen, dem suchtgesteuerten Verhalten der Prostituierten

Einhalt zu gebieten und die Freier fern zu halten. So gründete sich der Bürger- und Gewerbeverein Östliche Innenstadt e.V. und initiierte ein Aktionsbündnis „Lebenswerte Innenstadt", dem auch die kommunalen Ortsverbände der politischen Parteien beitraten. Zentrale Forderung in einem 10-Punkte-Programm war die „Versuchsweise Sperrung von Straßen in der Nacht gegen den Freier-Verkehr". Begleitet wurden die Forderungen von Mahnwachen, die im Oktober 1999 abgehalten wurden. In der öffentlichen Diskussion reifte die Bereitschaft der Stadtverwaltung, die Sperrung zu verfügen, wie dies versuchsweise die Stadt Köln in ähnlicher Situation bereits unternommen hatte. Man wollte ernsthaft ein Problem, das seine Ursachen im Suchtverhalten hat, mit Mitteln der Straßenverkehrsordnung bekämpfen.

Aufgabenbündelung und konzertierte Maßnahmen des Runden Tisches Drogen

In der Unterstadt bestand aufgrund der vielfältigen Problemlagen bereits ein überdurchschnittlich hoher Kontrolldruck im Rahmen der polizeilichen Einsatzkonzeption „Sicheres Mannheim" und der daraus resultierenden Brennpunktüberwachung. Unter dem Eindruck der öffentlichen Diskussion entschloss sich das Polizeipräsidium, die Bekämpfung der Drogenprostitution in das Konzept „Sicheres Mannheim" zu integrieren und dauerhaft dem Einsatzzug Mannheim zu übertragen. Ein befreundeter Polizeibeamter und Szenekenner riet mir, die Hoffnung auf Besserung nicht zu hoch zu setzen. Was sich über 25 Jahre etabliert hat, ist nicht mit einer Einsatzkonzeption zu beseitigen. Dennoch gingen wir das Problem motiviert an. Kleine Kontrolltrupps machten sich dabei das aggressive Freier-Verhalten zunutze. Unauffällig gekleidete Polizeibeamtinnen patrouillierten in Zivil entlang der einschlägigen Kontaktorte und machten so die Freier bei unzweideutigen Angeboten dingfest. In ähnlicher Weise wurden die Prostituierten bei Anbahnungsgeschäften dingfest gemacht. Allein in den ersten zwei Monaten wurden 135 Freier ertappt und 29 Frauen, z.T. mehrfach, der illegalen Prostitution überführt. Als ordnungspolitisches Eingriffselement der Kommune und zur Flankierung der Polizeiarbeit wurde vom Fachbereich Sicherheit und Ordnung das bestehende Platzverweisverfahren gegen Drogenabhängige hinsichtlich des Freier-Verhaltens qualifiziert. Gegen Androhung eines Zwangsgeldes von zunächst 500 DM wurde dem überführten Freier untersagt, im Sperrbezirk auf Prostituiertensuche zu gehen. Die Widerspruchsfrist beträgt zwei Wochen, wurde seitens der Freier jedoch regelmäßig verstreichen gelassen, sodass die Vollstreckung des Zwangsgeldes unanfechtbar wurde. Schon bald verdoppelte die Stadt das Zwangsgeld

gegen Freier auf 1.000 DM. Von anfänglich 74 im November 1999 angezeigten Freiern reduzierte sich deren Aufkommen kontinuierlich auf nur noch 4 Freier im Mai 2000.
Das Problem war nun auch regelmäßig auf der Agenda des „Runden Tisches Drogen" der Stadt Mannheim. Vertreten sind alle Behörden und Institutionen, wie Polizeibehörde und -vollzug, aber auch Gesundheitsamt und therapierender Bereich oder der Drogenverein. Bereits die ersten statistischen Auswertungen der Polizeieinsätze ergaben, dass ein Großteil der Freier verheiratet war. Der soziale Habitus reichte vom Chirurgen oder Architekten bis zum Arbeiter, auch Sozialhilfeempfänger oder Asylbewerber waren vertreten. Der Einzugsbereich der Wohnorte erstreckte sich auf den gesamten Rhein-Neckar-Raum und die Vorderpfalz. Bei den Prostituierten war auffällig, dass sehr viele an Hepatitis erkrankt waren und einige wenige HIV-positiv waren. Diese Fakten wollten wir uns zunutze machen. Ursache war zwar die Sucht, welche die Frauen in die Prostitution trieb, die eigentliche Störungswirkung verursachten aber die Freier. Da die Sucht nicht von heute auf morgen zu beseitigen war, mussten wir den Freiern den „Spaß" verderben.
In der Dezembersitzung 1999 fasste der Runde Tisch Drogen den Beschluss, eine Projektgruppe mit der Entwicklung eines Maßnahmenbündels aus Repression und Hilfe zu beauftragen. Ziel sollte sein, den drogenabhängigen Prostituierten ein niederschwelliges Beratungsangebot zu bieten und den Freiern durch das Gesundheitsamt ein „höfliches" Schreiben zukommen zu lassen, in dem auf die gesundheitlichen Risiken hingewiesen wurde. Im März erhielt das Gesundheitsamt den Auftrag, ein „Aufklärungsblatt über Risiken beim Geschlechtsverkehr mit intravenös abhängigen Prostituierten" zu erstellen. Der Fachbereich Sicherheit und Ordnung sollte diesen zusammen mit der Anhörung zur Ordnungswidrigkeit des „unnötigen Umherfahrens" und der Androhung von Zwangsgeld bei wiederholtem Freier-Gebaren versenden. So entstand der von verheirateten Freiern gefürchtete Freierbrief. Fast einen Zentimeter dick, versehen mit Behördenstempel, wird dieser seit Mai 2000 an die Familienadresse des Freiers versandt. Die Postzustellung erfolgt vormittags, wenn der Ehemann arbeitet. Welche Ehefrau wäre nicht neugierig, welchen Inhaltes dieser Brief sei ...
„Sie haben meine Ehe ruiniert!", mussten sich die städtischen Mitarbeiter des Öfteren von aufgebrachten Anrufern anhören, die Ursache und Wirkung vertauscht hatten. Im Juni zog das Freier-Unwesen wieder an und erreichte im Juli mit 86 und im August mit 68 Freiern alte Spitzen. Begleitet wurde die neue Einsatzkonzeption von einer intensiven Pressekampagne. Wir gaben nicht nur die statistischen Werte über Anzahl,

Alter, Herkunft und berufliches Spektrum bekannt, sondern ließen in Pressekonferenzen auch die im Einsatz eingebundenen Polizistinnen über das Verhalten der Freier zu Wort kommen. Nach Fertigstellung des Freier-Briefes hatten wir weitere Schlagzeilen, Tenor: „Gemein – aber pfiffige Idee". Zuletzt gaben wir den „Jubiläumszugriff" des 500. Freiers bekannt und stellten den Spitzenreiter beim Bezahlen von wiederholtem Zwangsgeld vor. Der rüstige 75-Jährige aus dem Odenwald brachte es auf vier Wiederholungen und bezahlte dafür insgesamt 4.500 DM Zwangsgeld.
Der Erfolg des Briefes war in kürzester Zeit nachhaltig und durchschlagend. Im September 2000 riskierten noch 13 Freier die Suche im Quartier und seither pendeln die Aufgriffe im ein- bis sehr niedrigen zweistelligen Bereich.
Die Gesamtbilanz ist stark abnehmend. Während 1999 in zwei Monaten 135 Freier und im Folgejahr 337 Freier festgestellt wurden, fiel deren Zahl 2001 rapide auf 93 und blieb auch 2002 mit 111 Freiern auf dem niedrigen Niveau. Mit Zwangsgeld wurden in diesem Zeitraum 81 Freier belegt. Nur neun Freier bezahlten ein wiederholtes Zwangsgeld. Auch die Effizienz des Einsatzes ist nachhaltig. Bedarfsorientiert investieren wir pro Jahr etwa 350 Mannstunden, um den erreichten Zustand zu halten.

Repression und Hilfsangebote für Drogenprostituierte

Prostitution im Sperrbezirk erfüllt den Tatbestand des § 184a StGB. Der Strafrahmen liegt an der untersten Grenze des Strafrechts. Wir bringen zwar jeden festgestellten Verstoß umgehend zur Anzeige und die Staatsanwaltschaft erlässt auch beschleunigt Strafbefehle, die dann wegen Zahlungsunfähigkeit regelmäßig ersatzweise in Hafttagen „abgesessen" werden, am Suchtverhalten der Frauen aber nichts ändern. Die Zahl der pro Jahr festgestellten Prostituierten pendelte seither zwischen 30 und 53 drogenabhängigen Frauen. Schon früh war zu erkennen, dass wirksame Hilfsangebote vonnöten sind. Beim Drogenverein Mannheim e.V. wurde ab November 1999 ein niederschwelliges Beratungs- und Hilfeangebot speziell für Frauen im Kontaktladen Innenstadt des Drogenvereins installiert und im Dezember 1999 das Projekt „Streetwork von Frauen für Frauen" gestartet. Das bisherige Ergebnis ist selbstredend: Zu 40 Prostituierten wird Kontakt gehalten. 18 Frauen sind dauerhaft in Drogenberatung. 10 Frauen wurden in Substitutionsprogramme vermittelt, 9 Frauen in stationäre Entgiftungsbehandlung. 7 Frauen konnten in Drogenlangzeittherapien vermittelt werden.

Fazit

Die besonderen Belastungen für die Wohnbevölkerung wurden schnell und auf Dauer eingedämmt. Der Einsatz von Beamtinnen in Zivil zur Überführung von Freiern ist effizient und erfolgreich. Der Behördenbrief mit Zwangsgeldandrohung und aufklärendem Freierbrief ist eine wirkungsvolle Abschreckung für Freier im Sperrbezirk. Nur ein geringer Prozentsatz riskiert das angedrohte Zwangsgeld. Das beim Drogenverein angesiedelte Streetwork ist geeignet, den Drogenprostituierten die benötigte Hilfe zu vermitteln.

Unter www.strichweb.de, einem ehemaligen Forum, in welchem Freier ihre Erfahrungen austauschten, postete am 4. Juli 2003 ein gewisser bambam: *„ja in den quadraten tut sich noch was aber nur sehr wenig... eigentlich nur noch 2 „stamm"mädels und ab und zu mal eine wo sich verirrt. die sind aber meistens nicht lange da weil sie als „neulinge" es noch nicht so drauf haben der polente zu entwischen."*

Dann warnt er noch vor der starken Polizeipräsenz in Zivil und beschreibt eine unserer Kolleginnen ... – Es ist ruhig geworden auf dem Straßenstrich im Quartier.

Der Ideentransfer

Nun lässt sich das Prinzip auch auf die Poser-Problematik übertragen. Die Stadtverwaltung kann als Ortspolizeibehörde Verwaltungszwang nach dem jeweiligen Landesverwaltungsvollstreckungsgesetzt anwenden. Sie kann dabei ein Handeln, ein Dulden oder ein Unterlassen erzwingen. Hierzu kann sie die Instrumente des Zwangsgeldes, in Extremfällen auch den Antrag auf Zwangshaft anwenden. Sie kann den Sofortvollzug anordnen, sodass ein Widerspruch keine aufschiebende Wirkung entfaltet. Hat die Polizei nun eine Rechtsgrundlage zum Einschreiten und einen, wenn auch nur geringen Sanktionierungsrahmen, kann die Wirksamkeit der Maßnahme durch eine Unterlassungsverfügung deutlich verstärkt werden.

Bei der Umsetzung von Situationschancen habe ich mir zu eigen gemacht, in den gewählten Maßnahmen für das polizeiliche Gegenüber nicht ausrechenbar zu sein. Ein guter Motivationsanreiz kommt aus dem Judosport. Besondere Wirkung erzielst du, wenn du die Wucht des Angriffes zur Abwehr ausnutzt.

Und genau das war bei der neuen Subkultur der Poser geboten. Sie definieren sich über breite Reifen auf auffälligen Felgen an sportlichen Mittelklassewagen. Das Auto muss tiefer liegen und vor allem laut sein. Seit mehreren Jahren gibt es im Bereich der Innenstadt Mannheims Beschwerden über sogenanntem „Poser". Überwiegend junge Männer mit südosteuropäischem Migrationshintergrund drehen in den

Abendstunden mit ihren aufgemotzten, auf Lautstärke getrimmten Autos Runde um Runde auf der Poser-Meile Kunststraße – Kaiserring – Fressgasse, um den Leuten zu imponieren. Die kubische Bauweise der Mannheimer Quadrate bildet für die Poser[90] einen „idealen" Resonanzkörper. Sie lassen unnötig den Motor aufheulen, fahren mit quietschenden Reifen an oder legen kurze Vollgas-Sprints hin.
In nahezu allen sportiven Modellen höherwertiger Auto-Marken gehören digital steuerbare Klappenauspuffanlagen mit Sport- und Race-Einstellungen zum Marken-Renommee und werden serienmäßig verbaut. Der Zubehörmarkt bietet solche Auspuffanlagen aber auch zur Nachrüstung an, was wiederum den ein oder anderen Schrauber zum Umbau veranlasste. Echte Poser lassen – wohl als Männlichkeitsritual – die eingebauten Klappenauspuffanlagen beim Fahren auf der Posermeile dauerhaft geöffnet, um insbesondere das sogenannte „backfire", das sind programmierte Fehlzündungen, ihrem vermeintlichen Publikum in den Straßencafés zur Schau zu stellen. Andere verbauen im Kofferraum akustische Active Sound Booster und lassen ihre untermotorisierten Fahrzeuge über den künstlich erzeugten Sound wie Rennboliden röhren.
Der Großteil der Mannheimer Poser – finanziell nicht in der Lage, sich ein serienmäßig lautes Fahrzeug zu leisten, flexte anfangs aber einfach Dreiecke oder Quadrate ins Endrohr oder räumte zur Soundverbesserung die Dämmung aus dem Auspufftopf aus. So entstand Lärm, der bei einigen Fahrzeugen in der Spitze bis zu 138 dB erreichte. Das entspricht der Lautstärke eines Düsentriebwerkes.
Der Druck durch die örtlichen Bürgervereine und Bürgerinitiativen war übergroß. Es musste ein offensives und kreatives Maßnahmenbündel zur Eindämmung der Störungen sein.

Die Offensive gegen die Poser

Im Juli 2016 begann sie. Die Bürger konnten nun per E-Mail an den Postkorb der Verkehrspolizeidirektion neben Ort und Zeit der Störung die Kennzeichen der Poser mitteilen. Daraus entstand ein polizeiliches Lagebild, welches ab sofort für die Planung der Einsatzmaßnahmen herangezogen wurde.
Fiel ein Fahrzeug an mindestens zwei Tagen auf, erhielt zunächst der Halter ein Anschreiben, in welchem ihm mitgeteilt wurde, dass sowohl Anwohner, als auch die Gewerbetreibenden in der Mannheimer Innenstadt genug haben von dem Fahrzeuglärm. Er wurde aufgefordert,

90 englisch: to pose – sich darstellen

aktiv daran mitzuwirken, dass solche sozialwidrigen Belästigungen mit seinem Fahrzeug unterbleiben. Beigefügt wurde die Gelbe Karte „STOP POSING“[91] als Warnung. Der Erfolg der Halteranschreiben liegt bis heute bei nahezu 100 Prozent. Die Betroffenen werden aus der Anonymität gerissen. Die Fahrzeuge der so Getadelten fielen danach, bis auf wenige Unbelehrbare, nicht mehr auf.
Posen ist ein Schönwetter-Phänomen. So waren die Einsatzzeiten der neuen Ermittlungsgruppe Poser hinsichtlich der Wetterlage sehr angenehm. Allerdings waren sie familienfeindlich. Schnell kristallisierte sich der Zeitraum mit der höchsten Poser-Frequenz von Donnerstag bis Sonntag, jeweils in den Abendstunden bis etwa 1:00 Uhr, heraus. Dennoch waren meine Beamten mit großer Motivation und Freude bei der Sache.
Einsatztaktisch war es ein Leichtes, die Störer aufzuspüren. Ein ziviles Team begab sich auf Horchposten entlang der Posermeile und musste nur in die Nacht lauschen. Die Klientel war schon von Weitem zu hören. Krachmacher wurden auf frischer Tat von den Beamten der Verkehrspolizei mit einem Verwarnungsgeld in Höhe von 15 Euro verwarnt. Im Wiederholungsfalle wurde der Poser angezeigt und erhielt ein Bußgeld. Für den Rest der Nacht wurde ihm ein Platzverweis mit Aufenthaltsverbot auf der Poser-Meile ausgesprochen.

Angriffswucht in Abwehrenergie ummünzen

Es gibt zwei Möglichkeiten, gegen Poser-Lärm vorzugehen, die eine wegen des Verhaltens und die andere wegen des Fahrzeugzustandes.
Verursacht der Fahrer den Lärm durch sein Fahrverhalten, ist die Straßenverkehrsordnung einschlägig. Beim Grundtatbestand des § 30 StVO zu unnötigen Lärmemissionen handelte es sich zunächst nur um eine geringfügige Ordnungswidrigkeit. Handelt der Betroffene aber vorsätzlich und ist dadurch eine Gefährdung von Verkehrsteilnehmern zu erwarten, fertigen wir regelmäßig eine Bußgeldanzeige.
Die Qualifizierung nehmen wir an, wenn in der belebten Innenstadt andere Verkehrsteilnehmer durch plötzlich auftretenden Lärm irrational handeln können und sich dadurch einer Unfallgefahr aussetzen. Insbesondere kleine Kinder können auf diesen plötzlichen höllischen Lärm unvorhersehbar reagieren. Die Bußgeldstelle der Stadt Mann-

---

91 https://www.google.com/search?q=Gelbe+Karte+STOP+Posing&rlz=1C1CHBF_deDE748DE763&tbm=isch&source=iu&ictx=1&fir=hqF-3Tc1LTbjfM%253A%252CWeSIjIE7VboE6M%252C_&vet=1&usg=AI4_-kQTaBNSWGxw-8rohLpQ1pm984bsLyw&sa=X&ved=2ahUKEwi1qO2PwYvhAhVGn-AKHcMQATMQ9QEwAnoECAQQBA#imgrc=hqF-3Tc1LTbjfM:&vet=1

heim hat dafür 50 Euro festgesetzt. Zudem erhält der Poser einen Punkt in Flensburg. Allerdings würdigen das nicht alle Amtsrichter gleich. Im Klageverfahren wurde uns so auch schon der Gefährdungstatbestand verwehrt.
Geht der Lärm vom Fahrzeug aus und wurde am Auspuff manipuliert, greift die StVZO. Wer z. B. Löcher in seine Auspuffanlage flext, greift damit die Hörorgane der lärmgeplagten Stadtbewohner in extremem Maße an. Wir haben Dezibel-Werte von weit über 100 gemessen. § 19 Absatz 2 StVZO sieht so ein Erlöschen der Zulassung vor, wenn dadurch eine Gefährdung entsteht. Im Bußgeldkatalog ist auch dafür zusätzlich ein Punkt in Flensburg vorgesehen.
Die generalpräventive Wirkung der Angst vor einem anwachsenden Punktekonto ist wirkungsvoll. Denn neben seinem Auto ist für den Poser der Führerschein alles und bei acht Punkten ist dieser weg.
Besteht bei der Kontrolle der Verdacht, dass an der Auspuffanlage manipuliert wurde, kann der Betroffene wählen. Entweder sein Fahrzeug wird abgeschleppt oder er folgt den Kontrollbeamten in Schleichfahrt zum Kraftfahrpark der Polizei. Dort wird sein Fahrzeug zur Begutachtung durch einen Sachverständigen mit Zustimmung des Posers sichergestellt oder, falls notwendig, beschlagnahmt.
Bestätigt sich der Verdacht, werden die Kennzeichenschilder entstempelt und an die zuständige Zulassungsstelle geschickt. Der Fahrzeugbesitzer muss nun einen Abschlepper zur Abholung beibringen, muss sein Fahrzeug reparieren oder umrüsten und ein neues Zulassungsverfahren durchlaufen. Das kann ziemlich teuer werden. Es kamen schnell mal vierstellige Summen zusammen.
Ganz Hartnäckige erhielten von der Stadt eine Untersagungsverfügung nach dem Verwaltungsvollstreckungsgesetz, in welcher ein Zwangsgeld in Höhe von 1.000 Euro angedroht wurde. Aufgrund der Wiederholungsgefahr wurde der Sofortvollzug angeordnet, sodass ein möglicher Widerspruch keine aufschiebende Wirkung der Maßnahme hatte. Genau zwei Poser wollten es wissen und verwirkten das Zwangsgeld.
Darüber hinaus blieb uns mit der Meldung an die Führerscheinstelle gemäß § 2 Abs. 12 des Straßenverkehrsgesetztes (StVG) und der Option der Vorführung zur medizinisch psychologischen Untersuchung (MPU) auf Geeignetheit zum Führen eines Kraftfahrzeuges eine weitere Möglichkeit, das belästigende Verhalten dauerhaft zu unterbinden.

Wer Geld hat, kann sich Lärm kaufen – nicht immer...
Bei einem unbelehrbaren und finanziell unabhängigen 28-jährigen Poser waren wir gezwungen, nahezu alle Register zu ziehen. Insgesamt 14 Anzeigen halfen nicht weiter. So regten wir bei der Führerschein-

behörde seiner Wohnortgemeinde die Vorführung zur MPU an. Außerdem stand er wegen vier offener Bußgeldverfahren vor Gericht. Mit seiner Argumentation, er habe mit dem Kaufpreis für seinen Jaguar F-Type auch das Recht erworben, das Auto so fahren zu können, wie er will, scheiterte er jedoch beim Amtsrichter in Mannheim. Dieser bemerkte in der Verhandlung, sein Nachbar fahre den gleichen Typ und den hört man nicht, wenn er abends nach Hause kommt. Jedoch erst nach der Androhung eines zusätzlichen Fahrverbotes nahm der Kläger seine Einsprüche zurück und bezahlte seine Bußgelder.[92]
Er verkaufte daraufhin seinen Jaguar, den er sich eigens angeschafft hatte, weil er der Lauteste auf dem Markt war. Jetzt hatte er ihm zu viele Scherereien bereitet, wie er uns gegenüber erwähnte. Er stieg jedoch auf einen nicht weniger lauten Audi R8 um, fiel bisher aber nicht mehr durch unnötigen Lärm auf.

Apropos Audi R8 – Supersportwagen mit eigener Lärmstory
Durch die bundesweite Berichterstattung über unsere Poser-Maßnahmen rief mich ein Besitzer eines Audi R8 aus Niedersachsen an. Sein Problem ist die nicht abschaltbare Lärmentwicklung beim Kaltstart seines Boliden. Er wohne in einem ruhigen Wohngebiet. Jeden Morgen, wenn er mit seinem Sportwagen losfahre, brüllt der Motor die Nachbarn aus dem Schlaf. Aus seiner Sicht müsse es doch ein Leichtes sein, die Klappensteuerung beim Kaltstart durch eine einfache Programmierung der Software abzuschalten und den Lärm zu vermeiden. Der Kontakt mit der Audi-Kundenbetreuung hatte ihn ziemlich fassungslos gemacht. Ein Mitarbeiter teilte ihm mit, dass sein Audi R8 eine Zulassung habe und es bei Audi nicht vorgesehen sei, nachträglich technische Modifizierungen vorzunehmen. Er hätte dieses Fahrverhalten bei einer Probefahrt vor einer Kaufentscheidung erkennen können und sich dann eben nicht für ein solches Fahrzeug entscheiden müssen.
Er gab nicht nach und kämpfte sich bis zum Leiter des Kundenservice der Audi Sport GmbH vor. Die Antwort macht einen Laien sprachlos.
Die Ursache für die beanstandete Geräuschemission nach dem Kaltstart liege in der Funktion der sogenannten Katalysatorheizung. In einem Zeitraum von 20 bis 60 Sekunden, in Abhängigkeit von der Außentemperatur sowie der Abstelldauer des Fahrzeuges, würde der Motor mit einem stark angereicherten Kraftstoff-/ Luftgemisch betrieben. Ein beträchtlicher Teil des Gemisches würde dabei nicht

92 https://www.morgenweb.de/newsticker/newsticker-dpa_ticker,-mannheim-ps-protzer-blitzt-vor-gericht-ab-_tickerid,83410.html

in den Brennräumen des Motors entzündet, sondern gelange unverbrannt in den Abgassammler zwischen Zylinderkopf und Katalysator. Dort würde der unverbrannte Kraftstoff mittels unter Druck eingeblasener Luft vollständig verbrannt, was einen enormen Anstieg der Abgastemperatur zur Folge habe. Das heiße Abgas erwärme nun den motornah installierten Katalysator, ließe diesen bei einer Temperatur von 650 Grad Celsius „anspringen" und sorge somit für eine effektive Abgasreinigung bereits wenige Sekunden nach dem Kaltstart. Um den einwandfreien Ablauf des Prozesses zu gewährleisten, seien die Abgasklappen während dieser Zeit geschlossen, da hierfür ein erhöhter Abgasgegendruck erforderlich sei.
Die Katalysatorheizfunktion sei fester Bestandteil der Abgashomologation des Audi R8 und dürfe nicht deaktiviert werden, da andernfalls die Betriebserlaubnis des Fahrzeuges erlöschen würde. Die Funktion sei bei allen Audi-Fahrzeugen mit Ottomotor vorhanden. Beim Audi R8 mit seinem Mittelmotor fiele die Abgasanlage sehr kurz aus und somit wirke sich die prinzipbedingte Geräuschentwicklung der Nachverbrennung vernehmlicher aus. Man könne jedoch versichern, dass der Audi R8 in dieser Auslegung allen gesetzlichen Vorgaben entspräche.
Man bedaure außerordentlich, dass man dem Wunsch nach einer Deaktivierung der Katalysatorheizfunktion nicht nachkommen könne und hoffe, mit den Ausführungen den Sachverhalt nachvollziehbar dargestellt zu haben.
Audi erklärt hier tatsächlich, dass der übermäßige Lärm in der Kaltstartphase technisch erforderlich und gewollt sei, um die Grenzwerte der Schadstoffemission zu erreichen. Da haben die Entwicklungsingenieure wohl den Teufel mit dem Belzebub ausgetrieben. Um Atemwegserkrankungen vorzubeugen, reinigt man also schnellstmöglich die Abgase, dafür verursacht dann die „prinzipbedingt vernehmlicher" ausfallende Lärmentwicklung Schlafstörungen und schlimmstenfalls einen Herzinfarkt.

Zurück zu unserem klagefreudigen Poser:
Er nahm sich einen Anwalt und ging gegen das auferlegte Zwangsgeld, das er bereits bezahlen musste, gerichtlich vor. Er begehrte damit die Feststellung der Rechtswidrigkeit des Verwaltungsaktes, namentlich der Festsetzung des Zwangsgeldes. Der Jurist nennt dies eine Fortsetzungsfeststellungsklage[93]
Mit großer Anspannung erwarteten wir das Urteil. In der Bewertung geht es um die Abwägung unterschiedlicher Grundrechtspositionen.

93 §113 Abs. 1 der Verwaltungsgerichtsordnung.

Jedes individuelle Grundrecht auf Freiheit der Person hat dabei Grenzen, und zwar dort, wo das Handeln des Einzelnen den Schutzbereich von Grundrechten Dritter tangiert.
Wenn der Kläger Recht bekäme, will heißen, die Stadt Mannheim könnte kein Unterlassen des unnötigen Lärms gegen Androhung von Zwangsgeld einfordern, wäre den Rücksichtslosen unter den Posern Tür und Tor geöffnet.
Am 17. Dezember 2018 verhandelte das Verwaltungsgericht Karlsruhe vor Ort in Mannheim. Der Kläger verlor mit Pauken und Trompeten. Das Gericht wies die Klage ab und ließ auch keine Berufung gegen den Entscheid zu.
Das Verwaltungsgericht führte im Februar 2019 in seiner Urteilsbegründung[94] aus:
Das persönliche Bedürfnis des Klägers, mit seinem Auto zu „posen", habe im Rahmen der Gesamtbeurteilung außer Betracht zu bleiben oder jedenfalls hinter die schutzwürdigen Belange der Anwohner in der Innenstadt, vor lautem Fahrzeuglärm weitestgehend geschützt zu werden, zurückzutreten.
Unzumutbar könne der durch ein Fahrzeug verursachte Lärm insbesondere dann sein, wenn dieser – wie im Fall des Klägers – durch das Hochjagen des Motors im Leerlauf, hochtouriges Fahren in niedrigen Gängen, sehr starkes Beschleunigen mit durchdrehenden Reifen, plötzliches Abbremsen mit einhergehendem Reifenquietschen und hohe lärmverursachende Kurvengeschwindigkeiten hervorgerufen werde. Die in § 30 Absatz 1 StVO enthaltenen Verbote knüpften dabei nicht an die Beschaffenheit des Fahrzeugs, sondern an ein Verhalten des Fahrzeugführers an. Ein Verstoß gegen § 30 Absatz 1 StVO könne deshalb auch dann vorliegen, wenn das Fahrzeug zum Verkehr zugelassen sei.
In der Inanspruchnahme des Klägers liege auch kein Verstoß gegen den in Artikel 3 Absatz 1 des Grundgesetzes verankerten Grundsatz der Gleichbehandlung. Aus den von der Stadt Mannheim vorgelegten Unterlagen ergebe sich, dass diese nicht nur gegen den Kläger, sondern seit dem Jahr 2016 verstärkt gemeinsam mit dem Polizeipräsidium Mannheim auch gegen andere sogenannte Auto-Poser vorgehe.
Das Gericht hat, wie ich bei dieser Normenkollision erwartet habe, bei der Anwendung praktischer Konkordanz[95] dem geschützten Interesse

94 Urteil vom 17.12.2018 - 1 K 4344/17 http://www.vgkarlsruhe.de/pb/,Lde/Startseite/Presse/Mannheim_+Urteilsbegruendung+des+Verwaltungsgerichts+im+sogenannten+Autoposer-Fall+liegt+vor/?LISTPAGE=1220792&fbclid=IwAR1-Ln990F_2oYMMfWZxvTdUMUcaVorjS3_-FMYYPkN5vHRQCTwl-d36uwvY

95 http://www.enzyklo.de/Begriff/praktische%20Konkordanz

der Anwohner auf Lärmschutz Vorrang vor dem individuellen Freiheitsrecht auf Posen eingeräumt.
Das Urteil hatte zwar Grundsatz-Charakter, es handelte sich aber nur um eine erstinstanzliche Entscheidung.
Und hier tat uns der Kläger einen riesigen Gefallen. Er ließ durch seinen Anwalt fristgerecht einen Antrag auf Zulassung der Berufung beim Verwaltungsgerichtshof Baden-Württemberg gegen das Urteil einreichen. Die Entscheidung würde einen obergerichtlichen Präzedenzfall schaffen. Und ich prognostizierte, dass der VGH im Sinne der Bürgerschaft entscheiden wird.
Erfreulich schnell entschied der VGH und gab sein Urteil[96] am 6. Juni 2019 bekannt. Darin bestätigt er das Urteil des VG Karlsruhe.
Der 1. Senat des VGH führt zur Begründung seines Beschlusses aus: Die Beklagte habe das Verbot auf das ganze Stadtgebiet erstrecken dürfen. Wenn sich Autofahrer – wie der Kläger – in der Vergangenheit besonders uneinsichtig gezeigt hätten, sei es nicht ausgeschlossen, dass sie auf andere Straßen außerhalb der Innenstadt auswichen, um dort Dritte – und sei es nur andere Fahrer – zu beeindrucken.
Der Einwand des Klägers, das Verwaltungsgericht habe unter Verkennung des Verhältnismäßigkeitsgrundsatzes „einseitig politischen Interessen" den Vorrang vor seinen „schutzwürdigen Belangen" eingeräumt, sei unberechtigt. Die Verfügung der Beklagten beschränke sich auf das Gebot, die gesetzlichen Vorgaben aus § 30 Abs. 1 StVO einzuhalten, wiege für den Kläger sehr gering und schütze das Recht auf körperliche Unversehrtheit der Anwohner. Es treffe nicht zu, dass der Kläger seinen – inzwischen durch einen Audi A8 ersetzten – Jaguar „überhaupt nicht mehr" nutzen könne, weil dieser serienmäßig „laut" sei, und daher die Verfügung der Beklagten auf ein „Fahrverbot" hinauslaufe. Der Kläger verkenne, dass ihm durch die Verfügung der Beklagte nicht aufgegeben werde, auf die sachgemäße Nutzung zugelassener Fahrzeuge zu verzichten. Die Beklagte habe lediglich angeordnet, dass der Kläger sich gesetzeskonform zu verhalten habe, indem er bei der Nutzung von Fahrzeugen auf eine unsachgemäße Nutzung wie etwa unnötige Gasstöße verzichte, durch die unnötiger Lärm und vermeidbare Abgasbelästigungen verursacht würden. Der Beschluss des VGH ist unanfechtbar.
Wow – ich war gerade auf der transport logistic-Messe – in München – dazu später –, als mir die Nachricht auf dem Smartphone angezeigt wurde. Sie können sich vorstellen, welche Freude ich empfand. Mit

96 Az. 1 S 500/19, http://www.vghmannheim.de/pb/,Lde/Startseite/Medien/Autoposer-Fall_+VGH+lehnt+Rechtsmittel+des+Jaguar-Fahrers+ab/?LISTPAGE=1212860

diesem Ritterschlag wurden wir zur Blaupause für alle lärmgeplagten Städte, die ein echtes Poserproblem haben.
Der Volksmund sagt ja, der Erfolg hat viele Väter, wohingegen der Misserfolg ein Waisenkind ist. Das Besondere an diesem Erfolg ist aber gerade, dass kein beteiligter Akteur diesen allein erreichen konnte. Ohne Unterstützung der Bürgerschaft ist es für die Polizei nicht möglich, ein brauchbares Lagebild zu erstellen. Ohne Lagebild ist ein abgestuftes und effizientes, aber immer faires Bekämpfungskonzept nicht möglich. Damit fehlen die notwendigen Erkenntnisse für die Anwendung von Verwaltungszwang durch die Ortspolizeibehörde zur Einforderung des Unterlassens. Und nachhaltiger, mehrjähriger Erfolg ist nur bei parteiübergreifendem Konsens zu erzielen. Diesen bewirkt schlussendlich der Wille der Bürgerschaft. So funktioniert demokratisches Gemeinwesen.
Ich werde oft gefragt, warum wir nicht den direkten Weg über die deutliche Erhöhung des Bußgeldrahmens gegangen sind und Abschreckung durch Bußgeldhöhe betrieben haben. Der Grundtatbestand des *unnötigen Lärms* ist mit 15 Euro bewehrt. Für Wiederholungsfälle hat die Bußgeldstelle den Rahmen bei 50 Euro angesetzt. Dagegen ist die öffentliche Klage zulässig und ein Amtsrichter hat zu entscheiden. Dieser unterliegt jedoch keinen Weisungen und hat eine freie Beweiswürdigung. Stellen Sie sich vor, die Bußgeldstelle hätte 1.000 Euro Bußgeld verlangt. Jeder Amtsrichter würde dieses im Abgleich mit ähnlich gelagerten Fällen auf ein verhältnismäßiges Niveau zurückführen. Der Kläger würde das für sich als Sieg verbuchen.
Ganz anders beim Verwaltungszwang. Jede Ortspolizeibehörde kann in ihrer Verwaltungszuständigkeit Störungen der öffentlichen Sicherheit und Ordnung beseitigen. Hierzu darf sie einen konkreten Störer zu einem Handeln, einem Dulden oder einem Unterlassen anhalten. Unwilligen kann sie Verwaltungszwang in Form von Zwangsgeld oder Zwangshaft androhen und schlussendlich auch vollstrecken. Über Zwangshaft mit Richtervorbehalt müssen wir nicht nachdenken. Aber Zwangsgeld ist ein probates Mittel. In der Festsetzung der Höhe ist die Verwaltung nur an ihren eigenen Handlungsrahmen gebunden. Außerdem darf Zwangsgeld wiederholt festgesetzt werden. Und wenn Wiederholungsgefahr besteht und es die Beseitigung der Störung bedingt, kann die Verwaltung ihre Verfügung mit Sofortvollzug belegen. Ein Widerspruch des Störers hat dann keine aufschiebende Wirkung und er muss zahlen, ob er will oder nicht. Der Klageweg steht ihm dabei offen und sein Anspruch auf den Rechtswerg ist gewahrt. Der vorliegende Fall bestätigt unser Vorgehen.

Unser mehrstufiges Verfahren zur Bekämpfung des Poser-Unwesens ist nun also in jeder lärmgeplagten Stadt anwendbar. Und ja, wir können verdammt stolz darauf sein.

Beharrungsvermögen von Verwaltungen und deren Praxis

Aufgrund des Beharrungsvermögens und der hergebrachten Verwaltungspraxis in vielen lärmgeplagten Städten wird die Bereitschaft dazu, es Mannheim gleichzutun, noch einige Zeit brauchen.

Das zeigt ernüchternd ein aktuelles Exempel in München. Anfang Februar 2019 titelt die Süddeutsche Zeitung: *Autoposer dürfen weiter Radau machen*[97].

Stadtweit sind Passanten diesen Krawallmachern ausgesetzt beziehungsweise ihren mit Soundgeneratoren im Auspuff bestückten Serienautos, die aber wie röhrende Formel-1-Wagen klingen. Zuletzt hatten die Grünen im Bezirksausschuss Maxvorstadt einen „Aktionsplan gegen Autoposer" verlangt, erarbeitet gemeinsam von Stadt und Polizei. Doch sie bekamen vergangenen Sommer nahezu wortgleich dieselbe Absage, welche das Kreisverwaltungsreferat (KVR) jetzt der – ihrerseits fast wortgleichen – Initiative der Fraktion Grüne/Rosa Liste im Stadtrat erteilt hat.

„Seitens der Verkehrsbehörden bestehen keine Möglichkeiten, gegen das vielfach als störend empfundene Lärmspektrum spezieller Auspuffanlagen tätig zu werden, wenn diese rechtlich zugelassen sind", teilt das KVR mit und präzisiert sinngemäß: Ist der Radau-Auspuff ab Werk verbaut, hat der Fahrzeughalter eine Betriebserlaubnis – und die Zulassungsbehörde keine Handhabe.

Gleiches gilt für Nachrüstungen. Zum unmittelbaren Einschreiten sieht sich die Stadt ohnehin außerstande, weil die Polizei für die Kontrolle und Überwachung des Verkehrs zuständig ist. Die Polizei wiederum hält das geforderte gemeinsame Programm für „nicht nötig", wie es in der Mitteilung heißt.

So werden die Münchner wohl weiter mit dem Höllenlärm leben müssen.

Müssen Sie nicht, aber sie müssen sich mit rechtlichen Mitteln wehren. Und es bedarf einer organisierten und konzertierten Herangehensweise.

Mir scheint hier zudem ein erhebliches Informationsdefizit vorzuherrschen. Immer wieder wird argumentiert, dass der Polizei vor Ort die nötigen Messinstrumente fehlten. Dem widerspreche ich. Der Bundes-

97 https://www.sueddeutsche.de/muenchen/aktionsplan-gegen-autoposer-1.4312740?fbclid=IwAR35ErOkpe4VQ_caAF7Ky9_qhAWgfRztk95NF-jW2DN9t1JM2eK3f_oF2LII

gerichtshof hat bereits 1977 die sogenannte Freibeweisregel festgelegt. Ein sachkundiger Polizeibeamter kann auch ohne Messung feststellen, ob der Lärm unnötig war.[98]
Und auch die Personalnot wird oft als Hinderungsgrund angeführt. Wir leisten uns im Poser-Mekka Mannheim eine Ermittlungsgruppe von fünf Verkehrspolizisten während Frühjahr und Sommer. Obwohl wir sie auch bei großen Verkehrseinsätzen verwenden, sind wir bei der Poser-Bekämpfung erfolgreich. Die Millionenstadt Hamburg hält 13 Verkehrspolizisten vor und arbeitet sehr effizient. Auch andere Städte ziehen nach. Langsam wächst die Einsicht, dass auch die Bekämpfung von Poser-Lärm eine wichtige polizeiliche Aufgabe ist.

Wie kam die Aktion in der Öffentlichkeit an?
Dank des wiederkehrenden medialen Sommerlochs war die bundesweite Resonanz während der drei Jahre bis zum Verwaltungsgerichtsurteil überwältigend. Die Auftakt-Kontrolle zur Poser-Aktion am Mannheimer Kaiserring schaffte es zur Primetime in die „heute"-Nachrichtensendung des ZDF. Auch die ARD, der SWR und das regionale Rhein-Neckar-Fernsehen berichteten, aber auch viele Radiostationen nahmen sich des Themas an. Für überregionale Verbreitung in den Tageszeitungen sorgten dpa und die Funke-Mediengruppe. Auch Internet-Blogs beteiligten sich mehrfach an Berichten über die Aktion. Eine Google-Recherche ergab für jenen Zeitraum mehrere hundert Notierungen. Wir konnten einen ersten Wirkungstreffer gegen die Poser-Szene setzten.

Am 30. August 2016 meldete sich der Beschwerdeführer von 2014 erneut:
Als lärm- und leidgeprüfter „Anwohner" in der Kunststraße (siehe mein Schreiben von 2014) möchte ich Ihnen heute vielmals DANKE!!!! sagen. Diese Poser-Aktion bringt so viel mehr Ruhe und Lebensqualität in die Innenstadt, die ich schon komplett an eine Clique von Idioten verloren glaubte. Es ist endlich erträglich, man kann bei offenem Fenster arbeiten und muss beim Überqueren der Straße nicht damit rechnen, überfahren zu werden. Bitte lassen Sie nicht nach, ich finde dies ein wunderbares Beispiel, wie sich die Gesellschaft gegen solche Auswüchse wehren kann. Ihnen und allen Ihren Kollegen, die daran beteiligt waren/sind, kann man nicht genug danken!
Mit den besten Grüßen aus der friedlichen Kunststraße
Ich antwortete ihm:

98 BGH Beschluss vom 30.06.1977, AZ: 4 StR 689/76

Vielen Dank für die wohltuenden und unsere Arbeit bestätigenden Worte. In der Bezirksbeirat-Sitzung am 27. Juli 2016 habe ich den Bürgervertretern gesagt, dass sie es waren, die sich mit demokratischen Mitteln die Intensivmaßnahmen erkämpft haben. Polizei ist dabei wie ein PC-Prozessor, der bei der Vielzahl der anstehenden Aufgaben reihum taktet und überall gleichmäßig Impulse setzt. Durch die Bürgerinitiativen ist das Thema auf der Prioritätenliste weit nach oben gerückt. Außerdem ergab sich in diesem Sommer eine Situationschance, da die Belastung durch Großveranstaltungen für die Verkehrspolizei nicht ganz so groß war. Wir firmieren mit den Leitbegriffen Bürgernähe und Bürgerfreundlichkeit – nun können wir dies unter Beweis stellen. Ich hoffe und bin zuversichtlich, dass wir einen längerfristigen Effekt erzielen können.

Ende September 2016 war das Poser-Gehabe zwar eingedämmt, aber nicht vorbei. Bürger, Polizei und Stadt Mannheim blieben am Ball, denn Lärm macht auf Dauer krank.

Nachhaltigkeit – die Folgejahre der Poser-Jagd

Von April bis Oktober 2017 wurde die Aktion fortgesetzt. Das Phänomen der Auspuff-Schlitzer war jetzt beseitigt. Dafür setzten nun die Fahrer von serienmäßig mit Klappenauspuffanlagen ausgestatteten Fahrzeugen der gehobenen Mittelklasse die Belästigungen fort.

Das mediale Interesse blieb auch in den Folgejahren hoch. Die Mannheimer Poser-Aktion wurde von Medienvertretern als „der Leuchtturm in Deutschland in Sachen Lärmbekämpfung" bezeichnet.

Die „polizeilichen Gesichter" der EG Poser, Polizeihauptkommissar Michael Schwenk und Polizeioberkommissar Ralf Mayer, drehten mehrere Reportagen und gaben unzählige Interviews zum Poser-Einsatz. Die Resonanz im Netz war überragend. Die Reportagen im sat1-Frühsticksfernsehen[99], in taff[100] von Pro7, in der ZDF Drehscheibe[101], im Morgenmagazin der ARD[102], und im SWR-Fernsehen[103] wurden fast zwei Millionen Mal angeklickt.

Die Beamten sind mittlerweile so bekannt, dass zivile Kleidung im Einsatz kein taktisches Mittel mehr ist. Auf einer eigenen Themenseite hat uns der Blog Mannheim24 bisher rund 40 Berichte und Reportagen gewidmet.[104]

99 https://www.youtube.com/watch?v=IDQds2YMiVY
100 https://www.youtube.com/watch?v=L2IxEUg5bC4
101 https://www.youtube.com/watch?v=mxkrssj_Lcc
102 https://www.youtube.com/watch?v=lhVM3FgyacA
103 https://www.youtube.com/watch?v=ei-3pxTl03o
104 https://www.mannheim24.de/thema/poser-kontrollen-sti727928/index-vc-350661-4.html#id-js-LoadMore--37275679--3

Ein hiesiger Blogger bezeichnete mich gar als den *„Godfather der Poser-Jäger“*.
Und auch der SWR berichtet über uns auf einer eigenen Seite *„Auto-Poser haben es in Mannheim schwer“*[105] Mit Text, Audio- und Video-Beiträgen erhöhte der Sender den Bekanntheitsgrad unserer Erfolge, die dadurch für andere Städte kopierbar werden.
Besonders stolz bin ich auf die Reportage, die mir die SWR-Redaktion aufgrund der hohen Medienpräsenz unserer Poser-Jagd anbot.
Im Rahmen des Sendeformats „Persönlich“ drehte der SWR ein sehr authentisches Porträt von mir mit dem Titel *„Der Poserjäger von Mannheim“*[106]:

PORTRAIT

Der Poser-Jäger von Mannheim

VON MONIKA REGELIN

Wer mit hochgerüsteten Autos rücksichtslos durch die Mannheimer Innenstadt rast, der hat einen harten Gegner: Den Chef der Verkehrspolizei Dieter Schäfer. Er hat aber auch eine sanfte Seite.

105 https://www.swr.de/swraktuell/baden-wuerttemberg/mannheim/Keine-Chance-fuer-Protzer-Auto-Poser-haben-es-in-Mannheim-schwer,poser-bilanz-100.html
106 Das sehr authentische Video ist leider nicht mehr eingestellt.

Der Wissens- und Erfahrungstransfer

Bei dem wachsenden Interesse an unserem Erfolg musste Polizeihauptkommissar Schwenk, mein Chef-Poserjäger, auch viele Fachanfragen anderer Länderpolizeidienststellen beantworten. So hospitierte der damals designierte Leiter der Kontrollgruppe Autoposer des Polizeipräsidiums Hamburg gar für zwei Tage mit einem Kollegen bei unserer EG Poser und setzte dann das Mannheimer Konzept ebenso erfolgreich in Hamburg um. Die Hamburger wiederum beschulten die Kollegen der Polizei Oldenburg. Ebenfalls mit eigenen Ermittlungsgruppen auf Poser-Jagd sind beispielsweise die Verkehrspolizeien in Frankfurt oder Regensburg.

Nach und nach geben Städte, die unter Poser-Lärm leiden, dem Beschwerdedruck der Stadtbewohner und einzelner Kommunalpolitiker nach und beginnen ebenfalls, planmäßig gegen diese Unsitte vorzugehen.

Es gibt allerdings auch weiterhin Stimmen in Stadtverwaltungen und Polizeiführungen wie München, die entweder Maßnahmen für nicht geboten halten oder diese wegen fehlender Verhältnismäßigkeit gar ablehnen. Dafür habe ich kein Verständnis. Es ist wissenschaftlich belegt, dass ständiger übermäßiger Lärm krank macht. Darüber hinaus entstehen in belebten Stadtgebieten Gefahren für Fußgänger und Radfahrer durch plötzlich auftretenden Lärm, wie z.B. Fehlzündungen.

Poser-Lärm wird durch Kraftfahrzeuge verursacht. Für die Überwachung im fließenden Straßenverkehr ist ausschließlich die Polizei zuständig. Und die Spezialisten für Motoren- und Auspufftechnik finden sich nun mal bei der Verkehrspolizei. Wer, wenn nicht die Beamtinnen und Beamten der Verkehrspolizei sollten sich dieses Problems annehmen?

Die Erfahrung zeigt, dass die zuständigen Stellen sich dauerhaft einem Problem erst dann widmen, wenn deren Ermessenspielraum schrumpft. Das geht meist nur über Bürgerinitiativen und die Überzeugung und Einbindung von Gemeinderäten und Bezirksbeiräten. Das Thema Lärmemission als Gesundheitsgefährdung, aber auch als Unfallgefahr, ist in der Gesellschaft angekommen.

Anti-Lärm-Koalitionen

Von Anbeginn der Maßnahmen bestand intensiver Kontakt und Austausch mit Holger Siegel, ehrenamtlicher Mitarbeiter im BUND und Sprecher der Vereinigten Arbeitskreise gegen Motorradlärm (VAGM e. V.) mit ihrer Internetseite *Motorradlärm*[107].

107 www.motorradlaerm.de

Er initiierte auch den gemeinsamen Auftritt in der Reportage des ARD-Magazins plusminus[108] zu mutmaßlichen Lärmmanipulationen der Autoindustrie.
Ein ausführliches Interview: *Gibt es beim Fahrzeug-Lärm Parallelen zum Diesel-Skandal?* ist auf der Seite von plusminus eingestellt.[109]
Hinsichtlich des mancherorts unerträglichen Motorradlärms für Anwohner an beliebten Ausflugsstrecken setzt in jüngster Zeit bei den Kommunalpolitikern ein Umdenken ein. Allerdings sind Erfolge auch hier nur in kleinen Schritten zu erreichen.
Darüber hinaus nahm ich früh auf Fachebene Kontakt zur Revisionsabteilung des Kraftfahrtbundesamtes (KBA) und zum zuständigen Fachreferat LA 27 im Bundesverkehrsministerium auf und hielt die Referenten durch Berichte auf dem Laufenden.
Der öffentliche Druck führte zu Revisionsmessungen und schlussendlich im Frühjahr 2018 zur Bekanntgabe des Bundesministeriums für Verkehr im Verkehrsblatt 5/2018, dass ab sofort sogenannte Soundgeneratoren im Nachrüstbereich keine Bauteil-Genehmigung mehr erhalten und mögliche Änderungen an der Steuerung für Auspuffklappen eingeschränkt wurden.[110] Das war ein erster wichtiger Schritt, den Fahrzeuglärm mittelfristig ganz einzudämmen.
Und auch mit den Bürgervertretern hielten wir intensiv Kontakt, um die Mitwirkungsbereitschaft der Anwohner aktiv zu halten und direkte Rückkoppelungen über die aktuellen Entwicklungen in die Bürgerschaft zu geben.

Bundesweite Anerkennung als zeitgenössische Geschichte

Die Stiftung Haus der Geschichte der Bundesrepublik Deutschland wurde auf die Poser-Aktion aufmerksam. Für die Wechselausstellung *„Geliebt-Gebraucht-Gehasst, die Deutschen und ihre Autos“*[111] erhielt die Aktion eine eigene kleine Ausstellungsvitrine. Die Ausstellung wurde von März 2017 bis Januar 2018 in Bonn gezeigt.
Von Mai bis Oktober 2018 war sie im Verkehrsmuseum in Dresden zu sehen.

---

108 https://motorradlaerm.de/auto-und-motorradlaerm-alles-derselbe-auspufftopf/

109 https://www.daserste.de/information/wirtschaft-boerse/plusminus/videos/interview-mit-dieter-schaefer-fahrzeuglaerm-100.html

110 https://www.motor-talk.de/news/anders-ist-erlaubt-lauter-verboten-t6359596.html

111 https://www.hdg.de/haus-der-geschichte/ausstellungen/geliebt-gebraucht-gehasst-die-deutschen-und-ihre-autos/

Unter verschiedenen Blickwinkeln wird darin „des Deutschen liebstes Kind" vorgestellt. Die Ausstellung ist ein Beitrag zur Kulturgeschichte dieses herausgehobenen Alltagsgegenstandes, so die Macher der Ausstellung.
Es macht einen schon stolz, wenn das eigene Konzept so erfolgreich wahrgenommen wird, dass es Platz in der deutschen Autogeschichte findet.

Der entgangene Verkehrspräventionspreis 2017

Einen festen Platz fand das Konzept auch auf der Homepage der baden-württembergischen Sicherheitsaktion *Gib-Acht-Im-Verkehr.*[112] Diese richtet jährliche Landestage der Verkehrssicherheit aus, bei denen die Partner ihre Präventionsaktivitäten präsentierten.
Ausrichter des 26. Events war das Polizeipräsidium Mannheim mit einer Aktionsfläche im neuen Heidelberger Stadtteil Bahnstadt.
Was lag also näher, als dass ich mich für den Aktionskreis der engagierten Mannheimer Bürgervertreter, des städtischen Fachbereichs Sicherheit und Ordnung und meiner Poser-Jäger um den Verkehrspräventionspreis 2017 bewarb? Immerhin hatten wir bundesweite Bekanntheit erworben und der präventive Teil unserer Aktion, unsere Gelbe Karte „STOP Posing" hatte zu 100 Prozent Erfolg. Die Unfallgefahren für den innerstädtischen Rad- und Fußgängerverkehr, insbesondere für Kinder, wurden deutlich eingedämmt.
Welch eine Enttäuschung dann aber, dass wir bei drei gleichwertigen Preisen aus Sicht der Jury gegen doch eher biedere und hergebrachte Projekte den Kürzeren zogen[113].
Etwas zynisch – ich gebe es zu – ging ich an diesem heißen Sommertag zum Ausstellungsstand meiner versammelten Poser-Jäger und bemerkte:
Hätte ich das vorher gewusst, hätte ich euch, mit Orff-Instrumenten begleitet, das Poser-Lied trällern lassen.

Alte Wunden

Das roch doch stark nach einer sehr persönlichen Retourkutsche der Verantwortlichen im Innenministerium. Ja, ich hatte gegen meinen Dienstherrn geklagt. Und ja, ich habe mich öffentlich gegen meine Nichtberücksichtigung bei der beabsichtigten Besetzung der Stelle des

112 https://www.gib-acht-im-verkehr.de/wp-content/uploads/2019/04/info_posing.pdf
113 https://www.baden-wuerttemberg.de/fileadmin/redaktion/m-im/intern/dateien/pdf/20180720_Anlage_PM_Verkehrspraeventionspreis_2017_Preistraeger.pdf

Leiters „meiner“ Verkehrspolizeidirektion gewehrt. Schließlich gab mir der Richterspruch des Verwaltungsgerichts Karlsruhe in allen Belangen Recht.
Der Favorit des Innenministeriums durfte laut Gericht gar nicht in das Auswahlverfahren einbezogen werden. Innerhalb des verbliebenen Bewerberkreises sollte eine Neuauswahl getroffen werden. Und die Übertragung der Stelle an mich müsse ernsthaft möglich sein, so der verkürzte Urteilsspruch im Namen des Volkes. Deutlicher kann eine Rüge für rechtswidriges Auswahl-Handeln nicht ausfallen.
Der Journalist Peter W. Ragge kommentierte anlässlich meines 60. Geburtstages im Mannheimer Morgen:[114]
Mehrfach hat ihm das Innenministerium die Beförderung vom Polizeidirektor zum Leitenden Polizeidirektor, was für die Stelle üblich wäre, verweigert. Er zog dagegen vor Gericht – und gewann. Das Urteil las sich wie eine Ohrfeige für das Innenministerium. Das erhob zunächst Beschwerde beim Verwaltungsgerichtshof (VHG), zog diese dann aber zurück. Das Urteil, das Schäfer Recht gab, wurde rechtskräftig, er blieb aber nur moralischer Sieger. Das Innenministerium griff nämlich zu einem, so die Gewerkschaft der Polizei damals, „Taschenspielertrick“, und zog einfach die Stellenausschreibung zurück. Ohne Ausschreibung keine Beförderung – so hat Schäfer weiter das Nachsehen.
Dagegen war nichts mehr auszurichten. Allerdings hatte meine kommissarische Beauftragung als Leiter der Verkehrspolizeidirektion dadurch weiterhin Bestand. Diese konnten sie mir, wie beabsichtigt, nun nicht mehr nehmen.
Das Verhältnis zu den Verantwortlichen im Landespolizeipräsidium stand auf „Dauerfrost“. Ein letztes Telefonat fand im Sommer 2014 statt. Seither herrscht Funkstille.
Verspürte ich in der Zeit meiner Klageverfahren fast täglich einen unmenschlichen psychischen Druck, hatte ich mich mittlerweile mit dem Status einer persona non grata arrangiert. Ich konnte sogar Scherze darüber machen.
Oft empfahl ich aufstrebenden Kolleginnen oder Kollegen, einen Kontakt mit mir beim Innenministerium zu verschweigen. Dort sei ich schließlich so eine Art Lord Voldemort aus den Harry-Potter-Romanen. Vielleicht nicht ganz so schrecklich, aber sicher der, dessen Namen man nicht aussprechen darf. Ich gebe zu, dieser Zustand motivierte mich sogar zusätzlich. Jeder neue dienstliche Erfolg, in den Medien

114 https://www.morgenweb.de/mannheimer-morgen_artikel,-mannheim-kaempfer-gegen-poser-_arid,1110745.html

weit über die Landesgrenzen hinaus verbreitet, musste ein Stich ins Innerste dieser Vorgesetzten sein – stellte ich mir zumindest vor.
Aber auch diese Häme verblasste mit der Zeit.
Dann traf die Jury der Gib-Acht-im-Verkehr-Aktion diese unsägliche Entscheidung nach dem Motto: Jeder – nur der nicht!
Die Peinlichkeit und Schmach der Nichtberücksichtigung der bundesweit anerkannten Poser-Aktion bei der Preisverleihung traf dabei die Falschen. Die hoch engagierte Aktionsgemeinschaft aus Mannheim hätte diese Anerkennung wahrlich verdient.

Gibt es den typischen Poser?
Ich habe mir viele Gedanken darüber gemacht, wie dieses Phänomen so schleichend aufkommen konnte und dann zur unerträglichen Dauerlast wurde.
Wir sprechen von jungen Männern von 18 bis vielleicht Anfang 30 Jahren. Der Großteil hat Migrationshintergrund, meist südosteuropäisch oder arabisch, aber überwiegend türkisch/kurdisch. Man sieht sie oft zu zweit oder zu dritt im Poser-Fahrzeug, das schwarze Haar meist topmodisch geschnitten.
Ab dem Paradeplatz beginnt auf der Kunststraße die Poser-Meile. Unweit davon ist ein gut frequentiertes Café. Zur Steigerung der Aufenthaltsqualität hat die Stadt Parkbuchten zur Außenbewirtschaftung umgewidmet. Dort hat man seine Bühne.
Es werden Gasstöße abgegeben, um im programmierten Race-Modus der Klappenauspuff-Anlage das sogenannte *backfire,* also Fehlzündungen, zu erzeugen.
Im weiteren Verlauf lässt man zwanzig bis dreißig Meter Abstand zum Vorausfahrenden, um dann kurzzeitig bei voller Motorkraft zu beschleunigen.
Die Rundfahrt auf der Poser-Meile kann dann schon mal zwei bis drei Stunden andauern.
Die jungen Männer sind nicht aggressiv. Bei den Kontrollen ist kaum einer alkoholisiert oder gar bekifft. Sie akzeptieren die Beamten unseres Poser-Teams sogar als Fachleute. Obwohl wir sehr vielen ihr liebstes Spielzeug weggenommen und ihnen hohe Wiederherstellungskosten verursacht haben, gab es in keiner Situation Aggressivität oder die Gefahr von Gewalttätigkeiten. Das mag aber auch an deren patriarchischen Erziehung liegen. Die meisten meiner Poser-Jäger sind um die 55, 60 Jahre alt und der „baba“ ist halt eine geachtete Respektsperson.
Manchmal bilden die jungen Männer Leasinggemeinschaften, um die hohen monatlichen Leasingraten für die Premiumsegmente der deutschen Mittelklassewagen stemmen zu können. Andere wohnen zu

Hause und erhalten Zuschüsse vom Vater und der Großmutter. Aber auch ein spartanisches Leben nebst Absparen vom Mund haben wir vereinzelt festgestellt.
War früher der 3er BMW der alleinige Star, hat ihm nun der AMG-Mercedes, am besten in Weiß, den Rang abgelaufen.

Monnemer Poser
Zum Schmunzeln, aber auch nachdenklich machend, ist das Interview mit drei jungen Posern im Landesschau-Beitrag des SWR-Fernsehens während des Auftakteinsatzes am Kaiserring am 19.08.2018[115].
Die drei haben signifikant türkischen Migrationshintergrund. Einer trägt seine Base-Cap umgekehrt.
Die Reporterin fragt in die Gruppe, wie es geht.
Der Erste: *Auf gut Deutsch Scheiße. Letzte Woche wurde unser Fahrzeug auch abgeschleppt, obwohl alles eingetragen war und regelmäßig gefahren wurde.*
Der Zweite: *Wir haben dreißigtausend Euro bezahlt. Für was? Für Luft.*
Reporterin: Warum brauchen Sie ein so lautes Auto?
Der Zweite: *Weil ich mir das leisten kann. Ganz einfache Sache.*
Und der Dritte im Bunde mit Base-Cap aus dem Hintergrund: *Man muss sich was im Leben gönnen.*
Genau da fiel mir wieder die soziologische Geschichte der Kurpfalz ein. Alle drei sind echte Monnemer, sprechen aber in diesem unverwechselbaren, türkisch geprägten Hochdeutsch. „Man muss sich was im Leben gönnen."

AZZLACKZ
Mein Sohn brachte mich dann beim gemeinsamen Anschauen des SWR-Berichts auf die Spur. *„Das sind AZZLACKS. Kennst du nicht? Kennst du KURDO?"*
Und dann zeigte er mir ein YOUTUBE-Video dieses deutsch-kurdischen Rappers mit dem Titel *NIKE Kappe umgekehrt*"[116]. Viel Bass, Ghetto-Szene, nicht schlecht gemacht und der Refrain zu lesen in der Lyrics-Version:
Deutsch Rapper? Sie wünschen sich ein Skater, ich wünsch mir Benz, Amg Schwarz-Rote Leder. Scheiß auf dein Hugo-Shirt. Ich trag bequem meine Jogging-Hose und Nike-Kappe umgekehrt!
Der Co-Star des Videos ist ein AMG-Mercedes und soll wohl den erfolgreichen Ausbruch aus der ausweglosen Ghetto-Szenerie aufzeigen.

115 SWR a.a.O.
116 https://www.youtube.com/watch?v=8E48VSegL54

„Wenn dieser Kurdo im Mediamarkt eine Autogrammstunde gibt, geht stundenlang nichts mehr, so groß ist dessen Anhängerschaft“, so mein Sohn damals.
Er labelt unter AZZLACKZ. Gründer ist der Offenbacher Rapper HAFTBEFEHL, auch kurdisch-stämmig und mittlerweile sehr wohlhabend. AZZLACK ist ein von ihm populär gemachter Szenebegriff. Er selbst erklärt es:
Das Wort setzt sich aus den Teilen „Azz“ und „Lack“ zusammen. „Azz“ steht für Assi bzw. asozial und die Endsilbe Lack für Kanake – folglich eine Kurzform für asozialer Kanake.[117]
Unter diesem Label stieß ich auf den Rap-Song *Azzi Memo AMG feat. Eno*[118].
Drei AZZLACKZ fahren gechillt mit dem AMG über die Champs Elysées, so der Inhalt. Das Video wurde acht Millionen Mal geklickt. Der Nachfolge-Song AMG 2[119], ein typischer Straßen-Rap, erzielte gar über 12 Mio. Klicks.
Die AZZLACK-Rap-Szene hat offensichtlichen Einfluss auf die Subkultur des Posens. Für sie ist der Besitz eines Mercedes-AMG Synonym für Aufstieg und Ausstieg junger Außenseiter mit ausländischen Wurzeln aus der Perspektivlosigkeit. Wer einen AMG S 63 fährt hat es geschafft und wird anerkannt.
Wie sollen wir bei diesem Imponiergehabe mit verkehrspolizeilichen Mitteln irgendetwas ausrichten?
Die Allgemeinheit bekommt, abgesehen vom Poser-Lärm, davon so gut wie nichts mit. Wenn die jungen Männer erwachsen werden, lässt der AZZLACK-Hype wieder nach.
Missbraucht wird dabei aber der Ruf der renommierten Autohersteller. Im Großraum Mannheim waren 2016, zu Beginn unserer Intensivmaßnahmen, laut Kraftfahrtbundesamt mehr als 1.250 Mercedes-AMG, davon viele als Leasingfahrzeuge, zugelassen. Dementsprechend ist die Frequenz auf unserer Poser-Meile.
Und alle Poser wollen zeigen, was sie haben – insbesondere laut.

Die Rolle der Fach-Journaille

Wenn dann auch noch Autoberichte, wie der in SPIEGEL-online über den neuen Mercedes-AMG GLC 63 erscheinen, sollten sich die Hersteller ernsthaft Gedanken machen, ob sie dieses Proll-Profil in Zeiten verpönter Lärmemissionen weiterhin bedienen wollen.

117 https://brudiletten.de/azzlack/
118 https://www.youtube.com/watch?v=aveeQZkJ3HY
119 https://www.youtube.com/watch?v=kcBCqLRSsrg

Auf die Plätze, fertig, schamlos![120]
Das ist uns aufgefallen: Es fühlt sich etwas frivol an, wenn man im Mercedes AMG GLC 63 den Schlüssel ins Zündschloss steckt und dreht. ... und es gilt erst recht für den Sound des V8-Modells. Schon im normalen Betrieb bollert und blubbert es aus den vier Endrohren wie bei einem Hafenschlepper, und wenn man in eins der sportlichen Fahrprogramme wechselt oder die Schallklappen per Tastendruck öffnet, dann knallen die künstlichen Fehlzündungen wie Kanonenschläge in der Silvesternacht. Freunde hat man mit so einem Auto in der Nachbarschaft sicher keine.
Die etwas beschämende Wahrheit ist: Wer zu einem Werkstuner – pardon: zur Performance-Marke – eines Herstellers geht, der will nichts Dezentes, sondern einen auffälligen oder gar protzigen Auftritt. Der Mercedes AMG GLC 63 ist das blechgewordene Äquivalent zum volltätowierten, solariumsgebräunten Muckibuden-Oberkörper, der an warmen Tagen im knappen Muskelshirt ausgeführt wird. Ein Auto, nach dem sich alle umdrehen, selbst wenn sie danach den Kopf schütteln.

PAGA –
der hochemotionale Hörgenuss

AMG verlangte 2017 für den Einbau seiner *Performance Abgasanlage (PAGA)* einen Leasingaufschlag von monatlich 9,01 Euro.
Beworben wird diese mit folgenden Attributen:

- Spreizung der Geräuschkulisse von komfortabel bis hoch emotional
- in den Fahrprogrammen C und S kann auf Wunsch das Kaltstart-Geräusch reduziert werden
- Zwischengas (in S) und Missfire, (in S+ und Race) unterstreichen die sportliche Ausprägung in den entsprechenden Fahrprogrammen

Für den lärmgeplagten Bewohner einer Innenstadt hört sich das nur noch zynisch an. Die Edeltuner der gehobenen Mittelklasse geben den Posern die Performance-Technik für unerträgliche Lärmemissionen für lächerliche Neun Euro und einen Cent pro Monat an die Hand und sind im Begriff für diese Nischen-Klientel ihren über Jahrzehnte aufgebauten, durch den Diesel-Skandal eh schon lädierten Ruf weiter zu ruinieren.

120 http://www.spiegel.de/auto/fahrberichte/mercedes-amg-glc-63-aufgedonnerter-suv-mit-v8-motor-a-1177063.html

Sind Poser auch Raser?

Natürlich beschäftigte uns die Frage vom ersten Tag an. Schließlich waren in Köln und Berlin bei innerstädtischen Rennen Menschen ums Leben gekommen.

So führten wir bereits in der Aufklärungsphase vor unseren ersten Poser-Einsätzen zusammen mit der Verkehrsüberwachung der Stadt Mannheim kleine Blitz-Marathons auf den Einfallsstraßen Mannheims durch. Zu unserer Überraschung, aber auch zu unser aller Beruhigung gibt es keine Raser-Szene.

Auffällig wurde allerdings ein Maserati, dessen Fahrer sich im August 2016 auf dem Parkring ein Fahrverbot einhandelte, weil er statt 50 km/h nach Abzug der Toleranzen mit 108 km/h unterwegs war. Fortan begann er unrühmliche Geschichte zu schreiben.

Auf seinen Poser-Runden legte sich der 22-Jährige regelmäßig mit den ob seiner Fahrweise empörten Bürgern an. Schnell wurde er polizeibekannt und einer der Spitzenreiter in unserer neuen Poser-Datei. Auch gegen ihn wurde letztendlich ein Zwangsgeld erlassen.

Obwohl ohne Job, fuhr er diesen 100.000-Euro-Sportwagen, der mit monatlichen Leasingraten abgestottert wurde. In der Öffentlichkeit wurde viel gemutmaßt. Es war die Rede von Rotlicht-Nähe und dem schnellen Geld. Belegt wurde dies aber nie.

In der Nacht zum Samstag, dem 28. Januar 2017, war er gegen 00.45 Uhr auf der Fressgasse unterwegs. Ab der Breiten Straße beschleunigt er in der engen innerstädtischen Straßenflucht seinen Boliden auf nahezu 100 km/h. Erlaubt sind 30 km/h.

Wenige hundert Meter weiter will der Fahrer eines VW-Caddy nach rechts in die Fressgasse einbiegen. Da er die Vorfahrt an dieser Kreuzung achten muss, schaut er nach links und sieht in einiger Entfernung wahrscheinlich sogar die Scheinwerfer des Maserati. Da er aber auf die angeordnete Geschwindigkeit von 30 km/h vertrauen darf, fährt er los. Der Maserati-Fahrer zieht etwas nach links und kracht dem Caddy auf Höhe des A-Holmes mit mindestens 86 km/h, so der Gutachter später, in die Seite. Er wird nach links abgewiesen. Schiebt zwei dort am Fahrbahnrand geparkte Pkw an die Hauswand, dreht sich um die eigene Achse und kommt mit Totalschaden auf einem Baumschutzbügel am rechten Fahrbahnrand zu stehen. Er hinterlässt ein regelrechtes Trümmerfeld.[121]

Der Caddy-Fahrer hatte unheimliches Glück. Eine Zehntelsekunde früher losgefahren, hätte er die gesamte Aufprallwucht an der Fahrertür

121 https://www.mannheim24.de/mannheim/mannheim-innenstadt-22-jaehriger-poser-verursacht-schweren-unfall-fressgasse-7335529.html

abbekommen. So wurde er nur leicht verletzt. Der junge Maserati-Fahrer blieb unverletzt.

„Cano fickt die ganze Stadt"

Wie sich herausstellte, verbüßte er gerade das Fahrverbot wegen seiner Geschwindigkeitsübertretung auf dem Parkring. Noch am selben Tag stellte er ein provokantes Foto ins Netz. Er posierte vor einem Ferrari. Mit dem Kommentar „Das nächste Monster ist auf dem Weg" veröffentlichte er das Bild in seinem Facebook-Account. Einige seiner Facebook-Freunde feierten ihn gar als Helden. Sie huldigten ihm regelrecht mit Kommentaren wie dem zitierten. Damit löste er einen Shitstorm aus[122] und löschte wenig später sogar seinen Facebook-Account. Einige Tage später querte ein Mannheimer Polizeibeamter in seiner Freizeit einen Zebrastreifen in der Innenstadt. Ein kleiner Smart musste deshalb halten. Und siehe da, Auge in Auge erkannte er unseren Poser am Steuer. Das gegen ihn angeordnete Fahrverbot war noch nicht abgelaufen und er beging schon eine weitere Verkehrsstraftat.

Ein Jahr später steht er in Mannheim vor Gericht. Der Richter verurteilt ihn wegen einer günstigen Sozialprognose zu einem Jahr auf Bewährung und 18 Monaten Fahrerlaubnissperre. Bei vielen stieß das milde Urteil auf Unverständnis.

Zum Prozessauftakt zeigt sich Ö. reumütig und geläutert: „In meinem früheren Leben hatte ich ein falsches Umfeld, wollte dazugehören und war naiv. Ich hatte eine Arschloch-Phase", gibt Ö. bei Gericht unverhohlen zu.[123]

Der Vorsitzende Richter glaubt ihm und gibt ihm eine Chance. Tatsächlich wurde er bis zum heutigen Tag nicht mehr auffällig.

Spontanes Autorennen mit 431 PS

Und noch ein weiterer Rennunfall entsetzt die Öffentlichkeit in der Metropolregion.

Am 17. Juni 2018, einem Sonntag, fährt ein 18-jähriger, türkischstämmiger Fahranfänger mit seinem Traumauto, einem BMW M3, der tags zuvor bei einer Verleihfirma angemietet wurde, in Weinheim Richtung Autobahn. Er platzt fast vor Stolz. Der BILD-Zeitung wird er später sagen, er habe auffallen wollen und seinen Freunden imponieren. Er sei voller Adrenalin gewesen.

---

122 https://www.mannheim24.de/mannheim/mannheim-fuehrerscheinloser-poser-22-protzt-nach-maserati-unfall-in-fressgasse-bei-facebook-7342689.html

123 https://www.mannheim24.de/mannheim/mannheim-nach-crash-in-fressgasse-prozess-gegen-maserati-poser-muhyeddin-oe-vor-gericht-9635882.html

An einer Ampel trifft er auf einen 29-jährigen Polen in einem Mercedes AMG. Man schaut sich an, nickt sich zu und ist sich sofort einig. Die Ampel wird grün und die hochmotorisierten Wagen werden auf bis zu 240 km/h beschleunigt. Stoßstange an Stoßstange rasen sie nach Mannheim, wenden dort und setzen ihr Rennen zurück Richtung Weinheim fort. Am Viernheimer Kreuz verliert der 18-Jährige die Kontrolle über den BMW. Er driftet mit 200 Sachen nach rechts über die Grünfläche auf die Nebenfahrbahn, hebt ab und überschlägt sich mehrfach. Beim Überflug beschädigt er mehrere Fahrzeuge. Insgesamt 12 Fahrzeuginsassen kommen mit dem Schrecken davon. Der Fahrer des BMW trägt nur leichte Blessuren davon. Der Pole in seinem Mercedes flüchtet, ohne sich um den Verunglückten zu kümmern. Er kann aber in den Folgetagen ermittelt werden. Er hatte selbst einen Frontschaden davongetragen und seinen Mercedes zur Reparatur in eine Werkstatt gebracht. Die Autobahnpolizisten spürten den Wagen auf. So *wurden Ermittlungen wegen Unfallflucht gegen den 29-jährigen Mercedes-Fahrer eingeleitet.*[124]

Obwohl bei diesem illegalen Rennen 12 Menschen in Lebensgefahr waren, fällt der örtlich zuständige Richter in Lampertheim in der Verhandlung ein mildes Urteil.

Das Amtsgericht verurteilt die beiden Männer zu einer Bewährungsstrafe von sechs und sieben Monaten, einer Geldstrafe und Sozialstunden. Außerdem dürfen die beiden für die nächsten 18 Monate nicht mehr hinters Steuer.[125]

Der BMW-Fahrer wurde zu sechs Monaten und 200 Sozialstunden, der Mercedes-Fahrer zu sieben Monaten und einer Zahlung von 2500 Euro an eine Hilfsorganisation verurteilt.

Im Lichte der nach Revision vom Landgericht Berlin bestätigten Mordmerkmale für die Berliner Raser bei einem tödlichen Verkehrsunfall ist diese Milde des Amtsrichters nur schwer nachvollziehbar, zumal das Urteil der Berliner Richter zum Zeitpunkt der Gerichtsverhandlung im März 2019 bereits vorlag.

Das Berliner Landgericht legte sich dabei eindeutig fest. *Die Klippe zum Mord nimmt es ohne die vom Staatsanwalt vorgeschlagenen „niedrigen Beweggründe". „Jede Tötung ist niedrig", argumentiert der Vorsitzende und zieht als alleiniges Mordmerkmal die „gemeingefährlichen Mittel" heran. Er meint die aufs Dreifache der erlaubten Höchstgeschwindigkeit*

---

124 https://www.rnz.de/nachrichten/metropolregion_artikel,-mutmassliches-autorennen-bei-viernheim-polizei-ermittelt-fahrer-des-zweiten-autos-_arid,368153.html

125 https://www.heidelberg24.de/region/viernheim-illegales-rennen-a659-urteil-gegen-raser-9980530.html

beschleunigten und im engen Innenstadtbereich nicht mehr zu kontrollierenden Fahrzeuge. Der Sportwagen als Mordwaffe.[126]
Klar werden auf einer Autobahn höhere Geschwindigkeiten gefahren. Allerdings waren durch das rücksichtslose und selbstsüchtige Verhalten der beiden Männer 12 unbeteiligte Menschen in Lebensgefahr.

Der erste innerstädtische Unfall mit Personenschäden
An einem Montagnachmittag fährt ein 25-jähriger Türke mit seinem BMW 330d durch die Kunststraße. In Posermanier gibt er mehrfach Gasstöße ab. Als die Ampel am Kaiserring auf Grün springt, beschleunigt er beim Linksabbiegen so stark, dass er eine fast 70 Meter lange Driftspur auf den Asphalt radiert. Durch die Fliehkräfte bricht ihm das Fahrzeug aus und er prallt mit dem rechten Vorderrad gegen den Bordstein. Das Rad bricht ab und er schleudert auf den Gehweg. Dort erwischt er einen Fußgänger und bricht diesem das Bein. Eine weitere Fußgängerin kann sich mit einem beherzten Sprung in die Blumenrabatte retten, verletzt sich dabei aber leicht.
Der Unfall verursacht großes öffentliches Aufsehen. Alle regionalen Medien berichten mehrere Tage darüber. In den sozialen Netzwerken ist die Empörung offensichtlich.
Der Fahrer kommt aus Mannheim und kann als typischer Poser eingeordnet werden. Er musste bereits 2017 ein hohes Bußgeld wegen Teilnahme an einem illegalen Rennen bezahlen.
Trotz aller bisherigen Bemühungen kommt man an einen Punkt, an dem die Öffentlichkeit die Frage aufwirft, ob die Polizei und die Verwaltung genug tun. Die Grüne Gemeinderatsfraktion fordert am Folgetag, die gefährliche Raserei durch eine Verkehrsberuhigung der Kunststraße und der Fressgasse zu beenden. Sie favorisiert eine Durchfahrtssperre in den Abendstunden.

Gefährderansprache als nächste Eskalationsstufe
Natürlich hatten wir in der Krisenbesprechung im Sommer 2016 als Ultima Ratio auch eine Straßensperrung in unseren konzeptionellen Bekämpfungsansätzen vorgesehen.
Allerdings gibt es in der Palette der Möglichkeiten davor noch Eskalationsstufen, die zur Anwendung kommen können. Ich bin der Auffassung, dass zunächst alle Maßnahmen gegen die kleine Gruppe von Störern gerichtet sein müssen, bevor man der Allgemeinheit Nutzungsbeschränkungen auferlegt.

---

126 https://www.spiegel.de/panorama/justiz/berlin-urteil-gegen-raser-zwei-autos-als-mordwaffe-a-1136549.html

In einer ergänzenden Pressemitteilung gaben wir bekannt:
„Jeder, der künftig als Raser oder aggressiver Poser auffällt, muss mit Konsequenzen für seinen Führerschein rechnen.
Wir werden noch nachdrücklicher als bisher bei der Führerscheinstelle darauf hinwirken, dass die Fahreignung des Betroffenen geprüft wird. Ergebnis kann die Vorladung zur medizinisch psychologischen Untersuchung (MPU) sein."
Solche Poser, die neben unnötigem Lärm dadurch auffallen, dass sie kurze aggressive Beschleunigungsfahrten in belebten Stadtgebieten durchführen, erhalten ein unmissverständliches Gefährderanschreiben, in welchem wir ihnen mitteilen, dass wir ernsthafte Zweifel an ihrer Fahreignung haben und diese Tatsache der zuständigen Führerscheinstelle mitteilen.
Außerdem teilen wir dem Poser mit: *Sollten Sie/der Fahrer Ihr/sein künftiges Fahrverhalten nicht regelkonform ändern, müssen Sie mit einer medizinisch-psychologischen Untersuchung rechnen.*
Stellen Sie dieses sozialschädliche Fahrverhalten umgehend ein oder sorgen Sie dafür, dass dieses unterbleibt, sofern Sie nicht der regelmäßige Fahrer des Fahrzeugs sein sollten.
Der Staat ist wehrhaft. Er muss allerdings das ihm zur Verfügung stehende Instrumentarium ausschöpfen. Diese rücksichtslosen Egomanen sind nur mit Konsequenz einzubremsen. Dass es bei dem Unfall nur zu einem Beinbruch kam, ist dem Fahrer nicht zugute zu halten. Es hätte deutlich Schlimmeres passieren können.
Natürlich muss man über die Verhältnismäßigkeit der Maßnahmen reden. Bei dieser aggressiven Spielart des Posens sind allerdings Menschenleben gefährdet. Deshalb darf die Verwaltung beim Spektrum der Abwehrmöglichkeiten auch an die Grenze des Zulässigen gehen. Und ich denke, sie muss es auch. Selbst bei einer gerichtlichen Prüfung durch das Verwaltungsgericht ist es wahrscheinlicher, dass der Richter bei seiner Güterabwägung aufseiten der Allgemeinheit, als aufseiten des Posers sein wird.

Ungeübte Fahrer und Fahranfänger – Wie können diese an ein hoch motorisiertes Fahrzeug gelangen?

Vermutlich weil er viel zu schnell fuhr, hat ein 20 Jahre alter Mann in der Nacht zum Donnerstag (07.03.2019) einen tödlichen Unfall in Stuttgart-Nord verursacht. Er war mit einem gemieteten Jaguar unterwegs.[127]

127 https://www.stuttgarter-nachrichten.de/inhalt.unfall-in-stuttgart-nord-kontrolle-ueber-jaguar-verloren-zwei-menschen-sterben-bei-unfall.3d8d6d82-5203-442e-943c-367c811f1490.html

Auch bei diesem Unfall konnte ein 20-Jähriger einen für seine Verhältnisse viel zu PS-starken Sportwagen anmieten.
Die Gefahr, durch einen unerfahrenen Raser getötet zu werden, ist real.
Die Mietwagenfirma aus Hockenheim, Inhaberin des BMW M3, mit dem der 18-Jährige beim Rennen auf der A 659 unterwegs war, wirbt mit einfacher Anmietung ohne Schufa-Auskunft. Sie spricht dabei genau diese Jungmänner-Klientel an, die sich aufgrund ihres sozialen Status' nie ein solches Fahrzeug werden leisten können. Die sich ihre Sehnsucht allerdings für wenige hundert Euro tageweise erfüllen können.
Maximal erfahren in Rennspielen auf der X-Box oder der Playstation setzen sie sich dann ans Steuer ihres Traumwagens und glauben, sie könnten Gleiches in der Realität ausprobieren. Das muss schiefgehen. Und es gibt keine Reset-Taste!
Nicht die adrenalingesteuerten jungen Männer sind die eigentliche Gefahr, sondern diejenigen, die aus Gewinnstreben solche Sehnsüchte wecken und skrupellos die Fahrzeuge an jeden vermieten, der bereit ist, den Mietpreis zu entrichten.
Gerade boomt das Geschäft mit dem schnellen Geld. Immer mehr Autovermieter locken die Jungmännerklientel mit verheißungsvollen Angeboten.
Ich sage: Wer Fahranfängern hochmotorisierte Pkw vermietet, schafft die Voraussetzung für illegale Rennen und setzt Menschenleben aufs Spiel!

Ansätze für behördliche Ermittlungen
Die Versicherungsverträge u.a.

In der Vermietungspraxis wurzelt die Gefahr und hier sollten die Behörden genauer hinschauen.
Die erste Frage, die sich stellt, ist: Welche Versicherung ist bereit, ein solches Wagnis abzusichern? Eine Nachfrage lohnt sich meist.
Es gibt die unterschiedlichsten Geschäftsmodelle. Oft werden solche Fahrzeuge als Firmenfahrzeuge geleast und als Wagnis wird ein Außendienst im IT-Servicebereich versichert. Tatsächlich werden die Fahrzeuge dann in eine Selbstfahrervermietung eingebracht und an zahlende Kundschaft weitervermietet. Das erfüllt regelmäßig den Tatbestand des Versicherungsbetruges.
Wer in Deutschland ein Gewerbe ausüben will, muss zuverlässig sein. Bei schweren Verfehlungen hat die zuständige Gewerbeabteilung die Möglichkeit, eine Teilversagung der Ausübung auszusprechen oder das Gewerbe ganz zu versagen. Dazu braucht das Gewerbeamt aber eine rechtskräftige Verurteilung aufgrund einer schweren Straftat, da-

mit die Versagung auch in einem Verwaltungsgerichtsverfahren standhält. So wird die Möglichkeit zur Gefahrenabwehr durch sich lange hinziehende Prozesse wegen Überforderung der Justiz gehemmt.
Außerdem kann die Gewerbeabteilung bei „windigen" Geschäftsmodellen ein erweitertes Führungszeugnis[128] anfordern, um die persönliche Eignung des Antragsstellers zu überprüfen. Leider ist auch dies nicht immer dienlich. Im Sinne der Resozialisierung werden Eintragungen über verbüßte Strafen nach festgelegten Zeiträumen gelöscht. Selbst eine Haftstrafe von bspw. drei Jahren wegen Totschlags wird nach fünf Jahren getilgt und der Antragssteller gilt als unbescholten. Das Gewerberecht scheidet deshalb für eine akute Gefahrenabwehr als Handlungsgrundlage aus.
Die Selbstverpflichtung des Autovermieter-Gewerbes, hochmotorisierte Fahrzeuge erst ab einem gewissen Alter des Fahrers zu vermieten, hilft auch nicht wirklich.
Die Hockenheimer Autovermietung bietet den BMW M3 auf ihrer Homepage ab einem Fahreralter von mindestens 25 Jahren an. Und trotzdem konnte der 18-Jährige an das Fahrzeug gelangen.
In jedem Falle lohnt sich die Feststellung des jeweiligen Autoversicherers. Eine Anfrage zum versicherten Wagnis aus Gründen der Gefahrenabwehr ist legitim und erlaubt schnell festzustellen, ob die Fahrzeugvermietung korrekt gehandelt hat.
Und die Anfrage ermöglicht es dem Versicherer, eigene gefahrenabwehrende Maßnahmen einzuleiten.
Ziel aller Maßnahmen muss sein, die Verführung zu illegalen Autorennen bereits an der Wurzel des Übels zu packen und Nachahmern solche windigen Geschäftsmodelle zu verbauen.

Absehbare Entwicklungen zur Eindämmung des Poser-Unwesens
Trotz aller Steine, die noch aus dem Weg geräumt werden müssen, ist vorsichtige Zuversicht berechtigt. Weitere Maßnahmen zur Reduzierung der Lärmemissionen sind mittlerweile auf den Weg gebracht.
Am 9. November 2018 berichtet die Saarbrücker Zeitung: *Länder stützen Saar-Vorstoß gegen Auspuff-Lärm*[129] *– Saarbrücken/Bremen: Der saarländische Umweltminister Reinhold Jost (SPD) erfährt mit seinem Vorschlag gegen laute Auspuff-Anlagen offenbar breite Unterstützung seiner Amtskollegen.*

128 § 30 a Abs. 1 BZRG
129 https://www.saarbruecker-zeitung.de/politik/themen/die-bundeslaender-stuetzen-den-vorstoss-des-saarlandes-gegen-auspuff-laerm_aid-34399269

Auf Initiative von Baden-Württemberg griff die Verkehrsministerkonferenz im April 2019 das Poser-Thema auf.
Härtere Strafen für Auto-Poser – Neuer Sanktionskatalog soll kommen ++ Bußgelder im dreistelligen Bereich[130], schrieb die BILD.
Es wird eine Länderarbeitsgruppe eingerichtet, die Vorschläge für diese Verschärfung erarbeitet.
Am 12. Juni 2018 hatte ich Gelegenheit, bei der Fachtagung "*Krach oder Klang? – Laute Fahrzeuge im Straßenverkehr*" des Umweltbundesamtes in Berlin zu referieren. Im Rahmen eines öffentlichen Forums zu dieser Problematik kamen Vertreterinnen und Vertreter aus Wissenschaft, Politik und Vollzug sowie Umweltverbände und Bürgerinitiativen zu Wort, um Sichtweisen, Erfahrungen und Wissen auszutauschen und Lösungsansätze zu diskutieren.
Beeindruckend schilderte die Sprecherin der Interessengemeinschaft Müglitztal die jahrelangen Lärmbelästigungen durch Motoradlärm an schönen Wochenenden. Wenn man als Anwohner auf Regen hoffen muss, um ein lärmfreies und erholsames Wochenende zu haben, wenn man nur noch mit Lärmschutzprotektoren auf dem Kopf seinen Garten nutzen kann, wenn die eigene Immobilie praktisch unverkäuflich ist, wird auch dem Letzten bewusst, dass sich hier etwas ändern muss.
Das Umweltbundesamt stellte unstrittig kardiologische Gesundheitsstörungen als Folge solcher Dauerlärmbelastungen fest. Und die von ihm beauftragten Lärmmessungen in der Verkehrsrealität, außerhalb der theoretischen Zulassungskriterien und Testzyklen, ergaben durchweg sowohl bei den gemessenen Motorrädern als auch bei den ausgewählten Fahrzeugtypen bei Poser-typischer Fahrweise mindestens eine Verdoppelung der zulässigen Lärmstärke.
Da all die gemessenen Kraftfahrzeuge eine KBA-Serienzulassung haben, war man von zulassungstechnischer Seite zunächst ratlos.
In meinem Vortrag hob ich darauf ab, dass nicht die Maschine den Lärm verursacht. Man kann jedes Auto, jedes Motorrad auch leise und sozialadäquat fahren.
Meine Empfehlung ist, zwischen unzulässigem und unnötigem Lärm zu unterscheiden. Letzterer kann verhaltensorientiert gemäß § 30 StVO bekämpft werden. Ich wiederhole mich gerne, die Würdigung und Einordnung als unnötiger Lärm unterliegt nicht einer Dezibel-Toleranz, sondern der Einschätzung eines Polizeibeamten. Dies hat der

130 https://www.bild.de/politik/inland/politik-inland/verkehrsminister-gegen-auto-poser-haertere-strafen-fuer-strassen-rowdys-61045970.bild.html

Bundesgerichtshof als sog. Freibeweisregel in seiner Entscheidung so festgestellt.[131]
Zur Ahndung unnötigen Lärmens ist es nicht notwendig, dass der entstandene Lärm durch einen Geräuschmesser festgestellt worden ist, es ist in diesen Fällen als ausreichend anzusehen, wenn der Tatbestand durch die Aussage von einem – besser noch zwei Zeugen – (insbesondere von zwei auf dem Gebiet der Lärmbekämpfung sachkundigen Polizeibeamten)) bewiesen wird.[132]
Hierdurch ergeben sich erheblich mehr Bekämpfungsalternativen, wie wir in Mannheim mit unserem abgestuften Poser-Konzept nachgewiesen haben.
Es bewegt sich also etwas. Ich glaube schon, dass mein Einsatzkonzept mit hunderten von Berichten und Reportagen, mit dutzenden Interviews und direkten Kontakten zum Kraftfahrtbundesamt und zum Bundesverkehrsministerium, wie auch die Pionier-Arbeit und die Praxis-Erfahrungen meiner Verkehrspolizisten, die Arbeit des Mannheimer Fachbereichs Sicherheit und Ordnung und schlussendlich unser unermüdlicher Gutachter Heinrich Koch maßgeblich dazu beigetragen haben, dass das Lärmproblem durch Verbrennungsmotoren mittlerweile in der Öffentlichkeit und bei den Verantwortungsträgern angekommen ist.
Das Urteil des Verwaltungsgerichts Karlsruhe zur Zulässigkeit eines Zwangsgeldes gegen unbelehrbare Poser rundet das Ganze ab.
Die bestätigende Verwaltungsgerichtshof-Entscheidung bestärkt dieses und gibt Rechtssicherheit.

Wie gesagt – man kann jedes schöne Auto, jedes Motorrad auch leise fahren. Das Problem sitzt hinter dem Lenkrad oder am Gasgriff.

Und die Hersteller geben den Machos die Lärm-Instrumente zum Erhalt ihres zweifelhaften Marken-Images erst an die Hand.
Neuerdings locken auch weniger renommierte Marken die Poser-Klientel mit Klappenauspuffanlagen. So bietet Ford in seinem Fiesta ST Line einen Sound-Auspuff, von dem selbst manche Fahrer im Motortalk sagen, dass die Lautstärke manchmal schon sehr nervt.[133].
Das Sound-Marketing dieser Automobilhersteller ist anachronistisch. Wer Poser bedient, läuft Gefahr, sein Markenrenommee zu verspielen.

---

131 BGH Beschluss 1977, a.a.O
132 Lütkes-Bachmeier-Müller-Rebler, Großkommentar zum Straßenverkehrsrecht 2014, StVO §30, Rn. 18
133 https://www.motor-talk.de/forum/sound-auspuff-st-line-t6598913.html

Kapitel 7: Phänomen Autobahn

Für Helena

„Hoffnung ist nicht die Überzeugung,
dass etwas gut ausgeht,
sondern die Gewissheit,
dass etwas Sinn hat, egal wie es ausgeht.“
– Vaclav Havel[134]

134 https://de.wikipedia.org/wiki/V%C3%A1clav_Havel

Phänomen Autobahn

Autobahnpolizisten werden von den Kollegen der Polizeireviere gerne als „Geradeaus-Polizei" gehänselt. Die Polizeiaufgaben auf den internationalen Schnellwegen sind nicht jedermanns Sache. Hauptaufgaben der Autobahndienststellen sind die Unfallaufnahme, die Kontrolle des Schwerlastverkehrs, des Reiseverkehrs und das Erkennen reisender Straftäter.

Bei den jährlichen Unfall-Pressekonferenzen kommen sie häufig zu kurz oder werden in den Medien gar nicht erwähnt.

In meiner Redaktionszeit bei der Fachzeitschrift Polizei *heute* haben wir uns oft auch Verkehrsthemen gewidmet. Beim Stöbern in meinen alten Dateien fand ich das von mir verfasste Editorial für das Heft 5/2010. Beim Lesen kam ich ins Grübeln:

Liebe Leserinnen und Leser,

wer viel Radio hört und wessen Lieblingssender auch Verkehrsdurchsagen macht, kennt die manchmal nicht enden wollenden Staumeldungen zur vollen und zur halben Stunde. Darunter mischen sich immer öfter lange Lkw-Staus an Grenzübergängen oder Meldungen über überfüllte Park- und Rastanlagen entlang unseren Autobahnen. Die Lkw-Fahrer werden aufgerufen, den nächstmöglichen Rastplatz anzufahren.

Wer selbst unterwegs ist, passiert auf den vielbefahrenen Nord-Süd-Verbindungen, insbesondere in den Ballungsräumen, oft kilometerlange, nicht enden wollende Lkw-Kolonnen.

Verantwortlich zeichnet die Just-in-time-Produktionsstrategie vieler Unternehmen. Unter Verzicht auf Lagerhaltung werden die Güter oder Bauteile bedarfsgerecht transportiert und angeliefert – das Lager auf die Straße verlegt.

Der Wettbewerb lässt dabei oft Aspekte der Verkehrssicherheit hinter dem Gewinnstreben zurücktreten. So entsteht erheblicher Druck auf die Berufskraftfahrer.

In seiner Verkehrsprognose 2025 führt das Bundesministerium für Verkehr aus, dass im Güterfernverkehr das Transportaufkommen um 48 % und die Transportleistung auf dem Gebiet der Bundesrepublik Deutschland um 74 % steigen werden.

Deutschland wird zu einem West-Ost-Transitland für Schwerverkehr. Der Masterplan Güterverkehr und Logistik fordert innovative Transportkonzepte. Schiene und Binnenschifffahrt werden kaum Zuwächse vorausgesagt.

Droht uns der Verkehrsinfarkt? Auf Bundesfernstraßen fehlt es schon jetzt an notwendigen infrastrukturellen Verbesserungen. Neben dem wettbewerbsorientierten Güterfernverkehr müssen die Bundesautobahnen auch immense Ströme an Individualverkehr aufnehmen. Dabei werden die Bundesfernstraßen auch als Transitwege von Kriminellen, bspw. Rauschgiftkurieren benutzt, die unauffällig im Verkehrsstrom mitschwimmen.

Schon lange vor Beginn dieses Jahrzehntes wusste die Bundesregierung also um die aufkommenden Probleme im Schwerlastverkehr.

Das Bundesverkehrsministerium hat zwar später in seiner Prognose für 2030 die Wachstumszahlen leicht nach unten korrigiert. Auch wurden zusätzliche Stellplätze für Lkw entlang der überlasteten Autobahnen geschaffen. Eine wirksame Strategie ist dabei aber nicht zu erkennen. Und die Parkplatznot ist noch immer eklatant.

So finden Veränderungen immer noch schleichend statt, dann kommt es aber oft knüppeldick. Im Januar 2017 wurde auf der BAB A6 zwischen Rauenberg und Sinsheim eine Dauerbaustelle eingerichtet. Die Fahrspuren wurden beidseitig von drei auf zwei reduziert und die Geschwindigkeit auf 80 km/h begrenzt. Aufgrund der hohen Durchfahrtsmenge bildeten sich fortan täglich Staus. Obwohl dies zu erwarten war, wurden zunächst keine weiteren Vorkehrungen entlang der belasteten Strecken getroffen. Die Unfälle nahmen kontinuierlich zu.

Der Rosenmontag 2018 war dann so ein Tag, an dem es knüppeldick kam.

Die Tragik des 12. Februar 2018 und ihre Folgen

Auf der BAB 5, bei km 592, Fahrtrichtung Nord, prallt ein Lkw mit Sattelauflieger um 14:18 Uhr mit 81 km/h ungebremst auf ein Stauende. Dabei schiebt er zwei Pkw auf einen Sattelzug mit Tankauflieger. Im vorderen Pkw stirbt der Fahrer. Im zweiten Fahrzeug kommen Vater, Mutter und eine 14-jährige Tochter ums Leben.

Der Lkw-Fahrer bleibt unverletzt. An dem Abfall-Tanklastfahrzeug reißt der Einfüllstutzen ab, es laufen mehr als 10.000 Liter Schweineblut aus, ergießen sich auf die Fahrbahn und fließen schließlich, von der Feuerwehr verdünnt, in den unter der Autobahn querenden Kraichbach. Neben dem verheerenden Anblick des Unfallausmaßes müssen die Retter den abgestandenen, eisenhaltigen Geruch des Schweineblutes aushalten, der bei einigen Würgereize auslöst. Sie bemerken erst spät, dass sich im hinteren der beiden völlig zerstörten und zusammengepressten Fahrzeugwracks noch Leben regt. Es ist die 15-jährige Tochter der Familie, die auf dem Rücksitz auf der Beifahrerseite schwerverletzt überlebt hat. Und sie war während der gesamten Zeit bis zu ihrer Bergung bei vollem Bewusstsein.

Im Jahresrückblich wird der Mannheimer Morgen an Silvester 2018 berichten[135]:
Verkehrspolizeichef Dieter Schäfer hat schon viele schwere Unfälle erlebt. Aber das Unglück, das am Rosenmontag auf der A 5 kurz vor dem Walldorfer Kreuz fast eine ganze Familie auslöscht, hinterlässt tiefe Narben bei Schäfer und seinen Kollegen. Die Ursache ist, wie so oft, die Unachtsamkeit eines Lkw-Fahrers. Der Brummifahrer erkennt das Stauende vor sich nicht rechtzeitig und fährt nahezu ungebremst in die Fahrzeugschlange vor ihm. Zwei Autos werden regelrecht zusammengedrückt, die Insassen haben keine Chance. Vier Menschen sterben, von einer Familie überlebt nur die Tochter. Die grauenhafte Situation am Unfallort bricht den Einsatzkräften das Herz. Und Schäfer beschließt, so kann es nicht weitergehen.
Als Verkehrspolizist, aber auch als Retter der unterschiedlichen Behörden und Organisationen mit Sicherheitsaufgaben (BOS) erlebt man berufsbedingt viele schwere Verkehrsunfälle. Jeder wirkt anders auf das psychische Korsett – deshalb ist es auch so wichtig, dass sich die Erfahrenen der Unerfahreneren annehmen und nach Abschluss der Rettungsmaßnahmen überprüft wird, ob jemand eine Belastungsstörung davongetragen hat und ggf. ein professionelles Debriefing benötigt. Der Begriff der BOS-Familie oder der BOS-Bruderschaft erklärt sich hier von selbst.
In diesem Metier begegnet einem der Tod immer als etwas Plötzliches und Unerwartetes. Abgesehen von den natürlichen Todesursachen wird man mit den unterschiedlichsten Arten physikalischer Wucht auf die Körper der Opfer konfrontiert.
Wie wohl jeder Polizist kann auch ich mich an meinen ersten tödlichen Verkehrsunfall noch sehr genau erinnern.

Die Konfrontation mit dem Unfalltod

Im Rahmen meines Studiums zum gehobenen Dienst musste ich im Sommer 1986 eine Woche Pflichtpraktikum bei einem Autobahnrevier verrichten. Es war ein ereignisloser Nachtdienst von Donnerstag auf Freitag. Kurz nach 2.00 Uhr kam die Alarmierung: schwerer Verkehrsunfall auf der BAB 5, Fahrtrichtung Nord, kurz nach Weinheim. Vor Ort bot sich ein grauenhaftes Szenario. Der junge Fahrer eines Austin Mi-

135 https://www.morgenweb.de/mannheimer-morgen_artikel,-metropolregion-max-achtzig-kennt-die-regeln-am-steuer-_arid,1377204.html?fbclid=IwAR2v5I4whZ2EDNvieL6MZVYBX6Zpa9lOjIpfoWkyy1oTwUMznTA8iHOpp38

ni-Cooper Cabrios hatte sich mit zwei befreundeten Autolenkern ein Spaßrennen geliefert.
Dabei berührten sich die Fahrzeuge. Ein Pkw wurde nach rechts abgewiesen und krachte unter einen Lkw, der auf der rechten Fahrspur unterwegs war. Die fünf Insassen wurden schwer verletzt. Der Mini, besetzt mit drei jungen Männern und einem 16-jährigen Mädchen, hatte sich mehrfach überschlagen. Die Insassen wurden dabei alle auf die Fahrbahn geschleudert und teilweise von nachfolgenden Fahrzeugen überrollt. Die Unfallstelle erstreckte sich über gut 100 Meter. Keiner der Körper blieb unversehrt. Über die gesamte Strecke fanden sich Blut- und Gewebeantragungen auf dem Asphalt.
Unter dieser psychischen Belastung beginnt dann die Arbeit des Unfallsachbearbeiters. Als solcher muss man exakt und gewissenhaft arbeiten, um die Wahrheitsfindung vor Gericht zu ermöglichen, aber insbesondere die späteren zivilrechtlichen Ansprüche der Beteiligten und Angehörigen abzusichern. Jedes Detail eines schweren Unfalles wird dokumentiert. So wird einem auch der Unfalltod in jedem Einzelfall brutal deutlich. Ich kann das nach so vielen Jahren sachlich verarbeiten. Es wäre jedoch nicht menschlich, wenn man im Einzelfall nicht doch eine zeitweilige Belastungsstörung davontrüge. Und genau das widerfuhr mir in den Folgetagen nach dem Rosenmontagsunfall 2018, nachdem ich immer mehr Detailkenntnisse zum Unfallhergang und zur Unfallsituation hatte. Dieser Unfall hat mich mitgenommen – weil er so unnötig war und so grausam und so real den gesellschaftlichen Umgang mit dem Verkehrstod in all seinen politischen Facetten widerspiegelt.

Wie groß ist die Betroffenheit beim Unfalltod?

Der Grad, aber insbesondere die Dauer der Betroffenheit hängt davon ab, ob der Verkehrsunfalltod einen Menschen aus der Gemeinschaft in deren gewohnheitsmäßigem Wohngebiet reißt, oder ob dieser anonym bei einem Unfall, z.B. auf einer Autobahn zuschlägt.
Nehmen wir den furchtbar tragischen Tod eines 10-jährigen Schülers im Jahr 2016 in Heidelberg[136], der in einer ausgewiesenen Schrittgeschwindigkeitszone vor seiner Schule auf frisch gefallenem Schneegraupel beim Spielen ausrutscht, bäuchlings mit dem Kopf vor den Vorderreifen eines Kleintransporters schlittert und überrollt wird. Er war sofort tot. Der Fahrer war dabei mit 20 km/h zu schnell unter-

136 https://www.rnz.de/nachrichten/heidelberg_artikel,-Heidelberg-Toedlicher-Unfall-in-Heidelbergs-Altstadt-Versoehnliche-Geste-der-Eltern-vor-Gericht-_arid,206957.html

wegs. Die große Betroffenheit und die Beschwerdemacht der Elternschaft löste die öffentliche Vergabe eines Sicherheitsaudits[137] für die gesamte Stadt aus. Das bringt den Jungen nicht zurück. Aber dadurch bewegt sich richtig etwas zur Verbesserung der Verkehrssicherheit für die schwächeren Verkehrsteilnehmer.
Klar löst auch der Tod von vier Menschen auf der Autobahn Betroffenheit aus, aber nur relativ kurze Zeit. Obwohl räumlich nah am eigenen Wohnort, setzen noch nicht mal im entferntesten Reaktionsmuster wie die in der Stadt Heidelberg ein.
Bundesfernstraßen sind weit weg. Die Toten kommen meist nicht aus der eigenen Umgebung. Und schwere Unfälle auf Autobahnen gehören zum Alltag, vermitteln uns die täglichen Meldungen in der Medienlandschaft, die ihrer Chronistenpflicht nachkommt.
Als überzeugter Verkehrspolizist, mit einem vereidigten Auftrag, Gefahren abzuwehren, macht es mich traurig, dass unsere Gesellschaft diesen Widerspruch zulässt. Die deutsche Gesellschaft ist für mich zu sehr „Tatort"-geprägt. Jeden Sonntagabend vermitteln die Fernseh-Kommissare, wie aufwendig, aber auch wie wichtig die Aufklärung von Kapitalverbrechen ist.
Auch unser Strafprozessrecht ist nach dieser Systematik aufgebaut. So werden bei einem Mord regelmäßig kriminalpolizeiliche Sonderkommissionen gebildet und oft Wochen und Monate mit großem Aufwand Ermittlungen nach dem Täter angestrengt. Kosten spielen dabei keine oder nur eine untergeordnete Rolle.
Die Zahl der Morde in Deutschland schwankt. 2018 gab es 386 Mordopfer[138].
Im gleichen Zeitraum stirbt jedoch ein Vielfaches an Menschen bei Verkehrsunfällen. 2018 waren es 3.265.
In beiden Fällen geht ein Menschenleben verloren und löst vergleichbares Leid und vergleichbare materielle Folgen für die Hinterbliebenen aus.
Der Bekämpfungsaufwand des Unfalltodes könnte in unserer Gesellschaft stärker ausgeprägt sein. Oft habe ich das Gefühl, dieser ist als Folge des zunehmenden Straßenverkehrs stillschweigend akzeptiert.
Seit 2007 hat sich zwar der deutsche Verkehrssicherheitsrat zu der in Schweden in den 1990er Jahren begründeten „Vision Zero"[139] bekannt, die Zahl der Verkehrstoten gegen Null zu führen. Die Europäische

137 https://www.heidelberg.de/hd,Lde/HD/Leben/sicherheitsaudit.html
138 https://de.statista.com/statistik/daten/studie/2229/umfrage/mordopfer-in-deutschland-entwicklung-seit-1987/
139 https://de.wikipedia.org/wiki/Vision_Zero

Kommission hat hierfür das Zieljahr 2050 ausgegeben. Und dennoch – es könnte hinsichtlich technischer Prävention weit mehr und vor allem schneller etwas geschehen, wenn der öffentliche Druck zunähme.
Ich hatte einen schweren Stand, den Unfall vom Rosenmontag und die täglich existente Todesgefahr am Stauende längerfristig ins Bewusstsein der Entscheider zu rücken. Hierzu bedarf es eines tiefergehenden Detailwissens.

Abgelenkte Lkw-Führer am Stauende – Beurteilung der Gefahrenlage

Der tödliche Unfall auf der BAB 5, Fahrtrichtung Nord, geschah etwa bei km 592. Die Besonderheit bei der Annäherung an die Unfallgefahr ist, dass der sich mit ca. 89 km/h nähernde Lkw-Fahrer aufgrund einer langgezogenen Rechtskurve mit Scheitelpunkt bei km 593,5 ein sich weiter vorne aufbauendes Stauende erst sehr spät wahrnimmt. Ist er bei der Kurvenfahrt abgelenkt, nimmt er im Augenwinkel den auf dem linken und mittleren Fahrstreifen noch frei fließenden Verkehr wahr und rechnet nicht mit bereits stehenden Fahrzeugen am Stauende auf dem rechten Fahrstreifen, schlimmstenfalls bereits unmittelbar hinter dem Kurvenscheitelpunkt. Es bleibt ihm, wenn überhaupt, nur eine sehr kurze Reaktionsphase und er fährt nahezu ungebremst oder mit nur wenig reduzierter Geschwindigkeit auf.
Die Gefahr entsteht regelmäßig, wenn sich vom Walldorfer Kreuz ein Rückstau auf dem Abbiegestreifen aufbaut und dieser in Richtung Parkplatz Lußhardt und darüber hinaus anwächst. Wenn just in dieser Phase ein Lkw-Fahrer abgelenkt ist, kommt es zum fatalen Aufprall.

2. März 2018: Jahrespressekonferenz zur Unfalllage

Das Medieninteresse war sehr groß. Die Unfalllage auf der Autobahn war eines der zentralen Themen. Hierzu habe ich folgendes Statement vorbereitet:

Alarmierender Anstieg der Unfallgefahren rund ums Walldorfer Kreuz

Der Schock beim fatalen Auffahrunfall auf der A5 mit vier Toten und einer Schwerverletzten wirkt immer noch nach. Ursächlich war vermutlich ein Aufmerksamkeitsdefizit beim verursachenden Lkw-Fahrer.
Beim Blick auf die örtliche Unfallverteilung liegen die Schwerpunkte eindeutig auf der A6 vor und nach dem Walldorfer Kreuz in Fahrtrichtung Ost und auf der A5 in Fahrrichtung Nord. Hier verzeichnen wir auf Teilstücken eine Zunahme um bis zu 78% gegenüber dem Vorjahr – Folge der Einrichtung der Dauerbaustelle zwischen den Anschlussstellen Rauenberg und Sinsheim und der chronischen Überlastung der A6. Mit

täglichen Durchfahrtsmengen an Werktagen von nahezu 100.000 Fahrzeugeinheiten bei rund 23.000 Schwerlastfahrzeugen ist die Kapazitätsgrenze zu Spitzenzeiten deutlich überschritten. Der Rückstau wirkt sich auch auf die A5 zwischen der Anschlussstelle Kronau und dem Kreuz aus. Ab km 593 (Parkplatz Lußhardt) erhöht sich deshalb die Gefahr für Auffahrunfälle deutlich. Und die Verkehrsprognose des Bundesministeriums für Verkehr (BMVI) weist bis 2030 einen weiteren deutlichen Anstieg im Schwerlastverkehr aus.

„Wir müssen schnellstmöglich hinsichtlich der Aufmerksamkeitsdefizite bei den schwarzen Schafen unter den Lkw-Fahrern intervenieren", fordert der Verkehrspolizeichef des Polizeipräsidiums Mannheim. „Kurzfristig brauchen wir wirksame Warnungen vor Unfallgefahren." Hierzu hat er eine Sondersitzung der Verkehrsunfallkommission beim Regierungspräsidium angeregt, die noch im März einberufen wird.

Mittelfristig ist aus Sicht Schäfers eine digitale, verkehrsmengenabhängige Verkehrsbeeinflussungsanlage rund um das Walldorfer Kreuz zur Verhinderung weiterer schwerer Unfälle unumgänglich.

Zum Selbstschutz empfiehlt der Verkehrspolizeidirektor Autofahrern bei Annäherung an ein Stauende zunächst ein, zwei Fahrzeuglängen Abstand zum Vordermann zu lassen und den Verkehrsraum auf Ausweichmöglichkeiten zu sondieren. Gleichzeitig soll man immer auch den nachfolgenden Verkehr im Rückspiegel beobachten und erst zum Vordermann aufschließen, wenn sicher ist, dass die nachfolgenden Fahrzeuge sicher zum Stand kommen.

Die Resonanz war erwartet groß. Die Stuttgarter Nachrichten recherchierten und berichteten sogar über den gesamten Verlauf der BAB A6 in Baden-Württemberg. Hierdurch war die Öffentlichkeit wachgerüttelt. Und die Presse blieb dran am Thema.

Am 16. März veröffentlichten wir unsere geplanten Aktionen:

Autobahnpolizei nimmt fahrerfremde Tätigkeiten ins Visier

Die Verhinderung von Aufmerksamkeitsdefiziten bei Fernfahrern auf der Autobahn wird seit dem tragischen Auffahrunfall am Rosenmontag auf der A5, kurz vor dem Walldorfer Kreuz, bei dem vier Menschen getötet wurden, bei der Mannheimer Verkehrspolizei intensiv diskutiert.

Unabhängig von den technischen und baulichen Möglichkeiten und Maßnahmen, welche die Unfallkommission beim Regierungspräsidium Karlsruhe am 22. März 2018 im Rahmen des Engeneerings beschließen wird, hat die Verkehrspolizeidirektion im Benehmen mit der Zentralen Bußgeldstelle (ZBS) in Karlsruhe eine Verschärfung der Enforcement-Maßnahmen beschlossen.

Neben der Möglichkeit, die missbräuchliche Nutzung elektronischer Geräte im Führerhaus seit Oktober 2017, gemäß dem neuen § 23 Absatz

1a StVO (Bußgeldkatalog TBNR 123624), mit 100 Euro Geldbuße und einem Punkt in Flensburg zu ahnden, waren sogenannte fahrerfremde Tätigkeiten bisher eher eine Grauzone.
Ab sofort wird die ZBS Tätigkeiten wie Frachtpapiere sichten, Zeitung lesen, Kaffee kochen und ähnliches nach § 3 Abs. 1 StVO (Bußgeldkatalog TBNR 103618) ahnden und ebenfalls mit 100 Euro Bußgeld und einem Punkt belegen.
Demnach darf ein Fahrzeugführer nur so schnell fahren, dass er sein Fahrzeug ständig beherrscht. Der abgewandt, geneigte Blick bei der fahrerfremden Tätigkeit sowie die gedankliche Abgelenktheit beeinflussen die Reaktionsfähigkeit derart negativ, dass ein Anhalten innerhalb der noch übersehbaren Strecke nicht möglich wäre. Die Reaktionszeit beträgt bei einem durchschnittlichen Autofahrer ca. 1 Sekunde. Bei einer gefahrenen Geschwindigkeit von etwa 80 km/h legt das Fahrzeug ca. 22 Meter pro Sekunde zurück. Diese Strecke kann der Fahrzeugführer durch die ablenkende Tätigkeit nicht überblicken, demzufolge könnte er im Bedarfsfalle auch nicht entsprechend reagieren.
„Wir setzen hier ab sofort einen Überwachungsschwerpunkt. Rund um das Walldorfer Kreuz werden an Werktagen, zu den unfallrelevanten Zeiten, zivile Streifenfahrzeuge auf den unfallbelasteten Strecken im Verkehr mitschwimmen, den Schwerlastverkehr beobachten, schwarze Schafe identifizieren und diese sanktionieren", so Polizeidirektor Dieter Schäfer, der Verkehrspolizeichef. Diesen Sonderauftrag erhalten auch alle Autobahnpolizisten auf regulärer Streifenfahrt.
Schäfer kündigt bereits jetzt weitere Intensivmaßnahmen an, die sich an den Beschlüssen der Unfallkommission ausrichten.
Und auch im Bereich der Education plant die Verkehrspolizei die Einbindung weiterer Partner, um die tödlichen Gefahren einzudämmen.

Die Unfallkommission

Am 22.03.2018 fand die von uns forcierte außerordentliche Sitzung der Unfallkommission beim Regierungspräsidium Karlsruhe statt.
Das Polizeipräsidium Mannheim forderte zur schnellen Gefahrenreduzierung die Verminderung der Geschwindigkeit für Lkw auf 60 km/h im staurelevanten Zeitraum.
Nach kontroverser Diskussion wurde unser Antrag verworfen. Der Leichtigkeit des Verkehrs auf Bundesfernstraßen wurde Vorrang gewährt. Auf der BAB A5 wurde ein Geschwindigkeitstrichter mit 80 km/h und die Einrichtung einer verkehrsmengenabhängigen Stauwarnanlage mit Klappbeschilderung beschlossen. Auf BAB A6 wurde die Geschwindigkeit vor dem Walldorfer Kreuz in Fahrtrichtung Ost auf 120 km/h begrenzt.

Nach Kommissionsende kündigte das Regierungspräsidium Karlsruhe eigene Öffentlichkeitsmaßnahmen zum Ergebnis an. Der Pressesprecher beantwortete die Presseanfragen aber lediglich fernmündlich. In der Rhein-Neckar-Zeitung vom 23. März 2018 wird berichtet und er dabei zitiert: *Unachtsamkeit vermutete die Polizei als Ursache für diesen Unfall. „Das können wir mit den beschlossenen Maßnahmen nicht beeinflussen", bedauerte Herzel. Aber vielleicht kann es die Polizei.*[140]
Aufgrund dieser Aussage riefen die Redakteure der Stuttgarter Zeitung, der Rhein-Neckar-Zeitung und des Mannheimer Morgen bei uns an und wollten eine Stellungnahme.
Diese ist authentisch in der Rhein-Neckar-Zeitung vom 23. März 2018 nachzulesen:
Dieter Schäfer schickt es gleich voraus: „Mir steht es nicht zu, die Entscheidungen der Verkehrskommission zu kritisieren. Sie sind sicher richtig." Aber als Verkehrspolizeichef beim Polizeipräsidium Mannheim sagt Schäfer auch: „Wir hätten uns mehr gewünscht." Die Gefahren schwerer Lastwagenunfälle auf der A 5 zwischen Kronau und dem Walldorfer Kreuz würden durch einen Tempo-Trichter runter auf 80 Stundenkilometer nicht gebannt. Diesen hatte die Expertenrunde am Donnerstag in einer Sitzung im Regierungspräsidium Karlsruhe beschlossen. Und ebenso die Installation einer Stau-Warnanlage – zunächst für die Zeit der Fahrbahnbaustelle in diesem Bereich. Schäfer fordert dagegen Tempo 60, eine dauerhaft installierte Stauwarnung, ein Überholverbot für Lastwagen, um Abstandskontrollen möglich zu machen und permanente Geschwindigkeitskontrollen.
Dafür würden sich laut Schäfer besonders sogenannte „Enforcement-Trailer" eignen. Das sind moderne, mobile Blitzer, die mehrere Tage am Stück ohne Personaleinsatz funktionieren. Da käme kein Temposünder davon. Auch Innenminister Thomas Strobl (CDU) ist ein Fan dieser Technik und hatte angesichts der steigenden Unfallzahlen im Land schon im Februar zur Blitz-Attacke geblasen. Schäfer wäre es recht.[141]
Die Berichterstattung löste nun eine politische Diskussion aus. Landtagsabgeordnete der Regierungsparteien, aber auch der Opposition stellten kleine Landtagsanfragen (Dr. Boris Weirauch, SPD[142], Dr. Alb-

140 https://www.rnz.de/nachrichten/metropolregion_artikel,-a5-am-walldorfer-kreuz-tempo-runter-sicherheit-rauf-_arid,346925.html
141 https://www.rnz.de/nachrichten/metropolregion_artikel,-autobahn-beim-walldorfer-kreuz-verkehrspolizeichef-fordert-tempo-60-auf-der-a5-_arid,347188.html
142 https://www.landtag-bw.de/files/live/sites/LTBW/files/dokumente/WP16/Drucksachen/3000/16_3831_D.pdf

recht Schütte, CDU[143]). Und auch der Landtagsabgeordnete der Grünen, Hermino Katzenstein, engagierte sich mit einem Abgeordnetenschreiben an den Verkehrsminister[144].
Das Bewusstsein um die Dringlichkeit der Gefahrenabwehr wurde dadurch in einer breiten Öffentlichkeit geschärft und führte zur schnellen Umsetzung der in der Unfallkommission beschlossenen Maßnahmen. Zusätzlich erfolgte die Installation von verbesserten Stauwarnanlagen. Unser vorrangiges Ziel, die Reduzierung der Geschwindigkeit für Lkw auf 60 km/h war damit zwar nicht erreicht. Aber die Öffentlichkeit würde sensibilisiert bleiben.
Und die Serie der Lkw-Unfälle riss nicht ab...

Optionen zur Gefahrenbeseitigung

Staatliche Stellen haben bei der Gefahrenabwehr einen Ermessensspielraum. Dieser kann jedoch bei entsprechender Gefahrenintensität bis auf Null schrumpfen und zum Handeln verpflichten. Für die qualitative Einordnung einer Gefahr gibt es eine skalierte Systematik. Abstrakte Gefahren dienen zum Erlass von Verordnungen und Gesetzen. Die Polizei braucht eine konkrete Gefahr zum unmittelbaren Einschreiten. Eile ist geboten bei dringenden oder unmittelbar bevorstehenden Gefahren. Ist dabei eine unbestimmte Zahl von Menschen an Leib oder Leben bedroht, spricht man von einer gemeinen Gefahr.
Die akuten Unfallgefahren haben mindestens diese Qualität einer gemeinen Gefahr i.S. des Polizeigesetzes von Baden Württemberg. Im Einzelfall droht für eine unbestimmte Personenmehrheit sogar eine akute Lebensgefahr. Die Abwehr solcher Gefahren duldet keinen Aufschub. Ein Ermessensspielraum ist sehr stark eingeschränkt – eigentlich ist er in so einer Situation aufgebraucht.
Aber was löst die Gefahren aus und welches Handeln ist angezeigt?
Kein Fahrer fährt absichtlich auf ein Stauende auf!
Es ist somit kein Geschwindigkeitsproblem, ursächlich ist ein Aufmerksamkeitsdefizit.

Telematische und technische Lösungen

Der abgelenkte Fahrer braucht bei entstehender Gefahr einen „Weckreiz". Dieser kann nur optisch gegeben werden. Es gibt auf dem Markt Stauwarnanlagen, die verkehrsmengenabhängig die Staugefahr be-

---

143 https://www.landtag-bw.de/files/live/sites/LTBW/files/dokumente/WP16/Drucksachen/3000/16_3837_D.pdf

144 http://hermino-katzenstein.de/pressemitteilung/verkehrspolitiker-katzenstein-setzt-auf-optischen-weckreiz

rechnen und einen Sendeimpuls an ein programmierbares Display abgeben.
So kann in Echtzeit auf die entstehende Gefahrensituation hingewiesen werden. Das Display könnte durch lichtstarkes Blinken des vorprogrammierten Warnzeichens den optischen Warnimpuls geben, den der abgelenkte Fahrer auch im Augenwinkel, beim peripheren Sehen, wahrnimmt. Diese Lösung wäre vorteilhafter als eine dauerhafte Geschwindigkeitsreduzierung, weil tatsächlich nur während der Zeiten mit Staugefahr, also in Echtzeit, gewarnt würde und dadurch eine höhere Akzeptanz beim Verkehrsteilnehmer entstünde.
Aktuell führt z.B. die Firma AVTC aus Aachen[145] ein Projekt auf der BAB A8 zwischen Pforzheim-Nord und Pforzheim-Süd an der Baustelle Enztalquerung durch. Konzeptioniert ist u.a. eine modulare integrierte Stauwarnanlage (iStWA). Diese soll mittels LED-Wechselverkehrszeichen (WVZ) die Verkehrsteilnehmer automatisch über die vor der Baustelle zu erwartenden Rückstaus warnen und ggf. zulässige Höchstgeschwindigkeiten anzeigen.
Eine solche technische Lösung dauert natürlich, weil die Realisierung in der Regel eines öffentlichen Auftrages bedarf. Möglicherweise muss auch öffentlich ausgeschrieben werden.
Die Gefahrenbeseitigung duldet aber keinen Aufschub.

Der Weckreiz
Pragmatisch und sofort könnte der Blitz einer Geschwindigkeitsmessanlage den erforderlichen Weckreiz bei einem abgelenkten Fahrer setzen.
Eine polizeiliche Geschwindigkeitsüberwachung bei zulässigen 80 km/h für Lkw ergibt aber keinen Sinn, da richterlich eine Toleranz von 3 km/h vorgegeben ist und eine Überschreitung um 5 km/h als unbedeutende Ordnungswidrigkeit nicht geahndet wird. Bundesweit wird so erst ab 89 km/h geblitzt. Und kaum ein Lkw fährt schneller. Eine auch finanziell abschreckende Wirkung des Bußgeldes tritt zudem erst ab einer Überschreitung um 16 km/h mit 70 Euro und einem Punkt in Flensburg ein.
Unter den 15.017 im Jahr 2017 vom Polizeipräsidium Mannheim angezeigten Geschwindigkeitsverstößen auf der BAB waren deshalb auch nur 63 Lkw-Fahrer. 2018 forcierten wir unsere Maßnahmen. Aber auch bei 22.636 geahndeten Geschwindigkeitsüberschreitungen mussten nur 145 Trucker verwarnt werden.

145 http://www.avt-consult.de/index.php?option=com_content&view=article&id=48&Itemid=12&lang=de

Da eine polizeiliche Geschwindigkeitsüberwachung bei zulässigen 80 km/h für Lkw ins Leere greift, müsste für eine effiziente Überwachungsmöglichkeit zunächst eine Reduzierung der Geschwindigkeit für Lkw auf 60 km/h verfügt werden.
Auf Bundesfernstraßen argumentierten die Straßenverkehrsbehörden hinsichtlich der Anordnung von Geschwindigkeitsbeschränkungen regelmäßig mit der sogenannten Leichtigkeit des Verkehrs. Deren Einschränkung stellt erfahrungsgemäß eine hohe Hürde dar.
Zur Reduzierung der Aufprallgeschwindigkeit abgelenkter Lkw-Führer wäre neben der Stauwarnung aber eine temporäre Anordnung von 60 km/h für Lkw auf der A5 zumindest vor der Kurve vor km 594 aus Gründen der Gefahrenabwehr und zur Reduzierung der Aufprallwucht geboten.
Zur Leichtigkeit des Verkehrs mache ich folgende Rechnung auf. Pro gefahrenem Kilometer erreicht ein Lkw bei konstant 80 km/h einen Zeitgewinn von 27 Sekunden gegenüber einem Lkw mit 60 km/h, also 1 Minute und 8 Sekunden auf der gesamten Strecke von vier Kilometern bis zum Autobahnkreuz. Dafür hat er bei trockenen Straßenverhältnissen in einer Gefahrensituation einen bis zu 30 Metern längeren Anhalteweg. Falls noch eine kurze Notbremsung möglich ist, prallt ein mit 89 km/h fahrender 40-Tonner mit 60 bis 70 km/h auf das Stauende, der mit 60 bis 69 km/h fahrende vielleicht mit 30 bis 40 km/h. Das kann Leben retten.
Trotz aller Toleranzen kann dann bereits ab 70 km/h geblitzt und können schwarze Schafe ab 76 km/h abschreckend sanktioniert werden, sofern die Bußgeldstelle den Verstoß verfolgt.
Viel wichtiger dabei ist: Blitzer werden wahrgenommen, rütteln zusätzlich wach und sprechen sich herum. Eine präventive Wirkung auf die Berufskraftfahrer kann unterstellt werden, denn sie kennen die Strecken mit Staupotenzial.

Und es geht doch!
Die nicht abreißende Serie von Lkw-Unfällen war nur schwer zu ertragen, weil mittlerweile auf der ebenfalls durch eine Dauerbaustelle stark unfallbelasteten BAB A6 im Norden von Mannheim die Unfallzahlen rapide sanken.
Die zuständigen hessischen Behörden hatten nach neun Unfalltoten binnen eines Jahres die Reißleine gezogen und ab Mitte 2017 die Geschwindigkeit für Lkw tagsüber auf 60 km/h und die für Pkw auf 80 km/h begrenzt.
Begleitet wurde die Maßnahme durch intensive Geschwindigkeitsüberwachungen. Waren im zweiten Halbjahr 2017 noch wenige Unfäl-

le mit Verletzten zu beklagen, ereigneten sich im Jahr 2018 nur noch Bagatellunfälle mit Lkw-Beteiligung.
Es handelt sich jedoch um eine zweispurige Richtungsfahrbahn. Anders verhält es sich bei dreispurigen Fahrbahnen. Eine wirksame Reduzierung des Geschwindigkeitsniveaus ist nur dann zu erwarten, wenn alle Verkehrsteilnehmer die Anordnungen akzeptieren.
Das ist gegenwärtig auf der A5 vor dem Walldorfer Kreuz leider nicht durchgängig der Fall, da die zeitlichen Beschränkungen auch in staufreien Phasen gelten. Die Verkehrsteilnehmer sehen den Sinn der Geschwindigkeitsbegrenzung bei freier Fahrt auf drei Spuren nicht ein und fahren dann deutlich schneller, wie unsere Testmessungen ergeben haben. So besteht die Gefahr trotz Geschwindigkeitstrichter weiter.
Natürlich registrierte auch die baden-württembergische Unfallkommission unter Federführung des Verkehrsministeriums die Entwicklungen auf der A6. Mittlerweile ist man auch in diesem Gremium soweit, dass man ein effizienteres Staumanagement vor Autobahnbaustellen beschlossen hat. Mit der Umsetzung der Maßnahmen beginnt man nun nach und nach.

Vernetzung bestehender Systeme
Besonders geeignet und auch wirksam wäre die Kombination einer digitalen Stauwarnanlage mit digitalen Anzeige-Displays (Bsp. iStWA) und einer autonomen Geschwindigkeitsmessanlage wie dem sogenannten Enforcement-Trailer[146]. Dieser kann ohne Personaleinsatz, digital und stauabhängig gesteuert, während der staurelevanten Zeiten alle Verstöße vollautomatisch erfassen und dokumentieren. Herrscht keine Staugefahr, wäre freie Fahrt möglich.
Technisch sollte das kein Problem sein. Hierzu müsste aber eine Nahtstelle zwischen beiden Systemen programmiert werden. Sie ahnen es, es bedarf eines öffentlichen Auftrages hierfür. Das kann dauern.
In diesem Fall aber nur ein Jahr, die Verantwortlichen haben meine Idee aufgegriffen. Die technische Lösung ist im Frühsommer 2019 bei der Physikalisch-Technischen Bundesanstalt in Braunschweig angemeldet worden. Einem baldigen Einsatz solcher Kombinationen an Dauerbaustellen auf Autobahnen für ein gefahrenabwehrendes Staumangement steht hoffentlich bald nichts mehr entgegen.
Wünschenswert ist eine solche Anlage nicht nur für die Todeszone an der BAB A5. Gleiches gälte auch für die stark unfallbelasteten Stre-

146 https://www.vitronic.de/verkehrstechnik/anwendungen/verkehrsueberwachung/geschwindigkeitsmessung/enforcement-trailer.html

ckenabschnitte auf der A6, Fahrtrichtung Ost, vor und nach dem Walldorfer Kreuz und für die Strecke von Sinsheim / Steinsfurt bis Baustellenbeginn in Fahrtrichtung West, die sich 2018 zum Unfall-Hotspot entwickelt hatte. Und die Gefahren werden auch nicht verschwinden, da das Walldorfer Kreuz in einem Zeitraum von sieben Jahren bis 2022 komplett umgebaut wird.

Deutschland – ein Sanierungsfall

Hellhörig und problembewusst sollte uns auch die folgende Erkenntnis machen. Das Autobahnstraßennetz in Deutschland ist ein einziger Sanierungsfall. Die massive Zunahme des Lkw-Transitverkehrs nach dem Fall der Mauer und der Ostblocköffnung fordert nun nach drei Jahrzehnten ihren Tribut.

Die Bundesanstalt für Straßenwesen (BASt) hat so zum Beispiel die 40.000 Autobahnbrücken untersucht.[147] In der Notenvergabe sind knapp 5.000 Bauwerke „nicht ausreichend“ und schlechter, mehr als 700 gar „ungenügend“.

Der ADAC berichtet, dass laut BASt die Bewertung „ungenügend“ aber nicht mit Einsturzgefahr gleichzusetzen ist. Diese Note sei ein Hinweis an die Behörden, umgehend Reparaturen oder Verkehrsbeschränkungen anzuordnen, was standardmäßig auch erfolge. Aufgrund dieser umfangreichen Inspektionen sind namhafte Experten und der ADAC davon überzeugt, dass ein Einsturz wie in Genua am 14. August 2018 in Deutschland ausgeschlossen ist.[148]

Allerdings ist bei erheblichen Mängeln dringendes Handeln angezeigt. Vergeben die amtlichen Prüfer ein „Ungenügend“, setzen die Behörden umgehend Bautrupps in Bewegung und verhängen in gravierenden Fällen Sofortmaßnahmen wie Sperrungen, Fahrbahnverengungen, Tempolimits – siehe die Rheinbrücken in Leverkusen oder Duisburg. Bei derart zermürbten Bauwerken helfen nur noch ein Neubau und fortlaufende Erhaltungsarbeiten der Altbrücke bis zum Abriss.[149]

Das wird Jahrzehnte in Anspruch nehmen. Entlang der Hauptrouten bleibt deshalb die Staugefahr hoch.

Aus diesem Grund plädiere ich, mobile integrierte Stauwarnanlagen in Kombination mit autonomen Geschwindigkeitsmessanlagen nach Genehmigung durch die Physikalisch-Technische Bundesanstalt zur

147 https://www.bast.de/BASt_2017/DE/Statistik/Bruecken/Zustandsnoten.pdf?__blob=publicationFile%26v=7

148 https://www.adac.de/der-adac/motorwelt/reportagen-berichte/sicher-mobil/bruecken-deutschland/

149 ADAC Bericht a.a.O.

Serienreife zu bringen und diese als Standard vor Dauerbaustellen einzusetzen.
Ich bin mir sicher, dass eine solche Kombination an jeder länger eingerichteten Autobahnbaustelle die Unfallgefahr erheblich reduzieren würde.

Enforcement –
Verhaltensänderung durch Ahndung von Verkehrsverstößen?
Die Verkehrspolizei kann derzeit nicht effizient mit Geschwindigkeitsmessungen eingreifen und auch Abstandsmessungen sind erst bei eingerichtetem Überholverbot für Lkw richtig beweissicher zu ahnden. Außerdem sind geschätzt 70 Prozent des Lkw-Aufkommens auf der BAB A 6 Transitverkehr, überwiegend aus Osteuropa. Und das bereitet uns insbesondere im Hinblick auf die Ahndung der Abstandsverstöße immense Schwierigkeiten. Grundsätzlich verfolgen wir diese im digitalen Brückenabstandsmessverfahren (VIDIT VKS). Die Zentrale Bußgeldstelle Baden-Württemberg versendet dann die Bußgeldbescheide. Problematisch wird es bei Verstößen von ausländischen Fahrern.
Die Verfolgung ausländischer Fahrer regelt die am 17. April 2015 in Kraft getretene Richtlinie 2015/413/EU (Verkehrsdelikte-Richtlinie)[150]. Sie soll die Rückverfolgbarkeit von Verkehrssündern in der gesamten EU gewährleisten und ermöglichen. Ziel ist, die Straßenverkehrssicherheit zu verbessern und die Gleichbehandlung aller Fahrer sicherzustellen. Allerdings erstreckt sich der Regelumfang gemäß Artikel 2 nur auf folgende, die Straßenverkehrssicherheit gefährdende Verkehrsdelikte in der EU und dem Europäischen Wirtschaftsraum:

- Geschwindigkeitsübertretung
- Nichtanlegen des Sicherheitsgurts
- Überfahren eines roten Lichtzeichens
- Trunkenheit im Straßenverkehr bzw. Fahren unter Drogeneinfluss
- Nichttragen eines Schutzhelms
- unbefugte Benutzung eines Fahrstreifens
- rechtswidrige Benutzung eines Mobiltelefons oder anderer Kommunikationsgeräte beim Fahren

Die Verfolgung dieser verkehrssicherheitsgefährdenden Verstöße ist an diverse Bedingungen geknüpft. Sie erfolgt durch eine nationale Kontaktstelle des jeweiligen Mitgliedstaates. Diese hat direkten Zugriff

150 https://de.m.wikipedia.org/wiki/Richtlinie_2015/413/EU_(Verkehrsdelikte-Richtlinie)

auf die Daten des Fahrzeugs und des Halters. Der angefragte Mitgliedsstaat muss die Daten zur Verfügung stellen.
Wird ein Bußgeld oder eine Geldstrafe nicht bezahlt, können diese auf der Grundlage eines Rahmenbeschlusses[151] durch die nationalen Behörden zwangsweise eingetrieben werden. Aber nur, wenn ein nationales Gesetz zur grenzüberschreitenden Vollstreckung im Unionsmitgliedsstaat besteht und die Strafe 70 Euro übersteigt. Ausgenommen sind bereits gültige Abkommen, wie z.B. zwischen Deutschland und Österreich aus dem Jahr 1988[152], das bereits ab einer Mindeststrafhöhe von 25 Euro greift.
Sie werden es vielleicht gemerkt haben. Eine der Hauptursachen für Auffahrunfälle, die Unterschreitung des vorgeschriebenen Sicherheitsabstandes von 50 Metern bei Lkw fehlt unverständlicherweise im Regelumfang der zitierten EU-Richtlinie. Wie gesagt, Ziel der Richtlinie ist die Rückverfolgbarkeit verkehrssicherheitsgefährdender Verstöße – da gehörten die Abstandsverstöße in jedem Falle dazu.
Dafür sind in der Aufzählung die reinen Anhalte-Kontrolldelikte Trunkenheit im Straßenverkehr und Fahren unter Drogeneinfluss enthalten, die bei Ausländern regelmäßig eine sognannten Sicherheitsleistung gemäß § 132 der Strafprozessordnung (StPO) nach sich ziehen und das Verfahren damit im Einzelfall abgesichert ist.

Haben osteuropäische Fahrer einen Verfolgungsbonus?
Viele Fahrer aus osteuropäischen Ländern werden gar nicht zur Kasse gebeten[153]. So ist es gängige Praxis, dass die Bußgeldstellen die Verkehrsdelikte-Richtlinie der EU gar nicht umsetzen und die Datenbestände von Osteuropäern bei automatisierten Überwachungsverfahren, wie z.B. Geschwindigkeit, einfach nicht weiterverfolgen. Das zeigt ein Forschungsprojekt für das Bundesverkehrsministerium aus den Jahren 2017/18 unter Leitung von Prof. Dr. Dieter Müller vom Institut für Verkehrsrecht und Verkehrsverhalten in Bautzen.
Außerdem gibt es in vielen Fällen gar keine bilateralen Rechtshilfeabkommen. Die Bundesregierung ist hier bisher untätig geblieben. Dem-

151 https://eur-lex.europa.eu/legal-content/DE/ALL/?uri=CELEX%3A32005F0214
152 http://www.verwaltungsvorschriften-im-internet.de/bsvwvbund_03091990_VII61300810ST3.htm
153 https://www.focus.de/auto/millionenbetraege-entgehen-temposuender-aus-osteuropa-bleiben-auf-deutschen-strassen-oft-straffrei_id_8515391.html

nach ist es für Behörden so gut wie unmöglich, Verwarnungsgelder in Osteuropa einzuziehen, da hierfür offizielle Vorgaben fehlen.
Bei Temposündern aus Österreich, Frankreich oder den Niederlanden beispielsweise ist das anders. Bayern unterhält etwa mit Österreich sogar eine eigene Austauschstelle für Bußgelder.
Insofern ist schon Kritik an den Verfassern dieser EU-Richtlinie aus den zuständigen Ministerien, am BMVI und an der Verwaltungspraxis vieler deutscher Bußgeldbehörden angebracht.

Die Überwachungsrealität

Aber zurück zur Praxis: Ein Ahndungserfolg und der erzieherische Effekt des Bußgeldes ist somit nur durch das sofortige Anhalten des osteuropäischen Fahrers durch die Autobahnpolizei und die Erhebung einer Sicherheitsleistung zu erzielen. Hier kann der Kontrollbeamte zur Sicherung des Bußgeldverfahrens einen Geldbetrag in Höhe der zu erwartenden Geldbuße nebst Gebühren einbehalten und bei Gericht einbezahlen. Dies scheitert jedoch oft daran, dass osteuropäischen Fahrer nur wenig Bargeld mitführen.
Ein rumänischer Lkw-Fahrer erhält beispielsweise national einen Stundenlohn von weniger als 2,50 Euro. Bei internationalen Fahrten bekommt er einen Spesenzuschlag, sodass er an den Mindestlohn herankommt. Dennoch verfügt er nicht über ausreichend Barmittel. Die Beamten versuchen dann im Kontakt mit der ausländischen Spedition, die Sicherheitsleistung über die Kreditkarte des Fahrers, die er fürs Tanken mitführt, an einem Bankautomaten zu erheben. Diese Einzelmaßnahmen sind sehr zeitaufwendig. Außerdem fehlt es oft an geeigneten Anhalte- und Kontrollorten, weil die wenigen Stellflächen zu Stoßverkehrszeiten hoffnungslos überlastet sind. So werden leider immer nur Einzelfälle verfolgt. Täglich passieren mehr als 20.000 Lkw das Walldorfer Kreuz. Die Kontrollwahrscheinlichkeit für den Einzelnen ist somit sehr gering. Der erzieherische Effekt bleibt mangels Kontrolldruck aus.
Verwunderlich ist in diesem Zusammenhang, dass sich die nationalen und westeuropäischen Unternehmer und deren Verbände noch nicht gegen diese offensichtliche Ungleichbehandlung ihrer Fahrer bei der Verfolgung von Ordnungswidrigkeiten zu Wort gemeldet haben.
Immerhin gehen vereinzelte Bußgeldbehörden dazu über, aus EUCARIS[154], dem europäischen Fahrzeug- und Führerscheininformationssystem die Halterdaten zu erheben und Bußgeldbescheide direkt an den Betroffenen im Ausland zu versenden. Und es werden sogar Buß-

154 https://www.kba.de/DE/ZentraleRegister/EUCARIS/eucaris_node.html

gelder überwiesen. Allerdings gilt das nur für die beteiligten Staaten, die ihre Daten einpflegen – wenigstens ein Anfang.

Notbremsassistenten – Wie wirksam ist diese Fahrzeugtechnik?
Seit 1. November 2015 müssen alle neu zugelassenen Lkw mit mehr als 8 t zulässigem Gesamtgewicht mit einem Notbremsassistenten (AEBS: **A**dvanced **E**mergency **B**raking **S**ystem) ausgestattet sein. Der Lkw muss dabei um 10 km/h abgebremst werden.
Seit 1. November 2018 muss das AEBS in der Lage sein, den Lkw im Gefahrenfall um 20 km/h abzubremsen.
Auch ein eingebauter Notbremsassistent nach dieser Euronorm hätte beim „Rosenmontags-Unfall" wenig geholfen. Ausgehend von 81 km/h Aufprallgeschwindigkeit wäre der Einschlag mit 71 km/h oder bestenfalls 61 km/h erfolgt. Die Aufprallgeschwindigkeit reicht für schwerste Folgen. Das zeigt ein Crash-Test des ADAC[155].
Ein Aufprall mit 70 km/h mit einem nur 5,5 Tonnen schweren Lkw reicht aus, um bei zwei Pkw am Stauende die gleichen verheerenden Folgen zu verursachen, wie beim tödlichen Unfall am Rosenmontag 2018.
Allerdings sind die Festschreibungen der EU-Norm längst überholt und die Technik ist fortgeschritten. Die Verkehrswacht Niedersachsen ist in Deutschland führend in Feldbeobachtungen.[156]. Demnach war die gültige Verordnung eben zum Zeitpunkt des Erlasses aufgrund des Entwicklungsstands der Technik sehr zurückhaltend formuliert. Abgeleitet aus den Beobachtungen und Untersuchungsergebnissen der Lkw-Unfälle in Niedersachsen, haben die Beteiligten über das Land Niedersachsen Empfehlungen in den Bundesrat eingebracht, die von diesem übernommen wurden. Darin sind die Gesetzgeber und die europäischen Fahrzeug- und Systemhersteller zur Weiterentwicklung der AEBS aufgerufen
Eine der wesentlichsten von sechs Empfehlungen ist für mich diese:
Wegen des hohen Anteils von Auffahrkollisionen mit stehenden oder wartenden Fahrzeugen sollten alle Notbremssysteme für Nutzkraftwagen bei entsprechenden Kollisionsrisiken die Fahrzeuggeschwindigkeit bedarfsweise deutlich stärker als in der EU-Verordnung[157] gefordert reduzieren, so dass auch solche Auffahrkollisionen möglichst

155 „Gefahr am Stauende" https://www.youtube.com/watch?v=s-8mbaRUj88.
156 http://www.landesverkehrswacht.de/presse/aktuelle-pressemitteilungen/notbrems-assistenzsystemen-aebs-fuer-nutzkraftwagen.html Zum aktuellen Stand AEBS und Empfehlungen
157 https://eur-lex.europa.eu/legal-content/DE/TXT/PDF/?uri=CELEX:32012R0347

vermieden oder die Kollisionsgeschwindigkeiten auf unter 30 km/h gemindert werden.

So verbaut nun beispielsweise der Lkw-Hersteller MAN seit Ende 2017 seinen Notbremsassistenten EBA 2 serienmäßig in allen neuen Nutzfahrzeugen. Bei trockener Fahrbahn bringt er das 40 Tonnen schwere Gefährt nach Hersteller-Aussage sicher vor jedem Hindernis zum Stehen. In Kooperation mit der Fachzeitschrift Der FERNFAHRER hat MAN-Profi-Drive auf dem Lausitzring mit mehreren Berufskraftfahrern den Lehrfilm „Nerven behalten“[158] produziert und diesen anlässlich des Truck Grand Prix 2018 auf der FERNFAHRER-Bühne am Nürburgring vorgestellt.

Hier zeigt sich aber auch, dass die öffentliche Diskussion und die politische Forderung nach Nichtabschaltbarkeit von Notbremsassistenten in Lkw möglicherweise in die falsche Richtung gehen.

Einerseits sind in den europäischen Fernfahrt-Flotten zwar mittlerweile mehr als 70 Prozent der Lkw mit Notbremsassistenten ausgestattet, andererseits belegt eine Untersuchung in Niedersachsen, dass bei den Auffahrunfälle im Jahr 2018 immer noch 70 Prozent der Lkw ohne AEBS, aber auch 30 Prozent mit eingebautem AEBS beteiligt waren. Die Systeme wirken sich also noch nicht merklich aus. Und es drängt sich der Verdacht auf, dass viele Fahrer gar nicht aufgeklärt, geschweige denn geschult sind, wie sie sich im Notfall richtig verhalten sollen.

Die gültige EU-Norm fordert nämlich auch, dass ein AEBS manuell durch den Fahrer übersteuerbar sein muss. Hierzu kann er beispielsweise das Gaspedal mit Kick-Down durchtreten oder aber das Lenkrad mehr als 90 Grad bewegen. Das geht auch in Addition mehrerer kleiner Lenkbewegungen, sodass der Fahrer nach einer Schrecksekunde ungewollt das AEBS deaktiviert.

Jeder Hersteller hat faktisch sein eigenes System entwickelt. Diese übersteuern zum Teil auf unterschiedliche Art und Weise, womit der Bremsvorgang abgebrochen werden kann. Eine Harmonisierung wäre hier sehr förderlich.

Der ABA 3 von Daimler
Möglichkeiten und Grenzen

In die Kritik geraten ist der ABA 3 durch einen tödlichen Unfall auf der BAB A6 bei Mannheim-Sandhofen im Juni 2017, der ab Dezember 2018 vor dem Amtsgericht Mannheim verhandelt wurde.

158 https://www.youtube.com/watch?v=OE5r7Gnp9hw

Die Rhein-Neckar-Zeitung titelte dazu: *„Fahrer und System haben versagt"*.[159]
Ein als Zeuge geladener Softwareentwickler von Mercedes-Benz gab zu: *„Wenn das Radarsystem ein Objekt nicht sicher genug erkennt, leitet es keine Notbremsung ein. Das wäre viel zu gefährlich, weil wir durch unkontrollierte Bremsvorgänge Unfälle auslösen könnten. Die akustische und optische Warnung erfolgte aber dennoch."*
Der Daimler-Experte räumte ein, dass das Radar des ABA 3 möglicherweise in dieser Situation an seine Systemgrenze geraten sei und die Konstellation der stehenden Pkw am Stauende nicht als für eine Notbremsung relevantes Hindernis erkannt haben könnte.[160]
Der gerichtlich bestellte, unabhängige Gutachter fasste letztlich den Unfall anhand seiner Ermittlungen so zusammen: *Der Lkw sei mit 85 km/h auf die Fahrzeuge geprallt. Hätten der Fahrer oder das System rund viereinhalb Sekunden vorher entsprechend reagiert, wäre der Unfall zu vermeiden gewesen. Unter Einbeziehung der Aussage des Daimler-Experten sprach er am Ende sogar von einem „Systemversagen". Das funktionierende System hätte unter den für einen Notbremsassistenten eigentlich idealen Umständen vor Ort den Unfall verhindern müssen.*[161]
Auf seiner Seite Road Stars wirbt Mercedes-Benz-Trucks für den ABA 3 in der Praxis mit folgendem Text:[162]
Active Brake Assist 3 (ABA 3) wurde speziell für Autobahnen und autobahnähnliche Straßen entwickelt, weil dort die Gefahr durch monotones Fahren besonders hoch ist. Trotzdem kann es vereinzelt zu Warnungen kommen, obwohl kein Auffahrunfall droht. Auslöser sind dann Schilder, Baken oder Brücken, deren Radarecho das System zunächst als stehendes Hindernis wahrnimmt. Diese Situationen wurden technisch auf ein Minimum reduziert. Sollte es dennoch dazu kommen, ist der Fahrer in seinen Handlungsmöglichkeiten in keiner Weise beeinträchtigt. Er kann den dreistufigen Eingriff des Systems jederzeit abbrechen.
Bei Warnstufe 1 wird mit optischen und akustischen Signalen auf eine Gefahr hingewiesen. Sobald der Fahrer bremst, Gas gibt, den Blinker betätigt oder lenkt und ausweicht, erlischt die Warnung. Sie erlischt natür-

159 https://www.rnz.de/nachrichten/metropolregion_artikel,-toedlicher-a6-unfall-im-juni-2017-fahrer-und-system-haben-versagt-_arid,404630.html?fbclid=IwAR3BlNPjXTiBn1JR9yv7bh43HP2O6bp3R9OWi2ELKMifWRwyUjJYbdx5CgE

160 https://www.eurotransport.de/artikel/fahrer-vor-gericht-unfall-trotz-notbremsassistent-10578331.html

161 eurotransport.de a.a.O

162 https://roadstars.mercedes-benz.com/de_DE/magazine/route/02-2014/active-brake-assist-3-in-practice.html

lich auch, wenn das System erkannt hat, dass sich kein anderer Verkehrsteilnehmer auf der Straße befindet. Reagiert der Fahrer nicht auf die Warnung, erfolgt unmittelbar danach Warnstufe 2, eine automatische Teilbremsung. Auch jetzt noch sorgen Bremsen, Gasgeben, Blinkerbetätigung oder Lenken und Ausweichen für einen Abbruch.
Reagiert der Fahrer auch auf diese Information nicht, kommt es zu Warnstufe 3. Dann leitet ABA 3 selbstständig eine Notbremsung ein.
Wie in der Gerichtsverhandlung festgestellt wurde, war der ABA 3 definitiv nicht manuell abgeschaltet worden und beim Fahrer lag wohl ein Augenblicksversagen vor.
In 4,5 Sekunden hatte der Lkw vor dem Aufprall bei 85 km/h 106,25 Meter zurückgelegt. Der Unfall geschah bei Tageslicht und die Autobahn ist an dieser Stelle kilometerlang schnurgerade.
Mich besorgt vor allem die Aussage des Experten von Daimler. Nicht genug, dass er einräumte, dass das Radar des ABA 3 möglicherweise in dieser Situation an seine Systemgrenze geraten sei und die Konstellation der stehenden Pkw am Stauende nicht als für eine Notbremsung relevantes Hindernis erkannt haben könnte.
Abenteuerlich dann aber seine Aussage: „Wenn das Radarsystem ein Objekt nicht sicher genug erkennt, leitet es keine Notbremsung ein. Das wäre viel zu gefährlich, weil wir durch unkontrollierte Bremsvorgänge Unfälle auslösen könnten. Die akustische und optische Warnung erfolge aber dennoch."
Im Kontext zu den zwei Toten und neun Schwerverletzten muss ein solches Statement entsetzen.

Analyse des Unfallgeschehens

Nach meinen Recherchen warnt der ABA 3 bereits 2,1 Sekunden, statt der von der EU vorgeschriebenen 1,4 Sekunden, vor dem vom System berechneten Bremspunkt, ab dem eine Vollbremsung noch zum Halten vor dem Hindernis führt.
Der ABA 3 arbeitet mit drei Warnstufen. Der Aufprall erfolgte mit 85 km/h, der Geschwindigkeit, die der Unglücksfahrer vier Kilometer zuvor in seinem Tempomat eingestellt hatte.
Bei dieser Ausgangsgeschwindigkeit hätte der ABA 3 laut Berechnungsformel[163] in der Warnstufe 1 bei einem Abstand von 85 Metern zum Hindernis optisch und akustisch gewarnt.
Spätestens 0,8 Sekunden vor dem berechneten Bremspunkt, also mindestens 54,3 Meter vor dem Hindernis, hätte die eskalierende

163 http://www.landesverkehrswacht.de/fileadmin/downloads/Wissensblaetter/Wissensblatt_19.pdf

Warnstufe 2 mit halber machbarer Bremsverzögerung von etwa 3 bis 3,3 m/s^2 eingesetzt.
Etwa 44 bis 48 Meter vor dem Hindernis hätte die Warnstufe 3 mit einer Vollbremsung von etwa 6 m/s^2 eingesetzt. Der Lkw wäre auf trockener Strecke deutlich vor dem Hindernis zum Stehen gekommen.
In Warnstufe 1 und 2 kann der Fahrer durch verschiedene Bedientätigkeiten den Notbremsvorgang abbrechen. In der Bedienungsanleitung zum ABA 3 heißt es: Sobald der Fahrer bremst, Gas gibt, den Blinker betätigt oder lenkt und ausweicht, erlischt die Warnung.
Selbst in Warnstufe 3 kann er den Vorgang noch bewusst abbrechen. Hierzu muss er das Fahrpedal allerdings voll durchtreten (Kickdown) oder den Schalter ‚ABA-off' in der Schaltertafel betätigen.
Der Fahrer gibt an, das System habe gewarnt. Er habe gebremst. Doch die Pkw waren bereits viel zu nahe. Den Unfall konnte er nicht mehr verhindern.
Nehmen wir an, der Fahrer war abgelenkt, wie er vor Gericht sagt. Dann wurde er 85 Meter vor dem Hindernis akustisch gewarnt. Hätte er in Warnstufe 1 aktiv durch Bedienelemente den Vorgang abgebrochen, wäre ihm ausreichend Zeit und Weg verblieben, um zum Stehen zu kommen.
Während der Warnstufe 2, bis zu einer Spanne von 54 bis maximal 44 Meter vor dem Aufprall, hätte er 0,8 Sekunden lang die eskalierende Warnung mit einer ersten Bremsverzögerung wahrnehmen müssen. Jetzt wäre er spätestens aufmerksam gewesen und hätte sogar selbständig noch eine Vollbremsung durchführen können. Und selbst wenn man eine Schrecksekunde einrechnet, es fanden sich keinerlei Bremsspuren auf der Fahrbahn: Ich frage Sie, welcher erfahrene Lkw-Fahrer fährt aus dieser Entfernung weiter ungebremst in das Stauende?!

Ist der Lkw-Fahrer eingeschlafen?
Eine andere Erklärung wäre, er hat nach Betätigung des Tempomats abgeschaltet und ist weggedämmert (Sekundenschlaf). Also hätte er gar nicht bewusst auf die optischen und akustischen Warnungen des ABA 3 reagieren können.
Und der Algorithmus des ABA 3 hat in dieser Situation, wie vom Experten hypothetisch dargestellt, die Konstellation der stehenden Pkw am Stauende nicht als für eine Notbremsung relevantes Hindernis definiert und deshalb zwar weiter optisch und akustisch gewarnt, aber nicht gebremst, dann würde sich der ungebremste Einschlag erklären. Seine Aussage wäre dann auch plausibel, wenn er kurz vor dem Aufprall aufgewacht wäre.

Daimler hat zwischen 2012 und 2016 zehntausende ABA 3 als Sonderausstattung in neu zugelassenen Actros verkauft.
Daimler wirbt für den ABA 3: *Kann ein Lkw-Fahrer neun bis zehn Stunden hoch konzentriert unterwegs sein? Oder im Schichtbetrieb zu jeder Tages- und Nachtzeit beste Reaktionen zeigen? Wohl kaum. Es gibt immer Phasen, in denen man sich in einem Leistungstief befindet.*
Kann der Fahrer in einer Notfallsituation noch darauf vertrauen?
Etwa ein Drittel aller Lkw-Unfälle sind Auffahrunfälle. 40 Prozent davon passieren völlig ungebremst. Mercedes-Benz hat sich zum Ziel gesetzt, mit aktiven Sicherheitssystemen zu helfen, Unfälle zu vermeiden oder die Unfallschwere zu mindern. Dies wäre eine trügerische Sicherheit für alle ABA-3-Nutzer. Im Gefahrenfall könnte solch ein System wieder versagen. Das muss uns große Sorgen bereiten und bedarf zur Vermeidung dieser Todesgefahren dringend einer Klärung.
Ein System, das auf gerader, trockener Strecke ein Hindernis als nicht relevant definieren könnte, wäre kein Notbremsassistent im Wortsinne und stellte möglicherweise eine große Gefahr dar.
Und das wäre der eigentliche Fehler. Der Assistent, der in der Not helfen soll und zwar genau dann, wenn der Fahrer abgelenkt ist oder einem Augenblicksversagen unterliegt, warnt zwar, aber bremst nicht. Wann, wenn nicht in solch einer Situation, soll ein Notbremsassistent denn sonst eingreifen?
Im zerquetschten Fahrzeug auf der BAB A6 *sterben eine Mutter (55) und ihre 31 Jahre alte Tochter aus dem Raum Ulm. Der Vater am Steuer, 56, erwacht nach einem Schädel-Hirn-Trauma erst im Oktober aus dem Koma.*[164]
Daimler Trucks schreibt zur Wirksamkeit seines ABA 3:[165]
Trotzdem ist der ABA 3 nur ein Hilfsmittel. Die Verantwortung für Sicherheitsabstand, Geschwindigkeit, rechtzeitiges Bremsen und das Beachten der Witterungs- und Fahrbahnverhältnisse liegt beim Fahrer! Nur vorausschauendes, defensives und aufmerksames Fahren in Kombination mit Active Brake Assist 3 kann die Unfallschwere vermindern und im günstigsten Fall ein Auffahren vermeiden.
Ja was jetzt, wenn der Fahrer immer aufmerksam und vorausschauend fahren würde, gäbe es keine Unfälle und ein Notbremsassistent wäre überflüssig.
Daimler hat den ABA 3 zwischen 2012 und 2016 in seinem Actros gegen Aufpreis in einem Sicherheitspaket verkauft. Dem Nutzer wird eine Sicherheit suggeriert, die vielleicht technisch so nicht vorhanden

164 Rhein-Neckar-Zeitung, a.a.O.
165 Road Stars Seite, a.a.O.

ist. Und zehntausende dieser möglicherweise tickenden Zeitbomben sind weiterhin täglich auf unseren Autobahnen unterwegs.
Ein Unfall ist für den Einzelnen ein seltenes Ereignis. Dass ein Actros mit ABA 3 in eine Gefahrensituation am Stauende gerät und der Fahrer einem Augenblicksversagen unterliegt oder abgelenkt ist, ist statistisch genauso selten.
Bei Millionen von Fahrbewegungen von Lkw ist eine Wiederholung eines Unfalls wie auf der BAB A6 irgendwo dennoch sehr wahrscheinlich.
Daimler behauptet, der ABA 3 entspreche allen gesetzlichen Vorgaben. Verantwortungsvoller wäre, die Unfallsituation nachzustellen und reale Notbremsversuche durchzuführen. Das könnte aber teuer werden und dem Renommée schaden.

Das Explosionsunglück in Bologna
Den dringenden Bedarf eines Notbremsassistenten der neuesten Generation zeigte der Auffahrunfall eines Tanklastzuges am Nachmittag des 6. August 2018 auf der Autostrada A14, inmitten eines Gewerbegebietes in Bologna, Italien[166].
Ein Polizeivideo zeigt den Gefahrguttransporter, wie er an einem sehr heißen Tag ungebremst in ein Stauende kracht. Der Tank des vorderen Lastzuges platzt dabei. Der Diesel-Kraftstoff entzündet sich explosionsartig und hüllt die Lkw in ein Flammenmeer. Der Fahrer des Tanklasters muss auf der Stelle tot gewesen sein.
Weitere Videos im Netz zeigen, dass die Rettungskräfte den Unfallort zunächst evakuiert hatten. Ein Löschen der brennenden Lkw war offensichtlich zu riskant. Als der gefüllte Tank des Aufliegers die kritische Temperatur erreicht, explodiert dieser in einem riesigen Feuerball. Brennende Trümmerteile werden beidseits der Autobahn in die angrenzenden Gewerbegebiete katapultiert und setzen weitere Fahrzeuge in Brand, die teilweise ebenfalls explodieren. Die Druckwelle sprengt Teile der Autobahnbrücke weg und lässt Fensterscheiben in der Umgebung zersplittern.
In diesem Horrorszenario gab es glücklicherweise keine weiteren Toten. Allerdings wurden 60 Menschen zum Teil schwer verletzt.
Der 41-jährige Fahrer arbeitete bereits 10 Jahre bei der italienischen Gefahrgut-Transportfirma. Er galt als zuverlässig. Und dennoch fährt er auf gerader Strecke ungebremst in ein Stauende.

166 https://www.derwesten.de/panorama/explosion-erschuettert-bologna-Lkw-geht-in-flammen-auf-id215022851.html

Dieser Unfall wäre mit einem Notbremsassistenten der neuesten Generation, wie dem EBA 2 von MAN oder dem CWEB von Volvo, zu vermeiden gewesen.
Alarmiert sollten deshalb auch alle Verantwortungsträger in Deutschland sein. Ein solcher Unfall kann jederzeit auch bei uns auf den stark belasteten Autobahnen passieren. Gerade im Rhein-Neckar-Raum ist viel chemische Industrie ansässig. Täglich sind tausende Lkw mit Gütern unterschiedlichster Gefahrgutklassen unterwegs.
Wenigstens hier sollte sich die petro-/chemische Industrie, das Transportgewerbe und die Politik einig sein, dass Transporte ab einer festzulegenden, brisanten Gefahrgutklasse nur noch mit Zugfahrzeugen mit einem effizienten Notbremsassistenten gefahren werden dürfen. Denn auch ein verlässlicher Fahrer kann, wie in Bologna geschehen, einem Augenblicksversagen unterliegen.

Die Chemie kann eine Vorreiterrolle übernehmen
Die Aktiengesellschaften des produzierenden Petro-/Chemiegewerbes könnten dabei in ihren jährlichen Nachhaltigkeitsberichten punkten. Die Unternehmen hätten es in der Hand, nur noch Transportverträge mit dieser Unfallabsicherung zu schließen. Das wäre ein deutliches Signal.
Derzeit bauen immerhin vier Lkw-Hersteller serienmäßig und ohne Aufpreis wirkungsvolle Notbremsassistenten in ihre Lkw ein, neben MAN auch Volvo und Scania sowie Renault.
Nicht so der Marktführer Mercedes-Benz mit seinem Actros. Dieser lässt sich von jeher die wirksameren Bremsassistenten ABA 3 und ABA 4 gegen Aufpreis als Sonderausstattung bezahlen. Gleiches gilt für den seither wohl sichersten ABA 5, der seit Frühjahr 2019 angeboten wird und jetzt auch doppelt abgesichert, wie z.B. das nach Expertenmeinung sicherste System CWEB[167] von Volvo, das auf Basis eines kombinierten Radar- und Kamerasystems funktioniert.

Marktwirtschaft und Moral
Moralisch anzuprangern ist auch, dass, im Wissen um Gewinnmargen im Transportgewerbe von nur einem bis zwei Prozent, die Käufer bei Mercedes-Benz-Trucks die Wahl haben, ob sie in den Sicherheitsgewinn eines Notbremsassistenten investieren wollen, der ihren Lkw im Notfall bis zum Stillstand abbremst oder sich mit der EU-Pflichtversion zufriedengeben, die den Lkw nur um 20 km/h abbremsen muss

167 https://www.greencarcongress.com/2012/10/fh-20121004.html

und im Falle eines Aufpralls weiterhin fatale Schäden verursacht. Die anderen erwähnten Hersteller sind hier vorbildlicher.
Insbesondere die großen Speditionen aus Osteuropa als Großabnehmer, die den Preisdruck über niedrige Fahrerlöhne erst verursachen, stehen hier in zwielichtigem Ruf.
Leidtragende sind die Fahrer als Unfallopfer selbst und die Pkw-Insassen, die beim Unfall zwischen zwei Lkw zerquetscht werden.
Und offensichtlich ist der Kostenfaktor durch Totalverlust des Lastzuges und der Ladung als wägbares finanzielles Risiko für die Unternehmen hinnehmbar.
Spiegel-Online titelte Anfang März 2019: *Die Zahl der Lkw-Auffahrunfälle steigt.*[168]
Die Anzahl tödlich verunglückter Lasterinsassen im vergangenen Jahr stieg vermutlich um rund ein Fünftel, das wären 30 Tote mehr als im Vorjahr. Diese Zahlen gehen aus vorläufigen Zahlen des Statistischen Bundesamtes hervor. Ein Grund dafür ist ganz sicher der immer stärker werdende Verkehr.
Automatische Notbremssysteme können solche Unfälle effektiv verhindern.
Mittlerweile drängen sich die Fragen auf:
Wie wertvoll ist der Wirtschaft und der Politik ein Fahrerleben?
Wie gehen akuter Fahrermangel und steigende Todeszahlen bei Berufskraftfahrern zusammen?
Wer erklärt sich verantwortlich?
Wer wird initiativ?
Das geht weit über die in einer Fahrerumfrage des Europäischen Ladungsverbunds Internationaler Spediteure (ELVIS)[169] beklagte mangelnde Wertschätzung der Berufskraftfahrer hinaus!
Es ist nicht nachvollziehbar, warum die Politik im Lichte der Vision Zero nicht schon längst höhere Standards für alle Lkw-Hersteller festgelegt hat.
Hoffnung machen erste vorsichtige Signale, dass Daimler seine Marktstrategie überdenken könnte und statt des vorgeschriebenen AEBS 0 ein effizienteres Notbremsassistenzsystem serienmäßg in seine Lkw einbauen könnte. Der neue ABA 5 ist davon jedoch ziemlich sicher ausgenommen.

---

168 http://www.spiegel.de/auto/aktuell/deutschland-Lkw-rasen-immer-oefter-in-stauenden-a-1197062.html

169 https://www.news-blast.com/2018/11/elvis-geht-fahrermangel-mit-wissenschaftlicher-unterstuetzung-an/

Überhaupt ist das Interesse der Wirtschaft an mehr Verkehrssicherheit nicht besonders stark ausgeprägt.
Ein Verbandsfunktionär äußerte mir gegenüber in diesem Zusammenhang, dass es den Wirtschaftslobbyisten bei Treffen in Brüssel immer noch nur um Gewinnmaximierung ginge. Wenn es keine europäischen Verpflichtungen gebe, spare man gerne auch mal bei der Sicherheit.
Die Hoffnung auf eine Ausstattung der gesamten europäischen Lkw-Flotte mit wirksamen AEBS wird leider noch Jahre in Anspruch nehmen und viele Menschen am Stauende das Leben kosten.
Und unter diesen Aspekten kann ich mir nicht vorstellen, dass eine Ethik-Kommission einer gesetzlichen Zulassung von autonom oder teilautonom fahrenden Lkw zustimmen würde.
Ich prognostiziere, dass es den Beruf des Berufskraftfahrers noch ziemlich lange geben wird. Wenn erst einmal Versorgungsengpässe durch den anwachsenden Fahrermangel drohen, muss die Wirtschaft sowohl ihr „just-in-time", als auch die Honorierung der Berufskraftfahrer überdenken.

Der Fahrermangel und die importierte (?) Gefahr Alkohol
Die Deutsche Verkehrszeitung (DVZ) titelt Anfang 2019 „Mehr Zeit für Wertschätzung". *Der Fahrermangel ist eklatant – das ist keine Utopie, sondern seit Jahren Realität. Die Unterdeckung an Fahrern liegt aktuell bei jährlich 45.000 Truckern. Der demografische Wandel tut das Übrige. Eine Million Fahrer sind älter als 45, gehen absehbar in Rente, 40.000 tun das jedes Jahr. An Nachwuchskräften kommen lediglich 16.000 nach.*[170]
Der „logistik WATCHBLOG" schreibt hierzu:[171] *Angesichts dieser Entwicklung droht Deutschland laut der Initiative „FairTruck" eine Lücke von mindestens 150.000 fehlenden Fahrern bis zum Jahr 2022.*
Die Logistikplattform Trans.eu berichtet im August 2018[172]: *Speditionen und Transportunternehmen gehen an ihre Grenzen, um neue Fahrer für sich zu werben. Jedoch reicht alleine eine höhere Vergütung längst nicht mehr aus, um neue Mitarbeiter zu finden. Laut der Bundesregierung stehen 20% der Lkws wegen fehlender Arbeitskraft leer. Die Nachfrage nach Güterverkehr steigt jedoch stetig und wird auch die nächsten Jahre diesen Trend verfolgen. Auf den europäischen Straßen fahren im-*

170 https://www.dvz.de/rubriken/land/strasse/detail/news/zeit-fuer-mehr-wertschaetzung.html
171 https://www.logistik-watchblog.de/neuheiten/1543-Lkw-fahrermangel-2020-mindestens-150000-fahrer-fehlen.html
172 https://www.pressebox.de/pressemitteilung/transeu-gmbh/Der-internationale-Strassentransport-ist-auf-Osteuropa-angewiesen/boxid/919262

mer mehr osteuropäische Lkws. Der Anteil der deutschen Fahrer sinkt das zehnte Jahr in Folge. Die Fahrerleistung der deutschen Lkws ist zwar um knapp 0,4% gestiegen, ist jedoch nur ein Bruchteil des Wachstums der ausländischen Lkws. Deren Präsenz ist nämlich um stolze 7,7% gestiegen und wird im größten Teile von polnischen, tschechischen und rumänischen Lkws vertreten.

Der Fahrermangel hat aber mittlerweile auch den osteuropäischen Raum erreicht.

Der STERN recherchierte 2018[173]: *Immer mehr Lkw-Fahrer kommen aus Staaten außerhalb der EU nach Deutschland: Sie sichern unseren Wohlstand und leben oft unter erbärmlichsten Bedingungen. <...>*

Polen hat sich dank laxer Gesetze und niedriger Löhne in den letzten Jahren zum Einfallstor für Lkw-Fahrer aus Ländern jenseits der EU entwickelt.

Wer das polizeiliche Kontrollsegment „Schwerlastverkehr" und die überregionale Unfallberichterstattung verfolgt, stellt fest, dass sich seit 2018 Meldungen über Lkw-Fahrer mit sehr hohen Alkoholpromillewerten häufen.

Bereits Ende 2017 kritisierte der renommierte Fachjournalist Jan Bergrath in seinem Blog das Totschweigen von Verwahrlosung und Alkoholismus unter osteuropäischen Fahrern durch das praktizierte Sozialdumping von Speditionen im Osten.[174]

Es sollte noch bis in den Sommer 2018 dauern, bis erstmals die Polizeiautobahnstation Ruchheim in Rheinland-Pfalz präventive Abfahrtskontrollen mit alarmierenden Ergebnissen durchführte.

Wir in Mannheim entschlossen uns deshalb, in unserem Zuständigkeitsbereich im September 2018 vor Ablauf des Sonntagsfahrverbotes Stichproben-Kontrollen auf der Tank- und Rastanlage Hockenheim-West und -Ost durchzuführen.

Das Ergebnis war ebenso ernüchternd. Von 70 kontrollierten Fahrern waren sieben fahruntüchtig[175]. Alle kamen aus Osteuropa.

Nun begannen wir mit gleichzeitigen monatlichen Abfahrtskontrollen auf allen Tank- und Rastanlagen in unserem Raum und kontrollierten regelmäßig 500 bis 600 Fahrer auf Alkoholkonsum. Schnell stellte sich

---

173 https://www.stern.de/wirtschaft/verdacht-auf-menschenhandel--philippinische-trucker-werden-auf-deutschen-strassen-ausgebeutet-8446572.html?utm_campaign

174 https://www.eurotransport.de/artikel/jans-blog-totgeschwiegen-9827337.html

175 https://www.mannheim24.de/region/hockenheim-alkoholkontrollen-lastwagenfahrern-raststellen-a6-10205990.html?fbclid=IwAR0sg9pS5q273Cbz4j8XzJNU6GYT7dL_1D4rPaQC0qbeWQHRH3l5O_9tkuI

heraus, dass zwischen sieben und neun Prozent der osteuropäischen Fahrer noch kurz vor Ende des Wochenendfahrverbotes an Sonntagen um 22.00 Uhr Alkohol konsumiert hatten. Etwa zwei Prozent dieser Fahrer kamen bei den Alkotests auf extrem hohe Atemalkoholkonzentrationen bis über vier Promille.
In Deutschland muss jeder, der mit 1,6 Promille und mehr beim Fahren ertappt wird, zu einer medizinisch-psychologischen Untersuchung (MPU), wenn er seinen Führerschein zurückhaben will. Wer also solch hohe Werte vorweist, der ist mindestens an Alkohol in größeren Mengen gewöhnt oder gar alkoholkrank. Jedenfalls ist er nicht geeignet zum Führen von Kraftfahrzeugen, schon gar nicht Lkw mit 40 Tonnen. Natürlich gehen da sofort sämtliche Warnlampen an. Nach Angaben des European Transport Safety Council (ETSC) gibt es in Europa rund 10 Millionen Berufskraftfahrer. 1,5 Millionen kommen aus Osteuropa. In Deutschland sind an Werktagen rund 800.000 Berufskraftfahrer unterwegs. Mehr als 40 Prozent, also mehr als 320.000 kommen aus Osteuropa, entweder sie sind bei deutschen Unternehmen angestellt oder fahren für osteuropäische Speditionen[176].
Wir haben mittlerweile mehr als 3.000 Fahrer überprüft, sodass ich das Ergebnis für repräsentativ halte. Also müssen wir davon ausgehen, dass deutschlandweit, insbesondere nach Ablauf des Sonntagsfahrverbotes, tausende der osteuropäischen Lkw-Fahrer alkoholisiert über unsere Autobahnen fahren. Viele haben so hohe Promillewerte, dass man bei ihnen durchaus auf verminderte Zurechnungsfähigkeit schließen kann.
Vor Gericht wird ab etwa 2,0 Promille eine verminderte Schuldfähigkeit geprüft, ab 3,0 Promille wird regelmäßig von Vollrausch ausgegangen.
Die Presse nimmt sich mittlerweile intensiv dieses Themas an. Im STERN erschien Ende 2018 eine große Reportage.[177] *Alkohol am Lkw-Steuer ist ein Riesenproblem. Am späten Nachmittag, als zwei Beamten in Kraichgau-Süd eigentlich nur die ankommenden Lkws zählen wollten, haben sie einem polnischen Trucker wahrscheinlich schon das Leben gerettet. Drei bereits leicht angetrunkene Fahrer hatten ihren Kollegen vermisst. Er wurde schließlich auf dem Boden seines Lkws gefunden. Er lag in seinem Erbrochenen und wurde mit einer schweren Alkoholvergiftung ins Krankenhaus gebracht. Die Feuerwehr musste vorher das Fahrzeug öffnen, weil er nicht mehr ansprechbar war. <...>*

176 https://www.welt.de/wirtschaft/article170238558/Lkw-aus-Osteuropa-erobern-deutsche-Strasen.html
177 https://www.stern.de/panorama/autobahn-deutschland--betrunkene-Lkw-fahrer---leider-keine-seltenheit-8516796.html

Das im Grunde unlösbare Problem: An den Wochenenden haben die Fahrer aus Osteuropa, die meist mehrere Wochen vor allem in Westeuropa auf Tour gehen, Freizeit. Und in ihrer Freizeit können Fahrer tun und lassen, was sie wollen – also eben auch trinken. <...>
Die osteuropäischen Lkw-Fahrer haben besondere Trinkgewohnheiten", erläutert Dr. Joachim Seidl, Verkehrspsychologe aus Dresden, der auf Einladung des STERN die Kontrolle bei Sinsheim beobachtet hat. „Die Fahrer sind an höhere Alkoholmengen gewöhnt, was insbesondere durch hochprozentige Getränke hervorgerufen wird." Deutsche Autofahrer würden in der Regel schon bei rund einem Promille Alkohol an die Grenze dessen geraten, was ihr Körper an Alkohol aufnehmen könne.
Dass die Gefahren real sind, zeigt ein Vorfall am 15. Dezember 2018, einem Samstag. Ein Anrufer teilt über Notruf mit, dass auf der BAB A5 ein Lkw in Schlangenlinien fährt. Kurz nach dem Walldorfer Kreuz ist eine Streife der Autobahnpolizei an dem Lastzug dran. Der Fahrer missachtet alle Zeichen und Weisungen der Beamten und fährt mit über 80 km/h weiter. Mit einer taktischen Meisterleistung sichern die verfügbaren Streifenfahrzeuge überschlagend die Zufahrten an den folgenden Anschlussstellen und dem Heidelberger Kreuz ab und bremsen den nachfolgenden Verkehr aus.
Die BILD-Zeitung titelte:[178] *Lkw rast nach Verfolgung in Absperrung.*
Szenen wie aus einem Actionfilm auf der A5!
Darmstadt/Mannheim – Nach einer Verfolgungsjagd auf der Autobahn 5 konnte die Polizei einen schlangenlinienfahrenden Lkw stoppen. Aber nur mit einer eigens errichteten Absperrung! Bereits in Baden-Württemberg war der Sattelschlepper wegen seiner riskanten Fahrweise aufgefallen. Verkehrsteilnehmer alarmierten die Polizei. Die Beamten nahmen die Verfolgung auf. Wilde Verfolgungsjagd – ***Sie schafften es allerdings nicht, den Fahrer zum Anhalten zu bringen.*** *Im Gegenteil: Der Mann am Steuer des Schlangenlinien-Lkws versuchte, die Polizeiwagen abzudrängen! Er raste dabei sogar über zwei Autobahn-Parkplätze.*
Um zu verhindern, dass der Lkw auf ein Stauende auffährt, errichtete die Polizei mit einem querstehenden Streu-Lkw und einem Streifenwagen eine Absperrung in Höhe der Anschlussstelle Darmstadt-Eberstadt. Und tatsächlich: diese konnte den 40 Tonner stoppen, obwohl er ungebremst in die Absperrung hinein donnerte und dabei den Streuwagen auf die Seite warf.

178 https://www.bild.de/news/inland/news-inland/a5-bei-darmstadt-Lkw-rast-nach-verfolgungsjagd-in-absperrung-59053738.bild.html

Einer meiner Autobahnpolizisten, der bei der Verfolgung unmittelbar hinter dem Lastzug fuhr, schilderte mir, dass der schwere Streulaster wie ein Spielzeugauto zur Seite flog. Das macht deutlich, mit welcher physikalischen Wucht ein 40-Tonner bei 80 km/h unterwegs ist.
Der ukrainische Fahrer hatte 2,3 Promille in der Atemluft. Er wurde nur leicht verletzt. Dafür richtete er einen Sachschaden von rund 300.000 Euro an. Auf Antrag der Staatsanwaltschaft ging er kurz in Untersuchungshaft.
Am 25. April 2019 verurteilte das Amtsgericht Darmstadt den wegen gefährlichen Eingriffs in den Straßenverkehr und versuchter gefährlicher Körperverletzung angeklagten 42-jährigen Mann zu einem Jahr und neun Monaten Haft auf Bewährung.
Vor Gericht gab er an, sich nicht mehr an die Irrfahrt erinnern zu können. Er habe zuvor mit anderen Fahrern auf einem Rastplatz getrunken, gab er zu. Auf die Bilder von der Unfallstelle reagierte er mit Entsetzen. Laut Rechtsmedizin soll er während der Fahrt einen Blutalkoholwert von bis zu 3,2 Promille gehabt haben. Die Staatsanwaltschaft plädierte auf zumindest eingeschränkt schuldfähig.
Da dies aber nicht zweifelsfrei festgestellt werden konnte, urteilte das Gericht im Sinne des Angeklagten und setzte die Freiheitsstrafe auf Bewährung aus. Außerdem muss der 42-Jährige seinen Führerschein abgeben und darf drei Jahre lang kein Auto fahren.[179]
Nicht auszumalen, wenn er im Stadium der Schuldunfähigkeit Menschen getötet hätte.

Warum kommen so viele Berufskraftfahrer aus Nicht-EU-Staaten?
Durch den akuten Fahrermangel rekrutierten die Transportunternehmen immer mehr Fahrer aus den osteuropäischen EU-Staaten. Aber auch dieser Markt ist mittlerweile ausgedünnt. Seit einigen Jahren werden deshalb Fahrer aus Nicht-EU-Staaten angeworben. Besonders aktiv ist dabei Polen. Diese modernen Wanderarbeiter erhalten behördliche Genehmigungen zur Einwanderung per Lkw.
Bis 2013 wurden rund 5.000 solcher Testate pro Jahr ausgestellt. 2017 erteilte die Behörde dann bereits für 65.000 Fahrer aus Nicht-EU-Ländern eine Erlaubnis. Im ersten Halbjahr 2018 ergingen sogar schon 53.000 neue Zulassungen für EU-Einwanderer am Lenkrad, darunter mehr als 20.000 aus der Ukraine, die nun als Autobahn-Nomaden unterwegs sind. Weitere 5.000 Fahrer importierte die Branche bis Juni aus Weißrussland, die anderen kommen aus Moldawien, Russland, Kasachstan und aus

179 https://www.hessenschau.de/panorama/bewaehrungsstrafe-fuer-lkw-fahrer-nach-amokfahrt-auf-a5,urteil-lkw-amokfahrt-100.html

Sri Lanka und den Philippinen. Bis Jahresende werden es voraussichtlich mehr als 70.000.
Für die Testate fordert das EU-Recht Nachweise über einen festen Wohnsitz im Land des Arbeitgebers, die Fahrerqualifikation für schwere Lkw sowie eine medizinische und psychologische Eignungsprüfung durch amtlich zugelassene Ärzte. Das klingt aufwendig, ist in Polen aber ganz einfach: Die interessierten Unternehmen mussten bis vor Kurzem lediglich ankreuzen, dass ihnen die entsprechenden Dokumente vorliegen, eine Prüfung fand nicht statt. Erst seit März müssen sie zumindest Kopien beibringen. Ob diese echt sind, könne aber mangels Personal nicht immer geprüft werden, gesteht die Behördenchefin. Das heißt, die tatsächliche Eignung von zigtausend Lkw-Fahrern, die mit 40 Tonnen im Rücken über Europas Straßen fahren, wurde nie amtlich untersucht[180].
Wir wissen also weder, ob die Fahrer auch hinreichend qualifiziert für die Aufgabe sind – in Deutschland bedarf es zum Berufskraftfahrer einer dreijährigen Lehre – noch wissen wir, ob der einzelne Fahrer ein Alkoholproblem hat.
Die vom Bundesamt für Güterverkehr (BAG) veröffentliche Mautstatistik für 2018[181] muss deshalb beunruhigen. Gegenüber dem Vorjahr wurden zehn Prozent mehr ausländische Lkw registriert. Deren Fahrleistungen lagen bei 15,7 Milliarden Kilometern, von denen ein Großteil durch osteuropäische Lkw geleistet wurden. Deutsche Lkw legten demgegenüber rund 22 Milliarden Kilometer zurück. Bei der Verteilung auf die einzelnen europäischen Staaten liegt Polen mit 16,2 Prozent mit großem Abstand an der Spitze, gefolgt von Tschechien (3,8 Prozent), Rumänien (3,5 Prozent) und den Niederlanden (2,7 Prozent). In den TOP 10 Fahrleistungen Ausland sind neben den Niederlanden und Östereich ausschließlich osteuropäische Staaten gelistet.
Die Spitzenposition Polens mit rund 50 Prozent Anteil ist ein klarer Beleg für die intensive Anwerbepraxis von Nicht-EU-Fahrern in diesem Staat.

Landesweite Abfahrtskontrollen

Im Januar 2019 ordnete das Landespolizeipräsidium im Innenministerium nun erstmals landesweite Abfahrtskontrollen in Baden-Würt-

180 https://www.tagesspiegel.de/gesellschaft/investigate-europe-recherche-das-schmutzige-geschaeft-mit-Lkw-fahrern-aus-osteuropa/23146010-all.html

181 https://www.bag.bund.de/SharedDocs/Downloads/DE/Statistik/Lkw-Maut/Jahrestab_17_18.html;jsessionid=8EF1CA98BDD4B6DF4D5024206D4531FE.live21301?nn=13100

temberg an und alle 12 Präsidien führten Einsätze durch. Die Ergebnisse waren die gleichen. Neben den Dienststellen in Rheinland-Pfalz schlossen sich nun auch die hessischen Autobahndienststellen an. Die erschreckenden Ergebnisse beherrschten die mediale Aufmerksamkeit im Februar.

Präventive Kontrollen vor der Abfahrt haben nun das Problem aufgezeigt. Auf frischer Tat werden aber die allerwenigsten Fahrer ertappt. Es handelt sich immer noch um eine Minderheit, die sich auf ganz Deutschland verteilt. Die Entdeckung kommt der Suche einer Stecknadel im Heuhaufen gleich. Man liest zwar fast täglich von Vorfällen dieser Art, statistisch verlieren sie sich allerdings in den Unfallregistern der Bundesländer und sind deshalb unbedeutend und nicht auffällig.

Hergebrachte Standkontrollen an den Tank- und Rastanlagen sind schnell verbrannt. Außerdem fehlt die Infrastruktur. Wo sollen die Lastzüge der alkoholisierten Fahrer bei dem extremen Parkraummangel entlang der Autobahnen sicher abgestellt werden?

Die gemeine Gefahr lauert dennoch. Wie soll nun die Autobahnpolizei solche Gefahren abwehren? Bei den vielen tausend osteuropäischen Fahrern, die täglich unterwegs sind, sind die verfügbaren Verkehrs- und Autobahnpolizisten nicht ausreichend.

Laut den Daten des europäischen Verkehrssicherheitsrates ist die Kontrollwahrscheinlichkeit in Deutschland im europäischen Vergleich sehr gering.

Dies alles spiegelt sich auch in der Einschätzung der Verkehrsteilnehmer wider: In Polen schätzen die Fahrer die Wahrscheinlichkeit, in eine Alkoholkontrolle zu geraten, auf 44 Prozent ein. In Frankreich sind dies immerhin 29 Prozent. In Deutschland dagegen sind es acht Prozent: Mithin denkt hierzulande nur jeder zwölfte Autofahrer, dass er in eine Kontrolle kommen könnte.[182]

Sind Alkohol-Interlocks die Lösung?

Eurotransport berichtet[183]: „Alko-Schlösser könnten Problem technisch lösen"

Angesichts der Personalknappheit, die überall herrscht, drängen sich Alko-Schlösser als technische Lösung nahezu auf. Und das nicht nur für straffällig gewordene Fahrer im Rahmen einer Rehabilitationsmaßnah-

182 https://www.welt.de/wirtschaft/article183256012/Alkohol-am-Steuer-Wegfahrsperren-sollen-betrunkene-Trucker-aufhalten.html

183 https://www.eurotransport.de/artikel/Lkw-fahrer-betrunken-am-steuer-alkohol-schloss-verhindert-abfahrt-10471285.html?fbclid=IwAR3QPSx4YzOWlYX8PC6JsGh6OZw0UjQx2QF4uJmsjxwqh6-O0q9WkY6p7YI

me, sondern auch präventiv für Lkw- oder Busfahrer, die eine erhöhte Verantwortung tragen. „Viele Flotten in Europa nutzen bereits solche Einrichtungen, sie sollten in Deutschland und im Rest der EU zum Standard werden", betont ETSC-Direktor Antonio Avenoso. Er setzt auf die Verordnung zur allgemeinen Fahrzeugsicherheit, die von der EU-Kommission gerade überarbeitet wird. Mit einer Standardschnittstelle für alle Fahrzeuge könnten Alkohol-Wegfahrsperren leichter nachgerüstet werden, sagt er. Diese Vorgabe des Kommissionsvorschlags gegenüber den Autobauern könne Deutschland zumindest unterstützen.

Wie zu erwarten, setzten sofort die Vermeidungsdiskussionen ein. Es sind doch die Anderen. Und wenn schon, dann muss ein solches Alko-Schloss für alle Kraftfahrer vorgeschrieben werden.

All denen, die reflexartig sofort Wege aufzeigen, wie man ein solches System überlisten kann, sei gesagt, es gibt derzeit keine praktikablere Lösung.

Dass es anders geht, beweist die niederländischen Spedition Bolk aus Enschede. Dort verfügen nahezu alle der 200 Fahrzeuge über Atemalkohol-Wegfahrsperren. Und das ganz ohne Verordnung, rein aus Sorge um die Verkehrssicherheit.[184]

Am 13. Februar 2019 strahlte stern TV einen sonntags zuvor mit meinen Beamten vom Verkehrskommissariat Walldorf gedrehten Bericht zur Problematik der Abfahrtskontrollen aus. Ich war als Studiogast eingeladen und konnte live zu den Problemen Stellung beziehen. Die Redaktion stellte die Reportage nebst Interview ins Netz[185]. Letzteres wurde bereits am ersten Wochenende mehr als 60.000 Mal aufgerufen und auch diskutiert. Das Thema war nun bundesweit in aller Munde.

Auch die folgende Großkontrolle am 24. Februar ließ keinerlei Besserung oder Verhaltensänderung erkennen. Der Spitzenreiter, ein rumänischer Fahrer, hatte erschreckende 4,3 Promille in der Atemluft. Tags darauf äußerte ich mich live im Studio bei ronTV[186]. Ich betonte nochmals: Bei den bisher sechs monatlichen Kontrollen wurden rund 2.300 Fahrer überprüft. Die Ergebnisse können damit als repräsentativ gelten. Sie dienen als Weckruf für die Öffentlichkeit. Mindestens zwei Prozent der Fahrer erreichen so hohe Promillewerte, dass sie als alkoholkrank gelten müssen.

---

184 eurotransport.de, Alko-Schloss verhindert Abfahrt, a.a.O.

185 https://www.stern.de/tv/alkoholkontrollen-auf-der-autobahn--stern-tv-begleitet-polizei-8575944.html?fbclid=IwAR3ZUPoW0pZFJUiSTeVMZ45gZGjBM77gvIuxT7YpuX-4XtFbvH0LCkbme-8

186 https://www.youtube.com/watch?v=8vXs39rrjeU&feature=share

Möglichkeiten zur Gefahrenabwehr

Bei in Deutschland ausgestellten Fahrerlaubnissen kann die Polizei einen Berufskraftfahrer mit Atemalkoholwerten von mehr als 1,6 Promille, auch wenn er nicht gefahren ist, an die ausstellende Führerscheinstelle melden und ein verwaltungsrechtliches Prüfverfahren einleiten. Der Betroffene wird dann wegen Zweifeln an seiner Geeignetheit zum Führen von Kraftfahrzeugen zu einer Medizinisch-Psychologischen Untersuchung (MPU) vorgeladen. Stellt der Arzt Alkoholismus fest, wird regelmäßig die Fahrerlaubnis entzogen. Die Gefahr ist gebannt.
Einem außerdeutschen Kraftfahrer passiert dies nur, wenn er beim Fahren unter Alkohol erwischt wird. Er erhält dann einen Eintrag, dass er in Deutschland für die Dauer der Sperre kein Kraftfahrzeug mehr führen darf.
Wir können sicher davon ausgehen, dass die bei präventiven Abfahrtskontrollen bis zur Erlangung ihrer Nüchternheit aufgehaltenen Fahrer mit sehr hohen Promillewerten wegen ihrer Sucht auch an den Folgetagen wieder trinken und fahren werden.

Die Zeitenwende?

Ich entschloss mich deshalb, bereits im März 2019 eine Kontrolle im fließenden Verkehr durchführen zu lassen.
Der Einsatzleiter nahm sich zum Ziel, 500 plus X osteuropäische Fahrer rund um das Walldorfer Kreuz auf Alkohol zu überprüfen.
Und es wurde die größte je dagewesene Alkohol- und Drogenkontrolle bei Lkw-Fahrern in der Geschichte der Mannheimer Verkehrspolizei.
An den beiden Tank- und Rastanlagen Hockenheim-Ost und -West hielten wir uns Kontrollflächen frei und holten mit mobilen Steifen einen Lkw nach dem anderen von der Bahn.
Wie würde das Ergebnis ausfallen? Wenn unsere Erfahrungswerte aus sechs monatlichen Päventivkontrollen zuträfen, müssten wir mit zwei Prozent alkoholabhängigen osteuropäischen Berufskraftfahrern rechnen. Das wären deutschlandweit jeden Tag mehr als 6.000 alkoholisierte, verantwortungslose Fahrer. Bei anzunehmenden 800.000 Fahrern, die täglich ihre Fracht befördern, könnten wir aber tatsächlich auf der Suche nach der sprichwörtlichen Stecknadel sein.
Bei der Beurteilung der Gefahrenlage war das für mich aber nie eine Frage des Ob, sondern immer nur des Wann und des Wie.
Vierzig Tonnen werden in Händen eines Alkoholikers zu einer gefährlichen Waffe. Viele Verantwortliche in der Polizei denken da so wie ich.
Wir haben mit der Intensivierung der sonntäglichen Abfahrtskontrollen begonnen und von Anfang an die Presse mit ins Boot genommen.

Rheinland-Pfalz war ebenfalls von Anfang mit dabei. Bald wurden landesweite Kontrollen in Baden-Württemberg angeordnet.
Auch Hessen forcierte seine Kontrollen mit intensiver begleitender Öffentlichkeitsarbeit. Unwesentlich später schloss sich auch Niedersachsen den Maßnahmen an.
Der öffentliche Druck wächst. Deshalb begrüße ich auch die Forderung des hessischen Innenministers Beuth im Rahmen seiner Jahrespressekonferenz zur Unfalllage, die Promillegrenze für Lkw-Fahrer auf Null zu setzen. Das schürt zumindest die Gefahrendiskussion.
Um ehrlich zu sein, ich habe nie damit gerechnet, dass unsere Präventivkontrollen eine Verhaltensänderung bei den Alkoholikern unter den osteuropäischen Berufskraftfahrern herbeiführen könnte. Sie waren jedoch geeignet, wachzurütteln und Problembewusstsein zu schaffen. Für mich ist nach einem halben Jahr die Grenze der Fairness und der Zeitpunkt zum Handeln überschritten. Wer sich den gesetzlichen Bestimmungen um Alkoholkonsum beim Fahren nicht unterwirft, muss damit rechnen, aus dem Verkehr gezogen zu werden.
Und diese Zeitrechnung begann für den Bereich um das Walldorfer Kreuz am 25. März 2019, um 4.00 Uhr.
30 mobile Polizeistreifen zogen an diesem Morgen insgesamt 570 Lkw aus dem fließenden Verkehr und führten diese den Kontrollstellen auf den Tank- und Rastanlagen Hockenheim-Ost und -West zu.

Ernüchterndes Ergebnis
Nur zwei Lkw-Fahrer wurden festgestellt, die aufgrund ihres Alkoholkonsums ihre Fahrt nicht fortsetzten durften. Sie hatten mehr als 1,1 Promille in der Atemluft und machten sich damit strafbar. Ein weiterer Fahrer hatte mehr als 0,5 Promille und wurde ebenfalls zur Anzeige gebracht.
Zwei weitere Fahrer waren nicht im Besitz einer Fahrererlaubnis und mussten ihre Fahrt ebenfalls beenden.
Zehn Fahrer hatten zwar Alkohol in der Atemluft, allerdings unterhalb der strafbaren 0,5 Promillegrenze.
Das Ergebnis zeigt auf, dass die Polizeistreifen tatsächlich die Nadel im Heuhaufen suchen. Mischen sich die Alkoholiker erst einmal unter die zehntausende von Lkw rund um das Walldorfer Kreuz, ist es sehr schwer, diese herauszufiltern.
Das ist ein echtes Dilemma.
Da viele osteuropäische Fahrer als Arbeitsnomaden unterwegs sind und nur alle paar Wochen Kontakt zu ihrer Spedition haben, fällt auch nicht unmittelbar auf, wenn einer von ihnen alkoholabhängig ist.

Gelöst werden kann dieses Problem nur von der Transport- und Logistik-Branche selbst und den Versendern und Empfängern – und zwar in erster Linie über das Vertragsrecht.
Wenn die Beteiligten sich nicht zur Verkehrssicherheit bekennen und sich für faire und saubere Transporte einsetzen, bleibt die Gefahr bestehen. Man muss nur aufmerksam die überregionale Berichterstattung verfolgen. Nahezu an jedem Werktag wird irgendwo in Deutschland ein betrunkener Lkw-Fahrer auffällig.
Es bedarf dringend eines oder mehrerer Moderatoren, die sich dieses brisanten Themas annehmen.
Moralisch ist die Schuldfrage nach jedem Unfalltoten zu stellen. Ich erinnere daran:
Europaweit ist bei jedem vierten tödlichen Unfall Alkohol im Spiel!

„E" wie Education
Die Selbstverpflichtung von Fahrern und Unternehmen

Die Möglichkeiten im *Engeneering* und im *Enforcement* sind damit vorerst bezogen. Das reicht aber bei Weitem nicht aus.
Es muss auch Optionen im Segment *Education* geben.
Ich wiederhole mich. Anfang und Ende aller Betrachtungen ist immer die Tatsache:
Kein Fahrer fährt absichtlich auf ein Stauende auf!
Plötzlich auftretende gesundheitliche Störungen oder der Sekundenschlaf wegen Übermüdung sind bekannte, aber eher seltenere Ursachen für das ungebremste Auffahren auf ein Stauende.

Das Smartphone – die Wurzel des Übels

Aber: Laut einer repräsentativen Umfrage 2017 im Auftrag des Bundesministeriums für Verkehr und digitale Infrastruktur (BMVI) und des Deutschen Verkehrssicherheitsrats (DVR) schätzen 29 Prozent der Befragten das Bedienen von Mobiltelefonen am Steuer als die größte Gefahrenquelle im Straßenverkehr ein.[187]
Bestärkt wird diese Annahme durch eine Studie der Universität Bonn aus dem Jahr 2015. Zur Erforschung der Nutzungshäufigkeit des Smartphones und zu welchem Zweck User ihr Mobiltelefon in die Hand nehmen, haben Wissenschaftler die App „Menthal"[188] entwickelt. Erhoben wurde, wann die Probanden ihr Handy einschalten, welche

187 https://www.dvr.de/presse/informationen/4849.html
188 http://fudder.de/bonner-forscher-erforschen-mit-der-app-menthal-smartphone-abhaengigkeit-handy-sucht-faengt-im-kleine--118154960.html

Programme sie nutzen, wie viel sie telefonieren oder chatten. So wurden die Daten von 60.000 Smartphone-Nutzern ausgewertet.
Durchschnittlich nutzte jeder sein Smartphone zweieinhalb Stunden täglich, Jugendliche sogar drei. Sie griffen im Schnitt 88-mal danach, wovon sie es 53-mal entsperrten, um eine App zu starten. Sogar beim Abendessen mit dem Partner oder bei der Arbeit griffen die Probanden zum Handy, scrollten durch Nachrichten, checkten Mails. Unter den geöffneten Anwendungen seien besonders häufig Apps wie Facebook oder WhatsApp genutzt worden.
Der Studienleiter Alexander Markowetz meint, wir – die Generation iPhone und unsere Kinder, die Digital Natives – seien dem Handy längst verfallen. In den letzten sechs Jahren haben Smartphones unser Leben völlig verändert. Unser Handykonsum wirkt sich bereits jetzt negativ auf unsere geistige Leistungsfähigkeit und unsere Gesundheit aus, macht uns unglücklich und unproduktiv.
Das Verhalten ist kein exklusiver Tick der Jugend, sondern zieht sich durch alle Altersgruppen und soziale Schichten.[189]
Seit der Einführung des Smartphones anno 2007 sind weitere Jahre vergangen. Die Zahl der genutzten digitalen Geräte stieg unaufhörlich an. Statistisch wurden 2018 allein in Deutschland rund 57 Millionen Nutzer gezählt[190]
Übersetzt auf die Teilnahme am Straßenverkehr müssen hier sämtliche Alarmglocken schrillen. Dieses fast schon als Smartphone-Sucht zu bezeichnende Verhalten löst unkalkulierbare Unfallrisiken aus. Und offensichtlich gilt dies auch für Berufskraftfahrer, die mit schwerer Tonnage unterwegs sind. Das lassen unsere eigenen Überwachungsergebnisse im Hinblick auf sogenannte fahrerfremde Tätigkeiten bei den Lkw-Fahrern vermuten. Rund 85 Prozent der festgestellten Verstöße werden mit dem Smartphone begangen.
Ziel muss es also sein, proaktiv die „Todsünden“ im Fahrerhaus zu vermeiden, die durch Ablenkung die Gefahren heraufbeschwören und insbesondere die Nutzung des Smartphones während der aktiven Verkehrsteilnahme zu ächten.
Mit gutem Beispiel geht die Aktion „Runter vom Gas“[191] voran. Ablenkung ist eine große Gefahrenquelle im Straßenverkehr. Aus diesem Grund gibt es im Rahmen der Aktion #FingervomHandy jetzt einen Shareablegenerator, mit dem jeder und jede seine ganz persönliche

189 https://www.uni-bonn.de/neues/195-2015
190 http://www.spiegel.de/gesundheit/diagnose/digitaler-burnout-zu-viel-smartphone-macht-ungluecklich-a-1056361.html
191 https://www.runtervomgas.de/mitmachen/

Botschaft gegen Ablenkung am Steuer generieren und in den Sozialen Medien teilen kann. Wir brauchen diese gesellschaftliche Diskussion zur schädlichen Smartphone-Nutzung bei den Digital Natives. Diese muss schon in der Schule einsetzen, wenn wir nicht noch mehr Leben aufs Spiel setzen wollen.

Phänomen „Gaffer"

Polizist knöpft sich Gaffer nach tödlichem Unfall vor: „Schämen sollten Sie sich!" Nach einem schweren Unfall auf der A6 zwischen Roth und dem Kreuz Nürnberg-Süd hat ein Polizist mehrere Gaffer zur Rede gestellt – und mit der Leiche des getöteten Lkw-Fahrers konfrontiert.[192]*,* berichtete am 23.05.2019 der bayerische Rundfunk auf BR24.

Deutschlandweit löste das Video vom unkonventionellen Vorgehen eines Verkehrspolizisten gegen einzelne Gaffer einen regelrechten Hype aus. Endlich zeigt es mal einer diesen sensationslüsternen Zeitgenossen!

Warum kriegen wir diese Unsitte nicht in den Griff? Auch hier finden wir Erklärungen in der Markowetz-Studie. „Wir erleben die Entstehung des Homo Digitalis, der einen Großteil seiner Tätigkeiten mittels digitaler Medien abwickelt. Einen Großteil der Zeit verbringen die Menschen mit Social Media Anwendungen wie Facebook, WhatsApp und Spielen." Mittlerweile ist die App Instagram auf der Anwendungs-Überholspur.

„Smartphone-Apps funktionieren wie Glücksspielautomaten. Wir betätigen sie immer wieder, um uns einen kleinen Kick zu holen", bringt Markowetz seine Ergebnisse auf den Punkt.

Ich kann das nur bestätigen. Ich betreue journalistisch die Facebook-Seite unserer Initiative Hellwach mit 80 km/h, auf die ich später noch eingehen werde.

Du willst ja etwas bewegen, also brauchst du Follower und Abonnenten deiner Seite. Dafür musst du Postings veröffentlichen. Jedes Like ist wichtig. Gibt es derer viele oder bauen sich gar Threads zu einzelnen Themen auf, motiviert dich das natürlich. Ja es erfüllt dich sogar mit Stolz und streichelt dein Ego, wenn du besonders viel Zuspruch erhältst. Gerade in solchen Fällen bist du versucht, ständig nachzuschauen, ob sich die Zahl der Likes erhöht hat, ob ein wichtiger Follower geliked hat oder sich ein Thread positiv entwickelt.

192 https://www.br.de/nachrichten/bayern/polizei-knoepft-sich-gaffer-nach-toedlichem-unfall-vor,RR7bpns

Bevor ich Facebook-Teilnehmer wurde, belächelte ich morgens in der S-Bahn diejenigen, die ständig auf ihr Smartphone starrten. Du kannst dich dieser Faszination nur schwer entziehen. Du bist innerhalb der Öffentlichkeit deines Freundeskreises ständig neuen Informationen ausgesetzt. Ich rede dabei nicht von denen, die mal eben ihr Essen fotografieren und den Freundeskreis daran teilhaben lassen.
Nein, du hast viele interessante Menschen als digitale Freunde in dieser Social Media Welt. Du kannst live an deren Leben teilnehmen, zumindest am preisgegebenen öffentlichen Teil. Und man wundert sich, wie viel einzelne bereit sind, von ihrer Privatsphäre preiszugeben.
Je mehr Follower du an dich bindest, je mehr Freundschaftsanfragen du erhältst, je mehr Likes du mit einzelnen Beiträgen erzielst, umso mehr bestätigt sich der Eindruck (die Hoffnung?), dass du jemand bist, der beeinflussen kann. Und genau da entwickelt sich das Potenzial zur Sucht. „Die permanente Smartphone-Nutzung ist ein unterbewusster Reflex", sagt Markowetz.
Man muss eigentlich nur das Verhalten bei Großveranstaltungen beobachten. Viele haben ihr Smartphone gezückt und filmen, was das Zeug hergibt. Oder sie machen Selfies mit Allem und Jedem was interessant erscheint. Realistisch hat kaum jemand die Zeit, sich all die Filme oder Bilder später nochmal intensiv anzuschauen. Allein der Gedanke, dass alles in einer Cloud gespeichert ist, scheint zu beruhigen.
In der Social Media Welt gibt es keine Regeln und kaum eine Kontrolle. Es zählt nur der Erfolg des Postings, je spektakulärer, desto besser.
Natürlich rütteln Aktionen, wie die des bayerischen Verkehrspolizisten, wach und helfen, das eigen Verhalten zu hinterfragen. Es dauert aber nicht lange und der Reflex kehrt zurück. Und bei der nächsten Vorbeifahrt an einem schweren Unfall wird genauso das Smartphone wie bei jedem x-beliebigen spektakulären Ereignis gezückt und gefilmt.
Mit Bußgeldern wird die Verkehrspolizei dies allein nicht ändern. Ich halte es mit Markowetz, wenn er fordert, „... wir müssen beginnen, in unserer Kommunikation gegenseitig Rücksicht aufeinander zu nehmen und uns eine neue Kommunikationsetikette auferlegen. Und beide Kulturtechniken, Diäten wie Etikette, müssten bereits in der Schule vermittelt werden." Das Gaffen könnte so vielleicht reduziert werden.
In punkto Verkehrssicherheit habe ich mir als digitale Diät auferlegt, mein Smartphone in der Brusttasche zu tragen und auf Vibration zu stellen. Wenn ich bei einer aktiven Verkehrstätigkeit bin, merke ich durch das Vibrieren, dass mich jemand erreichen will oder es Neuigkeiten gibt. Ich entscheide dann bewusst, ob ich z.B. rechts ranfahre und reagiere oder warte, bis ich die aktive Verkehrsteilnahme beendet

habe und erst dann nachschaue. Niemand und nichts kann so wichtig sein, dass man sofort reagieren müsste.
Und warum nutze ich nicht die Freisprecheinrichtung? Ich habe mittlerweile so viele Gespräche zu diesem Thema geführt. Die allermeisten meiner Gesprächspartner räumten ein, dass sie das Telefonieren im Fahrzeug ablenkt. Es ist eben nicht möglich, zwei Dinge gleichzeitig, mit der gleichen Aufmerksamkeit zu bewältigen.

Die Rettungsgasse

Wenn sie dieses Kapitel aufmerksam gelesen haben, werden sie vielleicht verstehen, warum es so schwierig ist, einer unbestimmbaren Menge von erwachsenen Kraftfahrzeugführern beizubringen, dass sie, sobald Fahrzeuge auf Autobahnen sowie auf Außerortsstraßen mit mindestens zwei Fahrstreifen für eine Richtung mit Schrittgeschwindigkeit fahren oder sich die Fahrzeuge im Stillstand befinden, mit ihren Fahrzeugen für die Durchfahrt von Polizei- und Hilfsfahrzeugen zwischen dem äußerst linken und dem unmittelbar rechts daneben liegenden Fahrstreifen für eine Richtung eine Rettungsgasse bilden müssen[193].
Bis Herbst 2017 kostete ein Verstoß 20 Euro. Das Verwarnungsgeld war weder abschreckend, noch wurden viele dieser Verstöße geahndet.
Immer mehr Baustellen, immer häufigere Staus und überlastete Teilstücke der Autobahnen führten jedoch immer öfter zu schweren Unfällen. Die Rettungsorganisationen führten zunehmend Klage, dass sie nur schwer zur Unfallstelle vordringen konnten.
Im September 2017 beschloss deshalb der Verordnungsgeber eine Erhöhung der Bußgelder. Seit dem 19. Oktober 2017 werden Verstöße nun je nach Grad der Vorwerfbarkeit mit einem Bußgeld zwischen 200 und 320 Euro, zwei Punkten in Flensburg und gegebenenfalls mit einem Monat Fahrverbot geahndet.
Mit einer groß angelegten Öffentlichkeitskampagne wurde an die Fahrer appelliert, auch immer die Rettungsgasse zu bilden. Mal klappt es, oft aber auch nicht.
Nehmen wir die Staus, die sich ab einer kritischen Verkehrsmenge täglich bilden, obwohl es gar keinen Unfall gab. Diese schaukeln sich durch zunehmende Bremsvorgänge bis zum Stillstand auf und lösen sich dann relativ bald wieder auf. Für viele Verkehrsteilnehmer entstehen diese völlig grundlos und lösen sich genauso unerklärlich wieder

193 § 11 Absatz 2 Straßenverkehrsordnung

auf. In solchen Situationen denkt kaum jemand an eine Rettungsgasse. Passiert dann aber ein Unfall, kämpfen sich die Retter nach vorne und es wird vorübergehend die freie Gasse gebildet. Der Stau wächst aber weiter an und es sind sicher gedankenverlorene Kraftfahrer darunter, die nicht an die Rettungsgasse denken. Schon ist die freie Fahrt für die Retter wieder blockiert. Weil aber das Retten und Bergen Vorrang hat, kommt eine Verfolgung der Verstöße meist zu kurz. Viele Autobahnpolizeien gehen dazu über, die Verstöße per Videoaufzeichnung mit Dashcams zu dokumentieren und die Bußgelder nachträglich zu veranlassen. Die erzieherische Wirkung wird dabei aber bei den osteuropäischen Verkehrsteilnehmern verfehlt, weil es keine bilateralen Verfolgungsabkommen gibt. Deren Verstoßdaten werden regelmäßig in den Bußgeldstellen gelöscht.

So bleiben weiterhin nur die hergebrachten Aufklärungskampagnen mit Brückenbannern und die Hoffnung, dass die Retter ohne Zeitverzug zu den Schwerverletzten vordringen können. Damit ein Verkehrsverhalten in Fleisch und Blut übergeht, bedarf es mehr. Die Botschaft muss über alle Medien kommuniziert werden. Wichtig sind kurze Wiederholungsfrequenzen. Früher wurde zu bester Sendezeit im öffentlich rechtlichen Fernsehen die Verkehrsaufklärungsreihe „Der 7. Sinn“[194] ausgestrahlt und damit ein Millionenpublikum erreicht. Heute hat sich die Medienlandschaft extrem ausgeweitet. Das Konsumverhalten ist ein ganz anderes. So greift die junge Generation immer häufiger auf Streamingdienste wie Netflix oder Amazon prime und frei zugängliche Medien wie Youtube oder Instagram zurück. Unfallprävention muss viel breiter und vor allem pfiffiger dargeboten werden, um Effekte, wie damals beim 7. Sinn, zu erzielen.

Vorerst werden wir uns auch weiterhin damit abfinden müssen: Mal klappt sie, die Rettungsgasse, mal klappt sie nicht.

194 https://de.wikipedia.org/wiki/Der_7._Sinn

Die Initiative Hellwach mit 80 km/h

Als Mitglied im Hafenclub Mannheim[195], einem Interessenverbund aus gewerblichen und institutionellen Hafenanrainern, habe ich im März 2018 einen Fachvortrag zu dem schweren Unfall am Rosenmontag gehalten. Die anwesenden Vertreter von Mannheimer Logistikunternehmen und Speditionen kamen spontan auf mich zu und boten ihre Hilfe an.

Im April fand ein Fachforum bei der CONTARGO GmbH & Co. KG statt. Nach Erfassung der Problemlage wurden Lösungsansätze diskutiert und zusammengetragen.

Ergebnis war die Gründung der Initiative „Hellwach mit 80 km/h". Dabei geht es um eine aktive Selbstverpflichtung der beteiligten Unternehmen, deren Fahrern sowie der eingesetzten Transportunternehmer. Fahrerfremde Tätigkeiten und die Nutzung elektronischer Geräte während der Fahrt sollen dabei klar verpönt werden.

Außerdem soll bei nicht vermeidbaren Auffahrunfällen die Aufprallwucht dadurch reduziert werden, dass die Fahrer auf staugefährdeten Strecken nur noch regeltreu mit maximal 80 km/h oder ggf. angeordneten 60 km/h fahren.

Wir bildeten ein vierköpfiges Lenkungsgremium. Neben dem Managing Director der CONTARGO Rhein-Neckar GmbH, Konrad Fischer, komplettierten zum Zeitpunkt der Gründung dieses Kleeblatt der Prokurist und Pressesprecher der Mannheimer Versicherung AG, Roland Koch, der Mannheimer Illustrator Karl Gärtner und ich als Verkehrspolizeichef des Polizeipräsidiums Mannheim.

Wir entschlossen uns zu einer positive Image-Kampagne. Denn es geht nur mit den Fahrern zusammen.

Hierfür schuf mein kurpfälzischer Freund und Vereinsmitglied Karl Gärtner[196], die Leitfigur **Max Achtzig,** den freundlich lächelnden Fernfahrer mit hellwachen Augen und den großen, zupackenden Händen.

Der Name ist ein Wortspiel und leitet sich aus dem Synonym *„maximal 80 km/h"* für regeltreues, aufmerksames und sicheres Fahren in Stauzonen ab.

195 https://www.hafenclub-mannheim.de/
196 https://www.illustrationsgaertner.de/

Für die Selbstverpflichtung entwickelten wir zusammen mit der CONTARGO Rhein-Neckar GmbH:

Max Achtzig –
den freundlichen und zupackenden Berufskraftfahrer

Die 10 Max-Achtzig-Regeln für Lkw-Fahrer

Ein verantwortungsvoller Fahrer verhält sich so, dass er in allen Verkehrssituationen weder sich noch andere Verkehrsteilnehmer noch seine Ladung gefährdet. Darum erwarten und empfehlen wir für die täglichen Fahrzeiten:

1. **Lenk- und Pausenzeiten stets einhalten, Pausen sinnvoll nutzen.**
2. **Nur dringende Telefonate führen und nur dann, wenn eine Freisprechanlage vorhanden ist. Jedes Telefonat lenkt ab.**
3. **Social Media-Nutzung per Smartphone, Notebook, Tablet etc., wie Facebook, WhatsApp, SMS oder YouTube muss unterbleiben.**
4. **Dispositionen über Route, Routenänderung oder Auftragsbearbeitung nicht während der Fahrt vornehmen.**
5. **Fahrerfremde Tätigkeiten wie Lesen, Kaffee kochen, Speisen zubereiten, Körperpflege, etc. sind mit einem sicheren Fahren unvereinbar und sind zu unterlassen.**
6. **Essen und Trinken während der Fahrt nur, wenn sichergestellt ist, dass die Konzentration auf den Verkehr nicht gestört wird.**
7. **Alkohol und sonstige die Reaktion und Konzentration beeinflussende Mittel, aber auch Medikamente, die das Fahren ausschließen, sind direkt vor und während den Fahrzeiten strikt untersagt.**
8. **Kleiderwechsel erst beim nächsten Parkplatz oder in der Pause vornehmen. Festes Schuhwerk tragen.**
9. **Wenn etwas runterfällt, bei nächster Gelegenheit anhalten und es erst dann aufheben.**
10. **Max-Achtzig-Gebot: Ich halte mich – gerade auf Strecken mit Staugefahr und in Baustellen – korrekt an die vorgegebenen Geschwindigkeitsbegrenzungen. Ich halte Sicherheitsabstände und Überholverbote ein und bin hellwach.**
    Max Achtzig ist dabei, du doch auch!

Vorrangiges Ziel ist es, weitere Transportunternehmen zu motivieren, an der Initiative teilzunehmen. Das Rollout startete zwar aus der Mannheimer Region. Die Initiative sollte aber als Welle sehr weit getragen werden, um möglichst viele Fahrer und Unternehmen zu erreichen und zum Mitmachen zu bewegen.
Und die Initiative schlug richtig ein.

Pressekonferenz am 19. Juli 2018
Schon bei der Vorstellung in einer Pressekonferenz platzte der als Veranstaltungsort gewählte Rampenboden im Haus der Staatlichen Rhein-Neckar-Hafengesellschaft Mannheim förmlich aus allen Nähten.
In 24 Jahren Dienst am Gemeinwohl entstehen auch wertvolle Kontakte zu den Medien. Ich lud deshalb viele Pressevertreter persönlich ein und fast alle kamen.
Die Fernsehanstalten waren vertreten durch SWR-Fernsehen, Rhein-Neckar-Fernsehen und ronTV.
Von den Radiosendern nahmen SWR 1, SWR 3 und SWR 4, RPR1, FFH und Radio Regenbogen teil.
Und für die schreibende Zunft waren Vertreter für den Mannheimer Morgen, die Rhein-Neckar-Zeitung, die Rheinpfalz, die Bürstadter Zeitung, die Lampertheimer Zeitung, die Stuttgarter Zeitung sowie das Reinneckarblog zugegen.
Die Fachpresse repräsentierte Der FERNFAHRER / eurotransport.de.
Die Berichterstattung ging weit über die Region hinaus.

Neben lokalen Transportunternehmen waren unterstützend auch Vertreter der Verbände Spedition und Logistik Baden-Württemberg e.V., des Verkehrsgewerbes Baden e.V., des Speditions- und Logistikverbandes Hessen/Rheinland-Pfalz e.V. sowie der Bundesverband Güterkraftverkehr Logistik und Entsorgung (BGL) e.V. anwesend.
Und als Kommunalpolitiker sicherte der Erste Bürgermeister der Stadt Mannheim, Christian Specht, seine Unterstützung zu.
Am gleichen Tag launchte ich die gleichnamige Facebook-Seite[197], die umgehend eine beachtliche Reichweite erzielte.
Die Welle war nun da und Max Achtzig konnte sie reiten.

Das Logo
Der Betrachter sollte auf den ersten Blick erkennen, worum es bei unserer Initiative geht. Also hielt unsere Leifigur Max Achtzig freundlich lächelnd mit seinen hellwachen Augen ein 80 km/h Schild in Händen.
Die amtliche Bezeichnung dafür heißt:
Vorschriftszeichen – zulässige Höchstgeschwindigkeit 80 km/h
Wir wollten damit ausdrücken, dass die Berufskraftfahrer in Stauzonen hellwach und regeltreu, exakt mit der jeweils angeordneten Geschwindigkeit fahren.
Ausgelegt wurde uns das Logo aber oft mit der Mutmaßung, wir verlangten, dass die Lkw-Fahrer überall nur noch mit 80 km/h fahren sollen. Obwohl dies Vorschrift ist, hat sich eine Überschreitung innerhalb der Toleranzen verstetigt. Ich habe dies weiter oben bereits erklärt.
Ein Unternehmer, der seine gesamte Flotte auf 84 km/h abgeriegelt hat, berichtete uns über die Anfeindungen und Schmähungen, denen sich seine Berufskraftfahrer täglich aussetzen müssen, weil sie von den anderen Fahrern als rollende Hindernisse definiert werden. Das ist nur mit Psychologie erklärbar.

197 https://www.facebook.com/Hellwachmit80kmh/

Also entschlossen wir uns, das Logo zu verdeutlichen. Wir haben Max jetzt hinter das 80er Schild das allgemeine Gefahrenzeichen „Stau“ geschoben. Jetzt sollte es jeder auf Anhieb begreifen.

Wie bringe ich Selbstverständlichkeiten an den Mann?
Das Poster zu den Max-Achtzig-Regeln

Die akute Gefahr heißt Ablenkung. In mehr als 85 Prozent der Fälle ist das Smartphone der Verursacher.
Und die noch schlummernde Gefahr lauert im importierten Alkoholismus bei den überwiegend osteuropäischen Berufskraftfahrern.
Unser Illustrator hat in sympathischer und unvergleichlicher Weise unseren freundlichen und zupackenden Max Achtzig in zehn Comic-Bildern auf einem Poster als Hingucker verewigt. Auf Anhieb versteht der Betrachter, auch ohne viele Worte, was das Berufsethos eines Berufskraftfahrers fordert und was Max erwartet.
Die Verbreitung soll bundesweit erfolgen und möglichst viele Fahrer erreichen.
Für die Finanzierung sind wir ständig auf der Suche nach Sponsoren.
Für die Verbreitung binden wir unsere Vereinsmitglieder ein. Das dauert zwar, ist aber äußerst erfolgversprechend.
Im Kern geht es um die gesellschaftliche Ächtung der Smartphone-Nutzung bei der aktiven Verkehrsteilnahme. Es sind nicht nur die Lkw-Fahrer betroffen, nein alle, die Autofahrer, die Radfahrer und sogar die Fußgänger.
Und wer wird gerufen, wenn ein schwerer Unfall passiert ist? Die Behörden und Organisationen mit Sicherheitsaufgaben (BOS).
Was liegt also näher, die große Retterfamilie in das Vorhaben einzubinden. Zusammen mit den Ehrenamtlichen und deren Familien sind deutschlandweit Millionen angesprochen.

Die Bewegung muss von unten ihren Ausgang nehmen, von der Basis, von dort, wo die Helfer regelmäßig die Auswirkungen der Smartphone-Sucht in Form schwerer Verletzungen und Tod vor Augen geführt bekommen. Dort ist auch am ehesten Verständnis und Bereitschaft zur Mithilfe zu erwarten.
Wir haben das Projekt im Rhein-Neckar-Kreis, in der Kurpfalz gestartet.
Und wir wollen es zu einer Bewegung ausbauen.

hellwach-mit-80-kmh.de

Werbung auf der transport logistic 2019

Mit einem Rollup unseres Max-Achtzig-Posters und bewaffnet mit Max-Achtzig-Visitenkarten machten wir uns am 5. Juni auf den Weg nach München, um auf Europas größter Messe rund um den Lkw unsere Präventionsinitiative einem internationalen Publikum bekannt zu machen. An zwei Tagen informierten wir so in Vorträgen und Fachgesprächen über unsere Ziele und erhielten erfreulich viel Aufmerksamkeit.

Alles drehte sich um das große Thema Fahrermangel. Es gibt eine Reihe ernstzunehmender Ansätze unterschiedlichster Akteure. Bei mir bleibt jedoch der Eindruck, dass die Akteure von einem Gleichklang oder einer Konzertierung ihrer Einzelinitiativen aber noch weit entfernt sind.

Leider spielen Fahrermangel, Lohndumping und unflexible Rampen voll in das Themenfeld der Verkehrssicherheit – allesamt Stressoren, die zusätzlich zum verbesserungswürdigen Baustellen- und Staumanagement weitere Unfallgefahren heraufbeschwören.

Versuchen wir, die für die Max-Achtzig-Initiative relevanten Problemfelder herauszufiltern.

- **Personenbezogen**

  Über den akuten Fahrermangel habe ich bereits gesprochen. Bis 2022, so schätzen Verbandsvertreter, wird er auf einen Fehlbestand von 120.000 anwachsen. Schädlich wirkt sich auch die Demographie aus. Immer mehr Berufskraftfahrer schieben ihren Renteneintritt nach hinten oder fahren als Aushilfsfahrer nach ihrer Verrentung. Die Überalterung führt zu unkalkulierbaren Gesundheitsgefahren. Immer öfter liest man von Heldentaten anderer Verkehrsteilnehmer, die einen Lkw irgendwie heruntergebremst haben, weil der Fahrer aufgrund körperlicher Ausfälle nicht mehr in der Lage war, diesen zu steuern.

  Die forcierten Nicht-EU-Anwerbungen bringen Fahrer nach Europa, deren Qualifikation zum Berufskraftfahrer zumindest fragwürdig ist. Außerdem sind die meisten von ihnen Opfer von Lohndumping und fristen ihren Alltag als Arbeitsnomaden ohne irgendeine Anbindung.

  Eine Minderheit von etwa zwei Prozent ist alkoholkrank. Diese Fahrer dürften gar nicht bei uns fahren, rutschen aber dennoch durch das Raster, weil es kein effizientes Kontrollsystem gibt. Das Alkohol-Suchtpotenzial der Osteuropäer ist aus unseren Kontrollerfahrungen deutlich höher, als das der restlichen Europäer.

- **Gesellschaftsbezogen**
  Fahrer wünschen sich eine höhere Wertschätzung für ihre Arbeit und ein stärkeres Engagement der Transportunternehmen in der Öffentlichkeitsarbeit, so das Ergebnis der ELVIS-Umfrage 2019. Heute bemisst sich der wirtschaftliche Erfolg eines Transportunternehmens nicht mehr nur nach der Auftragslage, sondern auch nach dem Umfang und der Zufriedenheit des Personals. Eine faire Entlohnung und insbesondere Solidarität bei der Abschaffung von Lohndumping müssten oberstes Gebot für die Unternehmen sein.
- **Wirtschaftsbezogen**
  Gewinnstreben darf nicht weiter vor die Sicherheit der Berufskraftfahrer gestellt werden. Material ist ersetzbar, der Fahrer bzw. ein Menschenleben nicht.
  Die Warenlogistik muss kritischer auf den Betrieb ihrer Rampen schauen. Der „Rampenkönig“, der die Macht hat, zu spät ankommende Fahrer ans Ende der Warteschlange zu stellen, muss ersetzt werden durch freundliche Logistiker und digitalisierte und flexible Rampenzeiten, die den Berufskraftfahrern weniger unter Stress setzen und ihm Wertschätzung entgegenbringen. Ein befreundeter Spediteur sagt immer, die Fahrer müssen wie Kunden behandelt werden. Ohne sie bricht die Versorgungskette zusammen
- **Infrastrukturbezogen**
  Die Sanierung der Autobahnbrücken entlang der hochbelasteten Transport- und Transitstrecken wird eine Herkulesaufgabe bleiben. Bereits jetzt floriert die Ost-West-Transitbelastung im Autobahnnetz und sie wird prognostisch weiter ansteigen.
- **Fahrzeugtechnikbezogen**
  Die Verantwortlichen im Europarat müssen dringend die Verordnung zu den EABS fortschreiben und den Einbau auf neuestem Stand verpflichtend anordnen.

Max 80 – Vision

Ich bin der festen Überzeugung, dass es eines gesamtgesellschaftlichen Diskurses zum Erhalt unseres europäischen Wohlstandes bedarf. Worst-Case-Szenarien prognostizieren bereits für das Jahr 2022 wegen des akuten Mangels an Berufskraftfahrern Versorgungsengpässe in ungekanntem Ausmaß.

Wir brauchen also mittelfristig ein europäisches Programm, welches die Attraktivität des Fahrerberufs steigert, Stressoren für die Fahrer beseitigt und durch ein optimiertes Staumanagement und verordnete Fahrzeugtechnik die Unfallrisiken und die Todesgefahr minimiert.

So ergeben sich aus den Problemfeldern fast zwangsläufig nachfolgende Tätigkeitsfelder.

- **Selbstverpflichtung der Berufskraftfahrer**
  Die Fahrer müssen zu ihrer Verantwortung stehen. Die Kampagne mit den Sympathieträgern Max Achtzig und Maks Nix zur Reduzierung der „Todsünden“ im Fahrerhaus durch Anerkennung und Beachtung der 10 Max-Achtzig-Regeln muss europaweit ausgerollt werden.
  Max goes Movie soll dabei in 15-Sekunden Aufklärungsspots ohne Worte die internationalen Berufskraftfahrer auf sympathische Weise problembewusst machen. Motto: *Du hast 40 Tonnen Verantwortung!*

- **Konzertierung der Player**
  Die Balance zwischen produzierendem Gewerbe, Transportgewerbe und Warenhandel zu halten, wird immer mehr zu einem Kraftakt. Es bedarf dringend der Moderation innerhalb dieses wirtschaftlichen Beziehungsdreiecks. Gefordert ist die Wirtschaftspolitik, national und EU-weit. Ein Ziel müssen faire und saubere Transporte sein. Zur Abwehr der Alkoholgefahren gibt es zwei Alternativen: Entweder es werden Alkohol-Interlocks im Lkw verbaut oder es muss für alle berufsbezogenen Kraftfahrtätigkeiten eine Null-Promille-Grenze eingeführt werden, die dann aber auch verstärkt überwacht werden muss.
  Das starre Rampenmanagement muss fahrerfreundlicher gestaltet werden. Timeslots müssen flexibler werden, um den Fahrstress durch Zeitdruck zu reduzieren. Eine Digitalisierung zur Optimierung der Anlieferzeiten wäre wünschenswert.

- **Baustellen- und Staumanagement**
  Es muss eine Echtzeitwarnung durch Standardisierung und Einführung von integrierten digitalen Stauwarnanlagen, die mit autonomen Geschwindigkeitsmessanlagen (Enforcement-Trailer) gekoppelt werden, angestrebt werden, um abgelenkten Fahrern einen optischen Weckreiz zu setzen.
  Warnung in Echtzeit hat den Vorteil, dass ohne Stau freie Fahrt möglich ist und der Verkehrsteilnehmer die Warnung ernst nimmt, weil er lernt, dass er immer auf eine Gefahrenstelle aufläuft. Per Verkehrsschild angeordnete, starre Zeitfenster lassen ihn diesbezüglich abstumpfen.

- **EU-Verordnung 347/2012/EC**
  Die Regelungen der EU für Notbremsassistenzsysteme sind nicht mehr Stand der Technik. Es muss dringend eine Fortschreibung und Verpflichtung zum Einbau der neuesten EABS-Generation Standard werden. Nur diese sind in der Lage, Lkw im Notfall vor einem Hindernis bis zum Stillstand zu bremsen. Eine Wahlmöglichkeit für den Kunden zur Kostenersparnis darf es nicht geben. Sicherheit muss wesentlicher Bestandteil der Wirtschaftlichkeit werden.

Unser gesamtes Vereinshandeln unterwerfen wir dem Ziel, die Zahl der Unterstützer zu steigern und immer mehr Fahrer und deren Chefs zu echten *Max-Achtzigern* zu machen. Die erwünschte und auch mögliche Unterstützung bei der Abwehr von tödlichen Unfallgefahren am Stauende durch die digitale Straßenverkehrstechnik und die Fahrzeugtechnik wird noch einige Zeit benötigen.
Bis dahin ist die Selbstverpflichtung der Fahrer zu den *10 Max-Achtzig-Regeln* ein vielversprechender Weg.

Auf Werbetour bei der Transport Logistik Messe in München

Kapitel 8: Die Motorradfahrer

Emotion

Leidenschaft

Lebensgefühl

Weil wir Biker sind und ein Motorrad haben,
reiten wir durchs Land in einem Ledergewand.
Motorrad fahren und den Fahrtwind inhalieren,
die Freiheit spüren, weil wir Biker sind.
(Andreas Gabalier 2010 – „Biker" aus dem Album Herzwerk)

Die Motorradfahrer

Das emotionalste Kapitel habe ich mir bis zuletzt aufgespart. Ein Motorrad ist nicht einfach ein Fortbewegungsmittel. Motorradfahren ist für viele eine Lebenseinstellung. Es ist pure Leidenschaft. Und Leidenschaft blendet oftmals die Ratio aus.

So ist es mittlerweile äußerst schwierig, die Zahl der tödlichen Unfälle durch verkehrspolizeiliche Maßnahmen zu beeinflussen.

Natürlich greift die Vision Zero auch bei Kradfahrern. Verloren 1997 noch 1.143 Menschen ihr Leben, war 2016 mit 604 Toten vorerst ein Tiefststand erreicht. Technische Verbesserungen in der persönlichen Ausstattung, wie zum Beispiel Protektoren in der Motorradkombi oder die Installation von speziellen Leit- und Schutzplanken an unfallträchtigen und kurvenreichen Strecken haben sicher zu einer Reduzierung der tödlichen Unfälle beigetragen.

Leider fordern die langen Schönwetterperioden ihren Tribut. Rund Dreiviertel der Unfälle passieren im Frühjahr und Sommer. Ende 2018 ließen wieder 699 Kradfahrer ihr Leben.

Wie gefährlich ist also Motorradfahren?

Das statistische Bundesamt hat hierzu 2017 eine Studie[198] herausgegeben.

Wie erwartet, ist das Risiko, im Straßenverkehr zu verunglücken, bei Krafträdern höher als bei anderen Kraftfahrzeugen: Es lag für Benutzer von Krafträdern mit amtlichem Kennzeichen mit 14 Getöteten je 100.000 Krafträder deutlich über dem Wert von Pkw-Insassen mit jeweils drei Getöteten je 100.000 zugelassenen Fahrzeugen.

Deutlicher wird die neueste Studie aus der Unfallforschung der Versicherer (UDV) durch eine andere Fokussierung. In „Todesrisiko Motorradfahren – Schutzkleidung hilft wenig“[199] bekennen die Forscher: *Inzwischen ist damit ihr Risiko, getötet zu werden, bezogen auf die gefahrenen Kilometer, etwa 21 Mal höher als im Auto.*

Die Studie macht Schluss mit dem weit verbreiteten Irrglauben, dass Schutzkleidung mit Protektoren Leben retten kann. Schon bei einem Aufprall auf ein Hindernis mit mehr als 25 km/h sind schwere Verletzungen nicht mehr zu verhindern. Schon gar nicht bei höheren Geschwindigkeiten. Aus Fachschriften zur Ladungssicherung wissen wir, dass ein Körper von 80 kg bei einem Aufprall mit 100 km/h auf eine

198 https://www.destatis.de/DE/Themen/Gesellschaft-Umwelt/Verkehrsunfaelle/_inhalt.html;jsessionid=456E22A89DBB5A5EC14734CE1721063A.internet722#sprg230562

199 https://udv.de/de/medien/mitteilungen/todesrisiko-motorradfahren

Wucht von nahezu 31 Tonnen beschleunigt wird. Ist ein Hindernis im Weg, tendiert die Chance zu überleben hier gegen null.
Wir müssen klar sagen, dass keine praktikable Schutzkleidung in der Lage ist, bei einem Aufprall mit üblicher Landstraßengeschwindigkeit eine tödliche Verletzung zu verhindern, sagt Siegfried Brockmann, der Leiter der UDV. Die Bilder von Motorradrennen, bei denen die Fahrer nach schweren Stürzen aufstehen und weiterfahren, seien deshalb fatal. In der Landstraßenrealität gebe es solche Auslaufzonen selten.
Und zum Leidwesen der Motorradfahrer kommt die Studie zum Ergebnis, dass rund zwei Drittel aller Getöteten ihren Unfall auf Landstraßen selbst verursacht haben.
Etwa ein Drittel der Getöteten kam ohne Fremdeinwirkung ums Leben. Hinsichtlich der Unfallörtlichkeiten sind mehr als 80 Prozent der Toten bei Unfällen außerhalb geschlossener Ortschaften zu beklagen. Und wenn es zu einem Zusammenstoß mit anderen Verkehrsteilnehmern kam, waren dies in vier von fünf Fällen Pkw.
Mit großem Abstand ist Unfallursache Nummer eins die nicht angepasste Geschwindigkeit. Danach folgen zu dichtes Auffahren und Fehler beim Überholen.
Nach Altersgruppen liegt die Zahl der tödlichen Unfälle bei den 45- bis 65-Jährigen deutlich höher, als bei den 18- bis 35-Jährigen.

Präventionsansätze
Die Erkenntnisse sind nicht ganz neu und sie wiederholen sich Jahr für Jahr. Es gibt mittlerweile keine erfolgversprechende Maßnahme mehr, die nicht wenigstens ausprobiert worden wäre, um die Zahl der tödlichen Motorradunfälle weiter zu reduzieren.
Groß angelegte Geschwindigkeitskampagnen, jährliche Angebote für Fahrsicherheitstrainings, Themenseiten im Internet, regelmäßige Bikertreffen, aufwendige Motorradsternfahrten, Motorradgottesdienste mit Segnung für Mensch und Maschine – und wie zum Trotz, seit dem Allzeittief 2016 ein erneuter Anstieg der Toten um fast 16 Prozent – was läuft da falsch?
Das größte Verbesserungspotential sitzt *auf* dem Motorrad, sagt Brockmann in seiner Studie.

Ursachenerforschung
„Sie können sich nicht vorstellen, wie es ist, bei schönem Wetter mit der Maschine durch die Stadt zu cruisen", beschrieb mir einst einer meiner Motorradpolizisten mit glänzenden Augen, was es für ihn bedeutet, Angehöriger der Mannheimer Motorradstaffel zu sein. Da ist mehr als nur der Job. Das ist wohl eine Art Berufung.

Ich kann das nicht beurteilen. Zwar habe ich mit 19 Jahren den Motorradführerschein gemacht, bin danach aber nie auf einer schweren Maschine gefahren.
Allerdings sind mir als Verkehrspolizist viele Motorradunfälle in Erinnerung. Ich würde sie in drei Kategorien aufteilen:

- Da sind einmal die Leichtsinnigen, die dem Rausch der Geschwindigkeit und der Schräglage in den Kurven erliegen.
- Dann identifiziere ich die Gruppe derer, die mangels Fahrpraxis ihr Motorrad nicht oder noch nicht wieder beherrschen.
- Und tragischerweise ist die Gruppe derer zu beklagen, die schuldlos verunglücken.

Und glauben Sie bloß nicht, dass Polizeibeamte trotz ihres Wissens um die Gefahren verschont blieben. 2013 war der Stuttgarter Polizeipräsident mit seiner Oldtimer-Maschine auf Ausfahrt im Schwarzwald. Seine Frau fuhr mit ihrem Motorrad hinterher. Ein Pkw-Fahrer hatte ihn einfach übersehen und bog unmittelbar vor ihm nach links ab. Er hatte keine Chance und verstarb vor Ort.
Ein Offenburger Polizist, selbst in der Verkehrserziehung tätig, war in die Vorbereitung des Besuchs von Papst Benedikt XVI anno 2011 in Freiburg eingebunden.
Nach Dienst fuhr er mit seinem Motorrad nach Hause. An einer Parkplatzausfahrt registrierte er einen Pkw, der mit zwei Ordensfrauen besetzt war. Er hatte Blickkontakt zu der älteren Nonne am Steuer. Und dennoch fuhr sie los und nahm ihm die Vorfahrt. Er entrann schwerstverletzt nur knapp dem Tod. Nach langer und leidvoller Reha ist er wieder aktiv im Dienst. Bei Präventionsveranstaltungen in Berufsschulen berichtet er empathisch und beeindruckend von seinem eigenen Erleben, um jungen Heißspornen vorausschauende und risikoarme Fahrweise ans Herz zu legen. Aber auch um zu verdeutlichen, dass du fast keine Chance hast, wenn du darauf vertraust, dass der andere keine Fehler macht.
Die Motorradsaison 2019 hatt kaum begonnen als im Frühjahr ein junger Kommissar des Polizeipräsidiums Mannheim mit seinem Motorrad schwer verunglückte, weil ihm auf dem Heimweg der Fahrer eines Krankentransportfahrzeuges beim Linksabbiegen den Vorrang nahm. Er hatte ihn schlicht übersehen.
Wenige Wochen später, Mitte April 2019, erlag ein 61-jähriger Motorradfahrer im Krankenhaus seinen schweren Verletzungen. Er war Ende März mit nicht angemessener Geschwindigkeit auf der Mannheimer Südtangente unterwegs. In der Rechtskurve zum Parkring verlor

er die Kontrolle, driftete nach links in den Gegenverkehr und prallte auf ein entgegenkommendes Fahrzeug.

Die Adrenalin-Junkies

Mitte März 2019 befährt ein 20-jähriger Biker die abschüssige L 600 in Leimen, Richtung Heidelberg. Vermutlich zu schnell, verliert er in einer Rechtskurve die Kontrolle, stürzt und prallt mit einem entgegenkommenden Pkw zusammen. Er verstirbt an der Unfallstelle. Sein Tod löst einen medialen Hype aus.

Etwa 70 Motorräder sind beim letzten Weg zum Grab des Verstorbenen vor der Kapelle aneinandergereiht. Ihre Motoren werden lautstark aufgedreht, als der Sarg vorbeigeschoben wird.

Er sei ein leidenschaftlicher Motorradfahrer gewesen. Ein Jahr zuvor war ein guter Freund ebenfalls bei einem Motorradunfall ums Leben gekommen, daraus entstand sein letzter Wunsch nach einer Motorradbestattung.

Freunde kondolieren: *„Biker halten zusammen. Mein tiefstes Mitgefühl"*
„Biker sind Freunde und Familie mit einer Leidenschaft. Mit derselben Passion!! Ich helfe gerne etwas, weil ich mir dasselbe auch für mich wünschen würde.
Ride in Paradise" [200]

Das macht dich als Verkehrspolizist sprachlos. Die Leidenschaft wird mit Go-Pro-Action-Kameras im Grenzbereich gefilmt und für Gleichgesinnte ins Netz gestellt. Die Passion geht offenbar bei den jungen Menschen so weit, dass man den Tod in Kauf nimmt. Eine Motorradbestattung ist nicht nur soundgetragener Abschied, sondern echtes letztes Geleit für den anstehenden „Ritt im Paradies".

Mit den bisher praktizierten Präventionsmaßnahmen erreicht man diese Risikogruppe nicht. Ich bin sogar überzeugt, dass bei diesen Adrenalin-Junkies Prävention überhaupt nicht hilft.

Bleibt die Repression, also die Erziehung über den Geldbeutel und den Führerscheinentzug. Das wiederum würde nur mit hohem Überwachungsdruck und einer subjektiv für den Biker auch feststellbaren hohen Kontrollwahrscheinlichkeit funktionieren.

Die ernsthaften Bemühungen der betroffenen Polizeidienststellen, an unfallbelasteten Strecken häufiger präsent zu sein, scheitern jedoch am fehlenden Personal und Material. Motorradkontrollen an Ausflugsstrecken sind personalintensiv. Aber nur eine unmittelbare Ahndung bringt den notwendigen Kontakt zum Fahrer und seiner Maschine.

200 https://www.heidelberg24.de/region/leimen-toedlicher-motorradunfall-l600-motorradbeerdigung-lucas-11846557.html

Wie gesagt, trotz Schwerpunktsetzung stiegen bundesweit die Todeszahlen binnen zweier Jahre deutlich um mehr als 15 Prozent an.

Der Einsatz ziviler Video-Kräder

Viele bejubeln das zivile Videokrad der Verkehrspolizei als das geeignete Mittel. Ich habe es immer abgelehnt. Trotz besonderer Fahrtrainings muss der verfolgende Motorradpolizist zur Dokumentation der meist nur Geschwindigkeitsverstöße in dieselben Grenzbereiche vordringen wie der Motorrad-Freak. Da auch das beste Fahrtraining die physikalischen Gesetzmäßigkeiten nicht kompensieren kann, begibt sich der Beamte unter Umständen in Lebensgefahr. Außerdem kann eine vom Vorausfahrenden bemerkte Verfolgung als Aufforderung zum Kräftemessen missdeutet werden. Dann provoziert der Beamte in Zivil vielleicht sogar ein Rennen.
Mit unserem Diensteid haben wir zwar auch die Hingabe an den Dienstherrn geschworen. Die Inkaufnahme eigener Lebensgefahr bei der Verfolgung eines Verkehrsrowdies gehört für mich jedenfalls nicht dazu.

Wechselwirkungen Lärm und Geschwindigkeit

Der Bericht über die Motorradbeerdigung wirkt bei mir immer noch nach. Das Röhren der Auspuffanlagen von 70 Motorrädern begleitete das letzte Geleit.
Vielleicht sollten wir in der Bekämpfung der Hauptunfallursache für tödliche Unfälle neue Wege gehen. Wir reden von 30 Prozent mit Alleinbeteiligung.
Ich werfe die Frage auf, kann Auspufflärm kausal Unfallgefahren heraufbeschwören?
Bei unseren wiederkehrenden Motorradkontrollen an Ausflugsstrecken im Odenwald stellen wir immer wieder Biker fest, die ihren dB-Eater aus dem Endtopf entfernt haben, um einen satteren Sound zu erzielen. Mit dem Aufkommen elektronischer Klappenauspuffanlagen nahm das zwar ab, aber auch diese werden bei den Ausfahrten gerne geöffnet.

Vertraute tiefe Frequenzen – wie der Herzschlag im Mutterleib?

KESSTECH, einer der führenden Hersteller für Klappenauspuffanlagen bewirbt sein neues Produkt: *ESE folgt der Philosophie, das Fahrerlebnis von Bikern mit einem unverwechselbaren Sound zu kombinieren*. Es sei

ein komplett neu entwickeltes System, das Fahrerlebnis und unverwechselbaren Sound auf eine neue technische Evolutionsstufe gebracht hat.[201]
Die Motorrad-Presse berichtet gar von *Soundengineering und Psychoakustik.*
Es geht *um Töne und Motorradklänge. Wow, das haute mich fast vom Hocker, wie wissenschaftlich fundiert so ein Ton entsteht, der dem getunten Motorradauspuff letzten Endes entfleucht. Hohe Frequenzen („Nähmaschine") werden rausgefiltert, tiefe Frequenzen dominieren. Sie schmeicheln Easy Riders Ohr und wir mögen sie, weil wir sie bereits durch den Herzschlag im Mutterleib kennengelernt haben.*
Faszinierende Fakten und eine Software, die Klangbilder visualisiert und in der Prüfkurve bei der Überland-Vorbeifahrt sogar den charakteristischen Gesang von Feldlerchen und anderen Singvögeln herausfiltert. Es ging um die richtige Rauigkeit, die richtige Schärfe des Tons. Ziel ist, dass am Ende eine satte und sonore Bikefanfare zu hören ist, die trotzdem nicht als laut und störend empfunden wird.[202]
Die dB-Emissionen aus dem Motorradauspuff lösen beim Biker unzweifelhaft Emotionen aus. Die „Psychoakustik schmeichelt Easy Riders Ohr."
Je höher die Drehzahl des Motors, desto lauter wird der Sound.
Lautstärke löst Stress aus – beim Biker offensichtlich positiven Eustress.
Hohe Drehzahlen bedeuten aber auch extreme Beschleunigung und hohe Geschwindigkeiten.
Ich denke, die Kombination von beidem verursacht bei den Fahrern die Ausschüttung von Adrenalin. Die Bereitschaft, bis an die fahrerischen Grenzen zu gehen, wächst. Der Sound und die Performance bestimmen dabei die Dramaturgie und halten durch die penetrant hohe Phonzahl das Stresslevel am Anschlag.
Genau in diesen Momenten des Biker-Glückes ist die Unfallgefahr am höchsten.
Ich bin überzeugt, dass eine Lärmreduzierung auf Normalmaß auch auf das Fahrverhalten der Adrenalin-Junkies wirkt.
Ganz so abwegig ist nämlich ein Umstieg auf ein Elektromotorrad gar nicht.
Nach dem Drücken des Starterknopfes hört man nichts. Es ist so ruhig wie zuvor. Dreht man den Gasgriff ganz auf, geht die Zero mit einem pfei-

201 https://www.bikeundbusiness.de/kesstech-die-evolution-des-motorrad-sounds-a-609042/
202 https://www.bikeundbusiness.de/the-silence-of-sound-kesse-technik-klappt-ganz-legal-a-618468/

fenden Geräusch ab, als würde ein Stein aus einer Schleuder geschossen. So muss sich Münchhausen beim Ritt auf seiner Kanonenkugel gefühlt haben. Die gewaltige Dynamik ist beeindruckend. Im Sprint sind die Verbrenner von KTM und Ducati gegen die elektrische Rakete chancenlos. [203]
Man stelle sich einen Biker auf einem leistungsstarken Motorrad mit Elektroantrieb vor. Er könnte bei der Überland-Vorbeifahrt sogar den charakteristischen Gesang von Feldlerchen und anderen Singvögeln direkt hören und nicht nur herausfiltern.
Würde er ohne Soundstress auf den heißgeliebten, kurvenreichen Waldstrecken dennoch in den Grenzbereich seiner fahrerischen Fähigkeiten gehen?

Herangehensweise
Die Hersteller von Klappenauspuffanlagen beteuern, dass sie Euro-4-konforme Produkte anbieten. *Das Klappensystem für den Auspuff erzeugt den Wunschklang für viele Bikerohren – und hält alle gesetzlich geforderten Werte bei Abgas und Lärm ein: Legal Sound Performance,* so bspw. KESSTECH.
Ganz anders argumentiert da der BUND. Seit Jahren haben sich die Vereinigten Arbeitskreise gegen Motorradlärm (VAGM e. V.) formiert. Auf ihrer Internetseite kontern sie die Herstellerargumente.
Mit der aktuellen Euro-4-Norm sind zwar auf dem Papier zwei Dezibel Lärmreduktion herausgekommen – auf die Straße jedoch kommt ein Motorrad, dass um ein Vielfaches lauter ist als sein Vorgängermodell nach der alten Norm. Das hatten Schweizer Untersuchungen des Verbraucherschutzmagazins „Der Beobachter" am DTC-Prüfinstitut in Bern belegt.
Anders als beim Dieselbetrug begünstige die Norm nicht nur die Herstellerseite, sondern auch die zahlenden Kunden – auf Kosten der Anwohner, der Erholungssuchenden und der Allgemeinheit. Leisere Fahrzeuge wären möglich. Stattdessen nutzt die Industrie ein Instrumentarium, ähnlich wie beim Dieselskandal: Zykluserkennung, Motormanagement und Auspuffklappen hebeln eine korrekte Lärmmessung bei der Typzulassung aus. Auf der Straße sind die Motorräder dann um ein Vielfaches zu laut.[204]

---

203 https://www.zeit.de/mobilitaet/2019-05/elektromotorrad-zero-srf-test-naked-bike-leistung?utm_term=facebook_zonaudev_int&utm_source=facebook_zonaudev_int&utm_medium=sm&utm_content=zeitde_redpost_zon_link_sf&wt_zmc=sm.int.zonaudev.facebook.ref.zeitde.redpost_zon.link.sf&utm_campaign=ref&fbclid=IwAR0kDiio_aeLvTp0Yp7NLiKFA2io6Mg-7p1LSKq3e4nhydWjZP-8

204 https://motorradlaerm.de/laute-auspuffe-und-poserwesen-unselige-allianz-von-industrie-und-laerm-fahrern/

Ich wiederhole mich gerne, Lärm macht krank. Deshalb ist die Abwehr von akutem und übermäßigem Straßenlärm auch eine Aufgabe der Verkehrspolizei.
Natürlich kommen reflexartig die Argumente der Bedenkenträger. Uns fehlt das Personal. Wir haben nicht die Messtechnik. Warten wir doch erst einmal ab, was die neuen Geschwindigkeitsdisplays an Ausflugsstrecken bewirken...
In einem Interview[205] äußert sich der Lärmschutzbeauftragte des Landes Baden-Württemberg, Christian Marwein, zu den präventiven Displays:
Das Land Baden-Württemberg hat jüngst eine Testreihe absolviert, um mit der kombinierten Lautstärkemessung und -anzeige am Straßenrand an die Vernunft der Motorradfahrer zu appellieren. Welches Resümee ziehen Sie nach den Tests?
Marwein: Ein sehr positives! Mit unseren Motorradlärm-Displayanzeigen sprechen wir mit einer Einblendung der Aufforderung „Leiser!" nur die zu lauten Motorradfahrer an. Die Gerätekombinationen bewirken eine 40-prozentige Verringerung des Anteils der Motorräder mit besonders hohen Schallpegeln an allen Vorbeifahrten. Im Mittel führt dies zu einer wahrnehmbaren Lärmminderung von 1,1 bis 2,2 dB(A) und das auch über längere Zeiträume, ohne dass ein Gewöhnungseffekt eintritt. Und nicht zuletzt bewirken die Displays eine Reduzierung von Geschwindigkeitsüberschreitungen und haben somit eine positive Auswirkung auf mögliche Gefahrensituationen.

Sollte sich eine Gemeinde für die Messtechnik interessieren. Was kostet die Einrichtung?

Marwein: Zu den reinen Anschaffungskosten kommt noch die Einrichtung der Gerätekombination durch den Hersteller vor Ort hinzu. Insgesamt liegen die Kosten bei etwa 14.000 Euro. Gelegentlich müssen dann die Akkus des Messgerätes gewechselt werden. Das kann aber gut durch die Gemeinde selbst erledigt werden.
So weit, so gut – die Gemeinschaft soll also mit Steuermitteln herhalten, um diesen unnötigen Lärm einzudämmen.
Marwein bekennt: *Kontrollen durch die Polizei bewirken hier viel. Das erforderliche technische Wissen, die großflächige Verbreitung des Problems machen es jedoch unmöglich, die Kontrollen in der Intensität zu betreiben, wie es sich die Lärmbetroffenen wünschen. Und dann sind da*

205 https://www.treffpunkt-kommune.de/mit-verschiedenen-strategien-zu-weniger-motorradlaerm/

noch die europaweit gültigen Vorschriften für die Genehmigung von neuen Motorradmodellen, die leider weit hinter dem zurückbleiben, was aus Lärmschutzsicht erforderlich ist.
Ich glaube nicht, dass diese Präventiv-Displays bei der Gruppe der Adrenalin-Junkies irgendeine Verhaltensänderung bewirken. Im Gegenteil, einige werden sich einen Spaß daraus machen, diese auszulösen. Wirkungsvoller wären da sicher Lärm-Blitzer, wie sie aktuell von der Stadt Genf geplant sind.
Geblitzt werden soll, wer einen bestimmten Grenzwert überschreitet. Das technisch hinzubekommen ist allerdings gar nicht so einfach. Denn das Gerät muss die Lautstärke dem richtigen Fahrzeug zuordnen. Bis zu zwei Jahre dürfte es also noch dauern, bis die Lärm-Blitzer in Genf einsatzbereit sind. [206]

Das Instrumentarium ist längst vorhanden
Das ist alles Zukunftsmusik. Wenn sie das Kapitel über Autoposer aufmerksam gelesen haben, stimmen Sie mir zu, dass wir das Instrumentarium zur wirkungsvollen Bekämpfung bereits haben.
Was hält die lärmgeplagten Gemeinden ab, im Zusammenwirken mit der zuständigen Verkehrspolizei und der Bürgerschaft eine Datei über die Motorradlärm-Sünder einzurichten und zu führen, um ein abgestuftes Verfahren wie in Mannheim zu praktizieren? Die einzelnen Gemeinden an den Ausflugsstrecken in einem Zuständigkeitsbereich eines Polizeipräsidiums könnten sich dabei sogar vernetzen und damit noch effizienter das Lärmproblem angehen.
Unnötiger, übermäßiger Lärm muss dabei nicht technisch gemessen werden. Das Verwaltungsgericht Karlsruhe hat unserem klagefreudigen Poser ins Urteil geschrieben:
Ob die Grenze der Zumutbarkeit überschritten werde, müsse nicht durch eine lärmtechnische Messung ermittelt werden. Es könnten dazu auch Aussagen von (polizeilichen) Zeugen genügen.[207] Das Gericht bezieht sich dabei auf die immer noch gültige Freibeweisregel des Bundesgerichtshofes von 1977.
Gelbe Karten und die Androhung von Verwaltungszwang könnten im Wiederholungsfall den Motorradfahrer aus seiner Anonymität holen

206 https://www.spiegel.de/auto/aktuell/genf-parlament-fordert-blitzer-fuer-laute-auto-poser-a-1263489.html
207 VG Karlsruhe, Urteil vom 18.12.2018, 1 K 4344/17, https://verkehrsrecht.gfu.com/2019/03/vg-karlsruhe-zu-auto-posing-vorgehen-gegen-bewusste-verursachung-von-fahrzeuglaerm-mittels-polizeirecht/

und diesen genauso wirkungsvoll von seinem Tun abhalten, wie über mittlerweile drei Jahre die Poser in Mannheim.
Ähnlich konsequent wie die Stadt Mannheim gegenüber unseren handverlesenen, hartnäckigen Posern muss die jeweilige Verwaltung allerdings den unbelehrbaren Adrenalin-Junkies gegenübertreten. Ultima Ratio könnte die Einziehung des Motorrades zur Gefahrenabwehr sein.
Bei konzertierter und konsequenter Vorgehensweise prognostiziere ich einen merklichen Rückgang der tödlichen Unfälle auf den bekannten Problemstrecken. Angenehmer Begleiteffekt wäre ein Mehr an Ruhe.

Die Schuldlosen

Um vieles mehr liegen mir allerdings die passionierten Biker am Herzen, die bei schönem Wetter durch die Natur cruisen wollen und Gefahr laufen, übersehen zu werden.
Trotz Tagfahrlicht passiert es immer wieder, dass Linksabbieger den entgegenkommenden Motorradfahrer übersehen.
Da 80 Prozent der tödlichen Unfälle außerhalb geschlossener Ortschaften geschehen, ist an den Unfallstellen, meist Kreuzungen und Einmündungen, mindestens eine Geschwindigkeit von 70 km/h erlaubt. Gerade an Einmündungen von rechts hat der Kradfahrer eine lange und überschaubare Strecke vor sich. Im Vertrauen darauf, dass der Linksabbieger ihm den Vorrang einräumen wird, reduziert er seine Geschwindigkeit kaum. In aller Regel fährt er sogar schneller als 70 km/h.
Genau hier sollte der Biker aber den Vertrauensgrundsatz beiseiteschieben und aus Überlebensdrang vorausschauend und bremsbereit fahren.
In der Stadt muss er dies ja wegen der vielen Querungskonflikte auch tun.
Und wie wir erfahren haben, kann der Biker selbst bei Blickkontakt mit dem einfahrenden oder einbiegenden Fahrer nicht darauf vertrauen, dass dieser nicht doch losfährt, ohne irgendwie zu denken.
Hierzu reichten die hergebrachten Aufklärungskampagnen zwar aus. Sie müssen jedoch in diesem Punkt deutlich intensiviert und stetig und dauerhaft wiederholt werden.

Natürlich gilt auch hinsichtlich des unnötigen Motorradlärms
die Aufforderung, das Posen bleiben zu lassen.

Kapitel 9: Verkehrspolizist – Warum ich?

Baby-Boomer-Wirtschaftswunder

68er-Bewegung und Orientierungslosigkeit

vom Zufall zum Traumjob

Zufälle sind unvorhergesehene Ereignisse,
die einen Sinn haben
Diogenes von Sinope *(um 400-323 v. Chr.)*
altgriechischer Philosoph und Satiriker

Verkehrspolizist – Warum ich?

Jahrgang 1957, wurde ich unter dem Sternzeichen der Jungfrau unzweifelhaft in die Baby-Boomer Generation der Nachkriegszeit hineingeboren, in eine Region, die vom Klima verwöhnt, alles aufbietet, einen glücklichen Menschen zu formen.
Und dann war da ja auch noch die 68er-Bewegung und deren Folgen, die nicht ohne Spuren bleiben konnten.
Ich habe mir oft die Frage gestellt, welche Einflüsse prägend und vielleicht auch wichtig für meine Polizeikarriere waren.

Die Eltern

Natürlich war es der kulturelle Einfluss meiner Mutter. Ich erlebte die vielen Menschen, die ich durch sie als Vertriebene aus den deutschen Ostgebieten kennenlernte, als werteorientierte, gut gebildete, disziplinierte und verantwortungsbewusste, aber auch zum Teil autoritäre Mitmenschen. Viele hatten eine ausgeprägte Empathiefähigkeit und soziale Kompetenz, die sie sich wohl auch im Erleben und Verarbeiten von traumatischen Kriegserlebnissen angeeignet hatten. Vermutlich gab es in dieser Zeit nicht wenige, die unerkannt posttraumatische Belastungsstörungen mit sich herumschleppten, als Kind nimmst du das aber eh nicht wahr.
Sicher war es auch der Einfluss meines Vaters, der in meinem Geburtsmonat Beamter bei der Berufsfeuerwehr Heidelberg wurde.
Wie viele Kinder dieser Zeit entstamme ich einer soziokulturellen Mischfamilie. Mein Vater, 1930 in eine Arbeiterfamilie mit zwei Mädchen und als ältester von drei Jungen geboren, erlebte den Zweiten Weltkrieg in seiner Adoleszenzphase. Zu jung, um als Soldat eingezogen zu werden, erlebte er im verschonten Heidelberg weder Kriegsgräuel noch unmittelbare Auswirkungen auf die Bevölkerung. Sein Vater allerdings blieb vermisst an der Ostfront. Nach dem Krieg erlernte er das Schlosserhandwerk und angelte sich einen für diese Zeit lukrativen Job als Fahrer bei den amerikanischen Besatzungskräften.
Er lernte meine Mutter 1950 in der Straßenbahn, Linie 6, kennen. Fünf Jahre jünger als er wurde sie als Jüngste in einer gutbürgerlichen Familie im sudetendeutschen Zwittau geboren. Zwei ihrer älteren Brüder fielen als Soldaten im Krieg, zwei weitere starben an den Kriegsfolgen. Der Rest der Familie, Mutter, Vater, ein Sohn und vier Schwestern, flüchtete oder blieb zu Kriegsende in Gebieten außerhalb des sowjetischen Einflussbereichs. Meine damals 10-jährige Mutter erlebte dabei eine abenteuerliche und lebensgefährliche Flucht. Die gefährlichste Etappe führte durch die besetzten Ostgebiete. Hilfreich war, dass meine Großmutter Russisch sprach. Ihr Weg führte sie zunächst nach

Wien. Im Garten einer evangelischen Einrichtung zog die Rumpffamilie für drei Jahre in kleine, für Kinder als Spielhäuser errichtete Notunterkünfte. Die Wände waren kaum drei Zentimeter dick und besonders im Winter war es hart.
Einer ihrer Brüder war im Krieg in der Panzerkaserne in Schwetzingen stationiert und zog danach nach Heidelberg-Kirchheim. Über eine Suchmeldung machte er die Eltern und Schwestern ausfindig. Die Älteste blieb der Liebe wegen in Wien. Der Rest wagte den illegalen Grenzübertritt über die Donau nach Passau und reiste nach Heidelberg. Dort kamen meine Großeltern, meine Mutter und meine Tante sowie eine Cousine in der Zwei-Zimmer-Wohnung meines Onkels unter. 1950 bekamen sie eine Wohnung in einer in den 1920er Jahren errichteten Reihenhauszeile im Stadtteil Handschuhsheim.
1954 heirateten meine Eltern und zogen in die beiden winzigen Mansardenzimmer im Dachgeschoss des kleinen Häuschens. Dort kamen mein älterer Bruder 1955 und nach mir meine erste Schwester 1959 zur Welt. Nach heutigen Maßstäben unvorstellbar, lebten in den beiden bescheidenen Wohnräumen im Erdgeschoss meine Tante mit Ehemann und Sohn, im 1. Obergeschoss meine Großeltern und unter dem Dach, auf vielleicht 15 Quadratmetern, unsere auf fünf Personen angewachsene Familie. Meine Großmutter starb 1959, kurz vor dem vierten Geburtstag meines Bruders. Und dennoch habe ich eine schwache, aber bleibende Erinnerung an eine liebenswerte, mollige Oma mit grauen, zu einem Dutt zusammengebundenen Haaren: ich sitze auf einer Anrichte in der Küche, mein Bruder steht daneben und meine Oma reicht mir ein Glas Buttermilch. Ich weiß nicht, ob es mir damals schmeckte, heute trinke ich sie ganz gerne.

Die 60er Jahre – das Jahrzehnt des Umbruchs

Nachdem meine zweite Schwester das Licht der Welt erblickt hatte, zogen wir ein paar Straßen weiter in einen in den 1950er Jahren erbauten quadratischen Wohnkomplex mit Innenhof. Die Sozialwohnung hatte zwei Zimmer, Küche und Toilette. Der Umzug erfolgte mit einem Zweiachs-Anhänger, vor den ein Arbeitskollege meines Vaters sein schwarzes NSU-Motorrad als Zugfahrzeug gespannt hatte. Für die kurze Strecke reichte das. In unserem neuen Domizil lebten sehr viele Baby-Boomer-Familien. Drei Jungen aus der Nachbarschaft wurden Jahre später meine Klassenkameraden im Gymnasium. Von den dreien ergriff auch einer den Polizeiberuf und war lange Jahre Kollege bei der Verkehrspolizei und engagierter Gewerkschafter in Heidelberg. So trifft man sich wieder.

Ludwig Erhard führte als Wirtschaftsminister unter Bundeskanzler Konrad Adenauer die soziale Marktwirtschaft ein. Mit eiserner Disziplin verzichteten sie auf Neuverschuldung und sorgten für Vollbeschäftigung im Nachkriegsdeutschland. Jedes Kind kannte den zigarrerauchenden Vater des deutschen Wirtschaftswunders.
Aber, trotz beginnenden wirtschaftlichen Aufschwungs war eine sechsköpfige Kleinbeamtenfamilie nicht auf Rosen gebettet.
Als Feuerwehrmann arbeitete mein Vater 24 Stunden Schicht und hatte dann 24 Stunden frei. Als Familienvater mit vier Kindern erhielt er ein Bruttogehalt in Höhe von 636,70 DM[208].
An den schichtfreien Werktagen arbeitete er nebenher ganztags in seinem Lehrberuf als Schlosser, um uns ein wenig am aufkommenden Wirtschaftswunder teilhaben zu lassen. Ein Arbeiter konnte damals auf durchschnittlich 212 DM Monatslohn[209] kommen, deutlich weniger als ein Beamter.
1960 kostete ein Brot 85 Pfennige, ein Liter Milch 45 Pfennige, ein Kilo Schweinefleisch 6,48 DM und ein halber Liter Bier lag bei 59 Pfennigen. Fleisch oder Geflügel gab es meist nur sonntags. Ein gebackenes Hähnchen teilten wir uns dann zu sechst.
Die Kaufkraft war deutlich geringer als heute. In der heutigen Diskussion um Hartz 4 würde man viele der damaligen Familien als arm bezeichnen.
Zurück zum Baby-Boomer-Wohnblock-Karree – geheizt wurde mit Kohle in kleinen, emaillierten Öfen. Die Kohlen wurden im Keller gelagert. Im Winter war das Schleppen des Kohleeimers für meine Mutter obligatorisch. Gottseidank wohnten wir nur im 1. Obergeschoss. An einige Kohlelieferungen kann ich mich noch erinnern. Der nagelnde Kurzhauber-Pritschenlaster fuhr vor. Zwei, manchmal drei Männer mit rußgeschwärzten Gesichtern und schmutzigen Händen stiegen aus und schleppten die Kohlen – Sack für Sack – in den Keller. Danach flirrte die rußgeschwängerte Luft im Licht, das durch die kleinen Kellerfenster schien, als ob lauter kleine Mücken herumschwirrten. Bei unserer Lieferung anno 1962 waren die Männer nur zu zweit. Sie luden die bestellte Kohle-Ladung einfach vor der Haustür ab. Meine Mutter musste diese dann Eimer für Eimer in den Keller schleppen. Wollte ich bis dahin als kleiner Bub später auch mal im großen Laster fahren und

208 http://oeffentlicher-dienst.info/c/t/rechner/beamte/bund/a/1960?id=beamte-bund-1960&g=A_5&s=2&f=A-6&z=100&zulage=
209 https://www.was-war-wann.de/historische_werte/monatslohn.html

Kohlen ausliefern, hatte meine Bewunderung für die starken Männer ab sofort ein Ende.
Wir wohnten in einer Wohnung im Eck des Karrees, unmittelbar an einer Straßeneinmündung. Quer über die Straße gab es einen kleinen Tante-Emma-Laden. Von irgendeinem Besuch hatte ich 20 Pfennig geschenkt bekommen. Als kleiner Knirps stapfte ich in kurzen Hosen über die Straße und betrat erwartungsfroh den Laden. Auf der Ladentheke stand eine Bonboniere mit leckeren Himbeer-Lutschbonbons. Von denen wollte ich, abgefüllt in eine kleine, dreieckige Papiertüte, für meine 20 Pfennige welche kaufen. Vor mir waren noch zwei oder drei Frauen, die von der Verkäuferin bedient wurden. Erwartungsfroh stützte ich kleiner Knirps mich mit der rechten Hand an der Theke ab und streckte den linken Arm mit den zwei Groschen nach oben auf die Theke. Natürlich fielen mir die zwei Geldstücke aus der Hand. Als ich diese wieder greifen wollte, begann ein furchtbares Gezänk. Offensichtlich war es üblich, dass Kundinnen kleine Wechselgeldbeträge als Spende oder Trinkgeld – so vermute ich – auf dem Tresen liegen ließen. Genau dort wollte es der Zufall, dass meine zwei Groschen zu liegen kamen. Ich sollte mich schämen, herrschte mich die Verkäuferin an – ich erinnere mich an das Wort Diebstahl und zog abrupt meine Hand zurück. Konsequenzen hatte es damals keine – allerdings war ich lange Zeit entsetzt über diese Ungerechtigkeit. Und ganz oben, unter dem Dach dieses Hauses, so wusste ich von meiner Mutter, wohnte ein Kriminalbeamter. Da grummelte in einem Knirps wie mir schon eine Zeitlang so eine unbestimmte Angst.

Umzug – endlich eine 3-Zimmer-Wohnung

1964 zogen wir dann um in den Stadtteil Kirchheim in eine Sozialwohnung mit drei Zimmern, Küche und Bad – welch eine Verbesserung. Wir vier Kinder schliefen in Stockbetten im hinteren Zimmer. Zur Straße hin hatten wir nun ein Wohnzimmer mit Balkon. Natürlich leisteten sich meine Eltern jetzt auch einen SABA Schwarz-Weiß-Fernseher. Lieferant war der Bruder meiner Mutter, der im benachbarten Stadtteil Pfaffengrund Inhaber eines kleinen Radio- und Fernsehgeschäfts war. Der Collie Lassie und der Hengst Fury wurden fortan unsere Serienbegleiter.
Und ich erlebte meine erste Fußballweltmeisterschaft 1966 am Fernseher. Mein Idol war der damals 20-jährige Franz Beckenbauer, der ein Jahr zuvor mit dem FC Bayern München in die Fußball-Bundesliga aufgestiegen war. Ich kann heute noch fast alle Namen der Spieler von

damals aufzählen[210]. Und wegen dem Franzl wurde ich Bayern-Fan. Ich war richtig stolz, am selben Tag wie er Geburtstag zu haben. Das WM-Endspiel am 30. Juli fiel auf einen Samstag. Nach meiner Recherche war es ein mäßig warmer Sommertag – komisch, ich hatte einen schönen Sommertag in Erinnerung. Niemand war auf der Straße. Alle fieberten mit der deutschen Nationalmannschaft. Deutschland schoss das 1:0, doch England glich postwendend aus. Gut 10 Minuten vor Schluss ging England mit zwei zu eins in Führung. Buchstäblich in letzter Minute schaffte Deutschland den Ausgleich. Ich kann die Jubelschreie fast noch hören. Nun ging es in die Verlängerung. In der 101. Minute knallte dieser Geoffrey Hurst den Ball unter die Latte. Hallo – der Ball sprang doch vor der Tor-Linie auf und wurde dann vom deutschen Verteidiger weggedroschen. Aber nein, der russische Linienrichter bedeutete dem schweizerischen Schiedsrichter, dass der Ball im Tor war. Dieses fatale Tor markierte das 3:2 für die Engländer. Trotz großen Kampfes gelang der Ausgleich nicht mehr. Das 4:2 in der Schlussminute war dann nicht mehr der Rede wert. Heute wissen wir, dass das legendäre Wembley-Tor gar keines war. Wer weiß, wie das Spiel ausgegangen wäre? Ich wollte jedenfalls auch ein großer Fußballer werden. Und ich hasste nun für kurze Zeit die Engländer.

Unser neues Zuhause war im vorderen von vier parallel im sozialen Wohnungsbau errichteten Wohnblocks. Unmittelbar an die Blocks angrenzend lag ein großer Spielplatz mit Parkanlage. Wir nannten ihn „den Alten“, weil es im Neubaugebiet bei der Hauptschule noch einen gab, genannt „der Neue“. Auf dem Alten verbrachten wir einen beachtlichen Teil unserer Kindheit und frühen Jugend.

Im Ort gab es Mitte der 1960er Jahre noch drei Bauernhöfe mit Viehzucht. In einer Blechkanne durfte ich frisch gemolkene Milch vom Bauern an der Ecke holen. Vier Häuser von uns entfernt war eine kleine Schreinerwerkstatt, wo wir uns im Herbst unsere Drachenlättchen für den selbst gebastelten Drachen holten. Unsere Rasselbande beherrschte das Viertel. Der Anführer war etwa 16 Jahre alt und der Jüngste war fünf. Zwei Fußballteams bekamen wir immer zusammen und spielten tagein und tagaus zwischen den Wäschestangen des gemeinschaftlichen Trockenplatzes Fußball, sofern keine Wäsche dort hing.

Die öffentliche Ordnung war sehr konservativ geprägt. Sonntags war Familienausflug angesagt. Du hattest eigens Sonntagskleider. Wir fuhren mit unserem roten Opel Rekord mit schwarzem Dach, Baujahr 1963. Das Autokennzeichen war HD-S 217. Auf der Rückbank saßen wir zu viert, eine vorne, einer hinten, eine vorne und einer hinten.

210 https://www.kicker.de/bayern-muenchen-14/kader/1-bundesliga/1965-66

Unser erstes Auto, der Opel Rekord, Baujahr 1963 – noch ohne Gurte, aber vertraute Familienkutsche für Sonntagsausflüge

Gurte zum Anschnallen gab es noch nicht. Zum Zeitvertreib habe ich kniend, durch die Heckscheibe die Autokennzeichen abgelesen und mit dem Register im SHELL-Atlas, der immer auf der Hutablage lag, abgeglichen. Nach und nach konnte ich jedem deutschen Kennzeichen treffsicher die Herkunftsstadt zuordnen. Die am häufigsten gestellt Frage im Auto war: „Papa, wie lange noch, sind wir bald da?"
Überhaupt, jedes Automodell hatte zu jener Zeit ein eigenes Gesicht. Ich kannte alle Marken und Modelle. Und ich bildete mir ein, jedes Auto am Motorengeräusch erkennen zu können.

Richtig vernarrt war ich in den Jaguar E-Type. Das war das schönste Auto, das ich bisher gesehen hatte. Zu allererst sah ich diesen Sportwagen in der Fernsehserie „Mit Schirm, Charme und Melone". Die Serienheldin hieß Emma Peel, sie beherrschte Karate und sie fuhr dieses wunderschöne Sport-Coupé.
Aber auch die knallroten Feuerwehrfahrzeuge mit ihren blauen Lampen auf dem Dach hatten es mir angetan. Jeden zweiten Sonntag hatte mein Vater Dienst. Am Nachmittag war Familienbesuch möglich. Und meine Mutter ging oft mit uns zur Feuerwache. Ich durfte dann in der Fahrzeughalle die großen Feuerwehrautos bestaunen und auch in das ein oder andere Fahrzeug reinsitzen. Mann warst du da stolz, wenn du auf dem Fahrersitz am großen Lenkrad rütteln konntest. Ein bisschen hast du dich wie ein echter Feuerwehrmann gefühlt.

Wenn Du begreifst, was es heißt, Feuerwehrmann zu sein

Ich erlebte dann auch, was es heißt, sich Sorgen um den Feuerwehrmann, den eigenen Vater zu machen. Im August 1965 brach in der Chemiefabrik TEROSON im Heidelberger Stadtteil Pfaffengrund ein Großfeuer aus. Alle verfügbaren Feuerwehrleute waren im Einsatz. Es dauerte mehr als einen Tag, bis die Flammen unter Kontrolle waren. Bangend habe ich damals Stunde um Stunde gewartet. Und glaubt mir, ich hörte schon von Weitem den Motorenklang unseres Opel Rekord, noch bevor er bei uns um die Ecke bog. Was waren wir froh, dass unser Vater wieder zuhause war. Natürlich musste er uns alles berichten.
Auf dem Werksgelände gibt es einen hohen Uhrenturm. Auf diesem Stand mein Vater stundenlang und kämpfte mit seinem Strahlrohr gegen die Flammen.
Voller Stolz habe ich diese Heldengeschichte als Ferienerlebnis nach Ende der Schulferien natürlich auch meinen Klassenkameraden erzählt.

Die schulische Laufbahn –
Das prägende Helmholtz-Gymnasium

Es war keine leichte, aber eine unbeschwerte Zeit. Und in der Familie, aber auch in der Rasselbande hast du an Erfolg und Misserfolg soziale Kompetenz erlernt – der eine mehr, der andere weniger. Schnell und brutal hast du zum Beispiel deinen Wert kennen gelernt, wenn du bei der abwechselnden Wahl der Mannschaftsspieler im Schulsport oder beim Nachmittagskick als Knirps nicht mehr der Letzte warst, der ausgewählt wurde.
1964 im April wurde ich eingeschult. Mein Schulkamerad und Freund Wolfgang stammte aus einer deutschen Flüchtlingsfamilie aus Ungarn.

An den unzähligen Spielenachmittagen bei ihm habe ich im Kontakt mit seinen Großeltern und Eltern erfahren, was es bedeutet, mit einem anderen kulturellen Hintergrund in einer zum Teil argwöhnischen, alteingesessenen Gesellschaft Fuß fassen und integriert sein zu wollen. Unser Stadtteil wuchs und es gab immensen Zuzug Heute weiß ich, was unsere Vorkriegsgeneration in den 1980ern mit dem Satz meinte: „Es gibt gar kä rischtische Kääschema (keine richtigen Kirchheimer) mehr." Ich wohne seit mehr als dreißig Jahren wieder in diesem Stadtteil. Und ein dejà-vu-Gefühl kann ich mir in der Überfremdungsdiskussion mancher Alteingesessener von heute dann auch nicht verkneifen. Vieles wiederholt sich einfach.
Wolfgang und ich drückten gemeinsam bis zum Abitur die Schulbank. 1966 wurde der Beginn des Schuljahres nach den Sommerferien festgelegt. Hierzu mussten binnen eines Jahres zwei Kurzschuljahre durchgeführt werden.
Wir waren also die jüngsten Sextaner aller Zeiten. Als Unterstufenschüler des Helmholtz-Gymnasiums erlebten wir ab September 1967 einige prägende Charaktere des damaligen Lehrerkollegiums. So zum Beispiel unseren Französischlehrer Friedrich, genannt „der Alte Fritz": Er hatte beide Weltkriege erlebt und war Kriegsteilnehmer im Zweiten. Und er ließ sich nur zu gerne ablenken und erzählte Anekdoten von der Westfront. Sein Frontfeuerzeug nannte er liebevoll „Pötäterle", dass *peutêtre* auf Deutsch *vielleicht* heißt, lerntest du so nebenher. „Nach *oser* steht der Bloßee" sagte dir, dass bei der Verbform *„oser faire quelquechose"* keine Präposition *„de"* stand. *J`ai ma cabane au Canada* beschrieb sein Fernweh. Solche Eselsbrücken und Merksätze vergisst du dein Leben lang nicht mehr. Und wenn wir heute im Stammtischkreis zusammensitzen, kommen wir irgendwie immer wieder auf unseren Alten Fritz zurück.
Als 10-jährige Gymnasiasten erlebten wir aber auch von Beginn an die westdeutschen Studentenunruhen. Nach dem gewaltsamen Tod von Benno Ohnesorg, der beim Protestmarsch gegen den Berlin-Besuch des iranischen Schahs am 2. Juni 1967 von einem Polizisten erschossen wurde, rebellierten Teile der Studentenschaft, geführt vom Sozialistischen Deutschen Studentenbund, gegen das Establishment.
In Heidelberg gab es daraufhin zahlreiche Demonstrationen und Besetzungsaktionen. Ab Januar 1969 verschärfte sich die Situation. Die Polizei stürmte das Gebäude des Studentenausschusses (AStA) in der Grabengasse und nahm 12 Studenten fest. Gewalttätige Proteste mit Wasserwerfer-Einsatz und den laut knatternden Tränengaskanonen namens Pepperfog waren die Folge.

Mittlerweile solidarisierten sich auch Schüler mit den Studenten. Als die Heidelberger Straßen- und Bergbahn AG am 15. Juni 1969 die Fahrpreise erhöhen wollte, gab es tagelange Protestdemonstrationen, bei denen wir auch ab und zu mithalfen, die Straßenbahnschienen zu blockieren. Die Studentenschaft organisierte sich in einer Rote-Punkt-Aktion[211] und die Bürgerschaft solidarisierte sich. Jeder der einen solchen Punkt an der Windschutzscheibe hatte, nahm bereitwillig Fahrgäste auf seinem Weg mit. Am 21. Juni nahm die HSB die Preiserhöhung zurück und die Straßenbahnen fuhren wieder.
Bei Großdemos in diesem Jahr war viel Polizei unterwegs. Es gab heftige Auseinandersetzungen. Wir pubertierenden Quintaner und Quartaner waren neugierig und oft in den vordersten Linien mit dabei. Wir hatten es nicht weit zum Bismarckplatz. Die Unterstufenklassen des Helmholtz-Gymnasiums waren nur wenige Meter entfernt, in der Außenstelle Luisenstraße untergebracht. Wenn wir nach Schulschluss neugierig die Polizeiaktionen verfolgten, war ich immer schlau genug, rechtzeitig den Rückzug anzutreten. So bekam ich nie etwas ab. Allerdings machte ich unbewusst erste Erfahrungen mit dem Verhalten von gewaltbereiten Demonstranten.

Die wilden 70er

Wir ließen uns die Haare lang wachsen. Wir hörten Rockmusik von *Grand Funk Railroad, Ten Years After* und *Deep Purple* aber auch von unbekannteren Bands wie *Nektar* oder der deutschen Rockband *Eloy*, die ich beide live in concert erlebte.
Einige aus der Klasse schwörten auf *Ton Steine Scherben* und andere Protestler. Aus dem Radio krächzte *Spiel nicht mit den Schmuddelkindern*[212] von *Franz Josef Degenhardt.* Mein Ding waren solche Protestsongs nie.
Mir gefiel der musikalische Mainstream mit Beat- und Rock-Musik. Der Beat Club im Fernsehen mit Uschi Nerke und später der Musikladen mit Uschi Nerke und Manfred Sexauer waren Pflicht. Aber auch die Idee des freien Hippie-Lebens, die dazugehörige Flower-Power-Musik und die verrückte und bunte Kleidung hatten ihren Einfluss.
Den Vietnam-Krieg und die Protestbewegung erlebte ich eher über den Kommerz. Olivgrüne Military-Jacken und Peace-Zeichen um den Hals waren angesagt. Der Song *War*[213] von *Edwin Starr* war für mich

211 http://2006-2013.ruprecht.de/nachrichten/archive/2010/february/14/article/rote-punkte-ueberall/
212 https://www.youtube.com/watch?v=bGhJbr7DMmg&pbjreload=10
213 https://www.youtube.com/watch?v=squfuWKGVzY

ein guter Soul-Hit und nicht Kriegsprotest. Überhaupt war ich als Jugendlicher völlig unpolitisch. Der gesellschaftlichen Auflehnung der Jugend gegen den Mief der Vorkriegsgeneration konnte ich mich aber auch nicht entziehen. Die heutige Jugend würde sagen, man war ziemlich *aggro* drauf. Es war eine nur schwer (be-)greifbare Stimmung aus völliger Ablehnung und „Alles im Fluss".

Die 68er-Bewegung mündete über die Studentenunruhen in die Gründung der Baader-Meinhof-Gruppe und später der Rote Armee Fraktion (RAF). Der Terror wurde zur Alltagsbedrohung.

Am Mittwoch, dem 24. Mai 1972, detonierten auf dem Paradeplatz des US-Hauptquartiers, keine Tausend Meter Luftlinie von unserer Wohnung entfernt, um 18.10 Uhr in kurzer Abfolge zwei Auto-Bomben der RAF. Dabei wurden drei US-Soldaten getötet. Ich war gerade unterwegs zu meinem Fußballtraining der B-Jugend bei der SG Kirchheim. Die Explosionen klangen wie der Kanonen-Salut bei den unzähligen Kommandowechseln der im Headquarter stationierten Einheiten der US-Armee. Man hat sich nichts dabei gedacht. Wie man später erfuhr, hatten die Terroristen nahe Rohrbach-Markt, direkt an meinem täglichen Schulweg, eine konspirative Wohnung angemietet – puh, verdammt nah dran.

Lange Haare waren obligatorisch. Hemden mit grellen Farben und langen Kragen, dazu Schlaghosen und Plateaustiefeletten – und dann ab in die Diskothek.

Umzug – jetzt eine moderne Vier-Zimmer-Wohnung

1973 zog unsere Familie in das Neubaugebiet Hasenleiser. In der großen 4-Zimmer-Wohnung hatten mein Bruder und ich und meine Schwestern endlich getrennte 2-Bett-Zimmer. Ich kann mich noch wie heute an die braun-rot-orange-farbene Tapete mit den psychedelischen Kreisen[214] erinnern. Ja, wir lebten in der Hippie-Zeit. Unsere beiden Klappbetten verschwanden tagsüber in einem Hochboard und obendrauf standen der Plattenspieler und meine umfangreiche Schallplattensammlung.

Wolfgang, ich und unsere Klassenkameraden steuerten in einer Zeit empfundener Orientierungslosigkeit und hoher Jugendarbeitslosigkeit 1976 auf unser Abitur zu. Ich hatte zu viele Flausen im Kopf, daher schloss ich eher mäßig ab. Na ja, ehrlich gesagt habe ich es gerade so geschafft. Mathe hätte mich im Mündlichen beinahe den Abschluss gekostet. Ich sollte zwei Koordinatenpunkte zu einer Geraden verbinden und diese um die x-Achse rotieren lassen. Für den entstehenden dreidimensionalen Körper sollte ich trigonometrisch den Rauminhalt ausrechnen. Da ich es mit Schule in den letzten Monaten nicht mehr so hatte, wusste ich, dass mir meine Frage: „Geht das überhaupt?“ die Fünf in Mathe einbrachte. Mit den Mendelschen Vererbungstheorien schaffte ich in der mündlichen Prüfung in Biologie den Turnaround und hatte nun die allgemeine Hochschulreife.

Die Wehrpflicht

Wolfgang und ich gingen jetzt beide zur Bundeswehr und unsere Wege trennten sich für viele Jahre.

Ich hatte mich für vier Jahre bei der elektronischen Kampfführung, Kurzwort ELOKA, verpflichtet und machte eine Ausbildung als Tastfunkaufklärer für „Russenfunk“.

Am Standort Frankenberg an der Eder verbrachte ich letztlich zwei Jahre.

Im Hochsicherheitstrakt der Abhorchzentrale wechselte ich sonntagnachmittags während der Schicht bei der Frequenzbandabsuche nach sowjetischen Tastfunksequenzen zwischendurch gerne meinen Kurzwellenempfänger auf die Frequenz des AFN, den Armee-Sender für die hier stationierten amerikanischen Soldaten. Dort kam regelmäßig ab

214 https://www.google.de/search?hl=de&biw=1920&bih=969&tbm=isch&sa=1&ei=Z3UjXI29K8TfwALKlJy4AQ&q=siebziger+Jahre+tapetenmuster+&oq=siebziger+Jahre+tapetenmuster+&gs_l=img.3...22376.31631..32253...0.0..0.95.1113.16......0....1..gws-wiz-img.Rug0y-0pX4Y#imgrc=YXSBThMZl4VlpM:

13:00 Uhr der legendäre Casey Kasem[215] mit seinen American Top 40. Er erzählte zu jedem Hit eine kleine Entstehungsgeschichte und so verbesserte ich beim jahrelangen Zuhören in den 1970ern auch mein Schulenglisch.
1977 durfte ich für sechs Wochen zum Unteroffizierslehrgang, Teil I, nach Feldafing am Starnberger See. Von dort aus erlebte ich in München live das Konzert der Manfred Man's Earth Band auf ihrer „Roaring Silence Tour" - Chris Thompson mit seiner unverwechselbaren Stimme bei *Blinded by the Night* - unvergesslich.
1977 spielte sich auch das Drama des Deutschen Herbstes ab. Die zweite Generation der RAF tötete im April Generalbundesanwalt Siegfried Buback und seine beiden Begleiter in Karlsruhe. Ende Juli wurde der Vorstandssprecher der Dresdner Bank, Jürgen Ponto, ermordet und Anfang September wurde Arbeitgeberpräsident Hanns Martin Schleyer entführt. Nachdem ein Freipressungsversuch der in Stuttgart Stammheim inhaftierten Terroristen Baader, Ensslin und Raspe mittels der Entführung einer Lufthansamaschine nach Mogadischu misslang und die neu aufgestellte Terroreinheit GSG9 das Terrorkommando eliminierte und die Geiseln befreite, begingen die drei Haftinsassen in der Nacht zum 18. Oktober Selbstmord. Einen Tag später fand man Hanns Martin Schleyer erschossen in Mühlhausen im Elsass. Wie viele andere verfolgte man die Nachrichten entsetzt und gespannt, aber auch mit Stolz auf unsere neuen Helden der GSG9.
Im Rückblick kann ich sagen, dass mich die Ereignisse um die RAF nicht bewogen, eine Polizeilaufbahn einzuschlagen. Sie waren jedoch Auslöser zweier großer Einstellungswellen bei der Polizei. Von Letzterer, dem Sicherheitsplan II des Landes Baden-Württemberg aus dem Jahr 1978, sollte aber auch ich später profitieren.

Saturday Night Fever

Zurück in die geheime Abhorchzentrale. Natürlich verfolgte ich in diesem Frühsommer besonders gerne die Charts.
Ich bekenne, ich bin, seit ich mich 1967 für Beat-Musik zu interessieren begann, ein eingefleischter Bee Gees[216] Fan. Barry, der älteste der drei Gibb-Brüder prangte inmitten der aus der Jugendzeitschrift BRAVO ausgeschnittenen Starfotos meiner Idole als Starschnitt an der Wand über meinem Bett.

215 https://de.wikipedia.org/wiki/Casey_Kasem
216 http://www.beegees.com/

I've gotta get a Message to you war mein erster Lieblingshit und ist bis heute einer meiner Favourites geblieben. Meine erste vom Taschengeld gekaufte 45er Single war 1970 *Tomorrow Tomorrow.*
Und 1978 war das Jahr von *Saturday Night Fever*[217]. Über 24 Wochen belegten sie mit dem Soundtrack die Spitze der Album-Charts. Gleich vier Songs aus dem gleichnamigen Album wurden Nummer-1-Hits. Fast fünf Monate dominierten Bee Gees-Kompositionen die Top Positionen der Billboard-Charts[218]. Das hatten vorher nur die Beatles geschafft.
Unschwer zu erkennen – Musik bestimmte schon immer mein Leben.

Bundeswehr-Mief und Schleifer
In unserer Fernmeldeausbildungskompanie hatten sich einige Schleifer gesucht und wohl gefunden. Ich erinnere mich noch sehr gut an eine Ausbildung im Gelände. Es hatte geregnet. Unser Ausbilder hatte wohl Spaß daran, immer wenn wir an besonders matschigen Stellen vorbeikamen, den Befehl „Deckung" zu brüllen. Ich warf mich natürlich nicht in den Matsch, sondern suchte mir ein paar Schritte weiter eine trockene Stelle.
Schriller Trillerpfeifenpfiff: *„Der Befehl gilt nur für Funker Schäfer. Vorarbeiten bis auf meine Höhe!"*
Er gab sich erst zufrieden, als ich mich beim Robben in tiefster Gangart völlig verdreckt hatte. Abends beim Appell mussten die Stiefel dann wieder pikobello sauber sein. Wenigstens den versauten Kampfanzug durfte man am Wochenende zum Waschen mit nach Hause nehmen.
Einen meiner Kameraden hetzte er den ABC-Ausbildungsberg hoch. Er war völlig fertig, strauchelte und fiel. Er stellte sich mit seinen mit Haarspray behandelten, blanken Stiefeln vor ihn und brüllte, was das Zeug hergab. Ich konnte den Drill akzeptieren. Aber genau solches Führungsverhalten lehnte ich bereits damals ab.
Nach der Grundausbildung verlief in der Fernmeldekompanie tagein und tagaus alles im selben langweiligen Trott. Der Schichtbetrieb im Kasernengelände wurde immer wieder durch mehrtägige Manöver unterbrochen. Und wie oft bekamen wir wegen angeordnetem Stellungswechsel erst spätabends unser erkaltetes Mittagessen in unseren engen Abhorch-Unimogs. Spaß geht anders.
Wir tranken bei jeder sich bietenden Gelegenheit Unmengen von Bier. In dieser Zeit lernte ich an einigen negativen Beispielen, welch hohen Stellenwert die Kompetenz zur Menschenführung in hierarchischen

217 https://de.wikipedia.org/wiki/Saturday_Night_Fever_(Film)
218 https://www.billboard.com/archive/charts/1978/hot-100

Organisationen hat. Ich hatte mittlerweile den Dienstgrad eines Obergefreiten und meine Schulterklappen wiesen den Querbalken des Unteroffiziersanwärters aus. Wenn meine Schichtkameraden und ich – allesamt Abiturienten – im „wilden Rudel" vom Unterkunftsgebäude zur Abhorchzentrale schlenderten und nicht in Reihe und Marschformation wie im Bataillon vorgeschrieben, war es immer ich, der den Anschiss von einem Vorgesetzten erhielt: „Sie als OGUA müssten doch als Vorbild vorangehen"..."
Ich hatte bereits in diesem Jahr genug und verweigerte den Unteroffizierslehrgang, Teil II. Es gab diese eine Ausstiegsklausel aus meinem 4-jährigen Verpflichtungsvertrag: das Nichterreichen des Unteroffiziersranges und so verweigerte ich den Unteroffizierslehrgang, Teil II. Lieber verzichtete ich auf sicher spannende acht Wochen in München-Maxdorf, durfte dafür aber nach zwei Jahren, Ende Juni 1978, gehen.

Erste Erfahrungen mit verkehrspolizeilichen Themen
Was nun? Viele studierten zu dieser Zeit Fächer fürs Lehramt. Für einen Studienplatz in Sport und Englisch hatte ich mich auch beworben. Die Zentrale Vergabestelle buchte mich für die Freiburger Uni. So heimatverbunden wie ich war, wollte ich allerdings nicht dorthin. Also bewarb ich mich zunächst als Lkw-Fahrer beim Kaufhaus Horten in Heidelberg und lieferte erst einmal Kühlschränke, Waschmaschinen und sonstige sperrigen Güter aus. Unsere Mittagspausen verbrachten wir Fahrer regelmäßig in Fernfahrer-Kneipen in der Region. So lernte ich früh die Probleme des Fahrpersonals im Transportgewerbe kennen.
Wenn ich die Zeit vor der Polizei Revue passieren lasse, hatte ich in verkehrsrechtlicher Hinsicht ziemlich viele Erfahrungen gesammelt.

Von der Geige aufs Mofa
Alles begann mit einer Geige. Mein alter Musiklehrer, genannt Himmele, überzeugte meine Mutter und mich in der Quinta, ein Musikinstrument zu lernen. Es sollte eine Dreiviertel-Geige werden, die wir bei einem Geigenbauer in der Friedrich-Ebert-Anlage kauften. Fortan hatte ich, angemeldet über das Musikkonservatorium, einmal die Woche privaten Geigenunterricht bei einer Geigenlehrerin in Kirchheim-Nord. Nach den Hausaufgaben übte ich meine Etüden, während die Jungs aus der Nachbarschaft bereits auf dem Wäschetrockenplatz bolzten. Ich konnte jeden Schuss, jeden Pressschlag bei geöffnetem Fenster hören – das war eine schwere Zeit.
Im März 1971 wurden mein älterer Bruder und ich konfirmiert. Er war bereits 15 und wollte sich von seinen Ersparnissen seines Lehrlingsgehalts und von den Geldgeschenken der Verwandtschaft ein Mofa kau-

fen. Das war der Traum eines jeden Jugendlichen, mich eingeschlossen. Fahren durfte man diese Fahrräder mit Hilfsmotor erst ab 15. So ein Mofa war nicht ganz billig. Ich konnte meine Eltern aber überzeugen, meine Geige zu verkaufen und so bekam jeder von uns ein weinrotes Moby. Wenn man es gut eingefahren hatte und ein bisschen was dran gemacht, lief es gute 40 km/h. Wir waren eine richtige Mofa-Gang. Nun traf man sich auch auf dem „Neuen".
An einem Nachmittag fuhr ich auf der Albert-Fritz-Straße. Auf Höhe der damaligen ESSO-Tankstelle wechselte ich, ohne Zeichen zu geben, zur Fahrbahnmitte, um dann nach links zum Spielplatz abzubiegen. Ich hörte Bremsen kreischen und im selben Augenblick wurde ich nach oben katapultiert. Ich machte einen Salto mortale und landete auf dem Asphalt, wo ich den Sturz mit einer Judorolle abfing. Mein Mofa wurde mir förmlich unter dem Hintern weggeschossen. Als ich nach vorne sah, lag es etwa zehn Meter weiter auf dem Asphalt. Aus dem Hinterreifen, der immer mit 2,8 Atü aufgepumpt war, quoll der Schlauch in einer immer größer werdenden Blase und platzte schließlich mit einem lauten Knall. Mir war nichts passiert. Der Autofahrer brüllte mich an und wollte die Polizei holen. Ein Zeuge wies ihn auf seine ziemlich lange Bremsspur hin. Der Schaden an seiner Stoßstange war überschaubar. So einigte er sich schließlich mit meinem Vater, dass man auf eine polizeiliche Aufnahme verzichtete und jeder seinen Schaden selbst trug. Mir fiel ein Stein vom Herzen. Ich war ja noch keine 15. Gemeinsam brachten wir mein kaputtes Moby nach Hause. Die Reparatur war nicht billig. Ich trug zu dieser Zeit jedoch die Bild am Sonntag aus und hatte mir einen großen Kundenstamm geschaffen. So verdiente ich jeden Sonntag rund 25 D-Mark. Wenige Wochen danach war mein Mofa wieder einsatzbereit. Als ich dann 15 war, verkaufte ich das Moby.

Das erste Moped

Mein Bruder überließ mir sein VICTORIA Moped, Typ Zweirad Union 136[219]. Es fuhr knapp 70 km/h. Und es machte riesigen Spaß, schneller voranzukommen.
Der Winter 1972/73 war schneereich. Ich erinnere mich, dass ich Sonntagmorgens erstmal mit einer Stahlbürste die Zündkerze bearbeiten und diese dann trocknen musste, damit das Ding bei der Kälte ansprang und ich meine Bild-Zeitungen ausfahren konnte.

219 https://www.zweirad-union-mopeds.de/gallerie/typ_136/DkW-hummeld-elux.jpg

Ich war zwar noch keine 16 und hatte auch keinen Führerschein, aber die Gefahr, in eine Polizeikontrolle zu geraten, war Anfang der siebziger Jahre relativ gering.
Ein Unrechtsbewusstsein oder Angst vor Strafe hattest du als Jugendlicher eh nicht. Die Beamten, die ich ab und zu beim Vorbeifahren am Revier wahrnahm, waren meist ältere Herrschaften, die bestimmt anderes zu tun hatten, als einen jugendlichen Mopedfahrer zu kontrollieren. Und ich wurde ja auch nie kontrolliert...
Wir waren eben Kinder unserer Zeit. Klar, mir ist nicht erst seit heute bewusst, dass ich 1972 eine Verkehrsstraftat begangen habe. Und als Polizist kann ich das Ganze auch nicht gutheißen. Es zeigt mir aber auch, dass der Weg der Diversion im Jugendstrafrecht der richtige ist. Jugenddelinquenz wächst sich in der Regel mit den Jahren aus.
Ich bin dafür das beste Beispiel – aus mir ist ein überzeugter Verkehrspolizist geworden.

Das erste Moped für Ausfahrten zu zweit.
Nicht schön, aber es machte frei.

Die Runderneuerung des Opel Commodore GS

Meinen Führerschein machte ich erst im Sommer 1977 während meiner schichtfreien Zeiten. Fahrpraxis sammelte ich, wenn ich dienstfrei hatte, mit dem Fiat 127 meiner Mutter, aber überwiegend mit dem Opel Commodore meines Vaters, Farbe rot mit schwarzem Dach und dem Kennzeichen HD-SX 54.

Von da an hatte ich ziemlich viel mit der Polizei zu tun. Innerhalb eines knappen Jahres war ich in vier Verkehrsunfälle verwickelt.

Beim ersten war ich Samstagabends auf dem Weg in meine Stamm-Diskothek Manila. Ich fuhr auf der Karlsruher Straße Richtung Rohrbach Süd, als ein Ford Escort mit zu hoher Geschwindigkeit aus der Ortenauer Straße einbog und in meinen Fahrstreifen driftete. Ich musste stark abbremsen und ein Motorrad fuhr mir ins Heck. Außer Blechschaden war nichts passiert. Den flüchtigen Unfallverursacher konnte die Polizei jedoch nicht ermitteln.

Beim zweiten Unfall bog ich an einem Sonntagabend von der Brückenkopfstraße in Neuenheim nach rechts in Richtung Bismarckplatz ab. Von der anderen Seite bog ein Simca-Kleinwagen nach links ab, kam unachtsam in meine Fahrspur und fuhr mir gegen die linke hintere Seite – diesmal erwischte es den hinteren linken Kotflügel.

Beim dritten Unfall holte ich im Winter meine Freundin am Wochenende von der Hotelfachschule in Villingen-Schwenningen ab. Wir fuhren auf der Bundesstraße 14. In Oberndorf, an einer vereisten Brückenrampe, kam von oben ein Sattelzug. Der Fahrer bremste, sein Auflieger stellte sich quer zur Fahrbahn und rutschte uns entgegen. Ich konnte halten und sah, wie der Auflieger einen Kleinlaster vor uns rammte. Ich realisierte sofort, dass der Kleinlaster mit dem rechten Eck der Ladepritsche auf Höhe meiner Fahrertür einschlagen würde. Blitzschnell öffnete ich meinen Gurt und sprang meiner Freundin auf dem Beifahrersitz auf den Schoß. Da krachte es auch schon. Das Fenster meiner Fahrertür zerbarst und die Ladepritsche verfehlte meinen Kopf nur um Haaresbreite. Vom Aufprall wurden wir noch auf den Hintermann geschoben. Wir blieben unverletzt, aber den Fahrer des Kleinlasters hatte es übel am Bein erwischt. Er musste mit einem Krankenwagen abtransportiert werden.

Nach der polizeilichen Unfallaufnahme checkten wir den Opel. Der Kofferraum war eingedrückt und undicht und die Fahrertür und das Dach hatten einen Knick. Die Seitenscheibe war zersplittert und herausgebrochen. Das Auto war jedoch aus meiner Sicht noch funktionstüchtig und fahrbereit. So machten wir uns auf den Heimweg.

Sehr leichtsinnig, denn die Abgase diffundierten an diesem Wintertag durch den undichten Kofferraum ins geheizte Fahrzeuginnere. Nach einiger Zeit begann ich zu halluzinieren. Ich sah durch die Windschutzscheibe plötzlich einen großen Felsbrocken auf mich zufliegen. Ich fuhr rechts ran und wir verschafften uns erst einmal Frischluft. Nach einiger Zeit setzten wir dann bei geöffneten Scheiben unsere Heimfahrt fort. An die furchtbaren Kopfschmerzen am Abend kann ich mich noch erinnern. Das hätte auch schiefgehen können.

Den letzten Unfall hatte ich im Frühsommer 1978. Ich hatte eine kurze Schichtfolge in meiner Abhorchzentrale und durfte mit dem Auto zur Bundeswehr-Kaserne nach Frankenberg/Eder fahren. Es war Sonntagabend und es dämmerte schon. Auf der Autobahn A5 war kaum Verkehr. Auf der Höhe von Gießen wollte ich mit etwa 130 km/h einen VW Käfer überholen, als dieser abrupt auf die Überholspur zog. Im gleichen Augenblick sah ich von rechts ein Wildschwein auf mich zurennen. Bevor ich irgendeine Reaktion zeigte, krachte das Tier von schräg vorne in meine Beifahrertür, wurde herumgewirbelt, schlug noch in die Hintertür ein und wurde dann auf den Seitenstreifen abgewiesen. Finde mal sonntagabends eine geöffnete Polizeidienststelle. Meine Bundeswehrkameraden scherzten später, ich solle froh sein, dass der Einschlag nicht frontal rechts gewesen sei. Ich hätte doch glatt eine Sau als Beifahrerin gehabt.

Der Commodore meines Vaters wurde binnen eines Jahres runderneuert und ich bekam Anschauungsunterricht in polizeilicher Unfallaufnahme. Ich denke, ich hatte ziemliches Glück.

Meine ersten Punkte in Flensburg

Beim Kaufhaus Horten fuhr ich regelmäßig einen 7,5 Tonner mit Kofferaufbau. Bis auf zwei kleinere Blechschäden beim Rangieren blieb ich unfallfrei.

An Samstagen musste ich manchmal ran und mit einem VW-Bulli Kalte Buffets der Delikatess-Abteilung ausliefern. Einmal wohnte der Kunde in Schlierbach. Ich lieferte die kalten Platten ab und fuhr zurück. Auf der Höhe des Karlstores war just in dieser Woche eine Fotoüberwachung installiert worden. Die dortige Ampel sprang auf Gelb, ich dachte es reicht – tat es aber nicht und ich fuhr bei Rot über den Auslöser. Davon merkte ich aber nichts. Zurück im Lager hatte der Kunde reklamiert. Es fehlten noch zwei Platten. Also fuhr ich nochmal die Route. Klar – ich erwischte wieder dieselbe Ampelphase und wurde nochmal bei Rot fotografiert.

Das kostete zwei satte Bußgelder und brachte mir 6 Punkte in Flensburg ein.

Ein Opel Commodore GS, Baujahr 1974 – mein Vater war schon großzügig, mir den für damalige Verhältnisse hochmotorisierten Wagen trotz der Unfälle zu überlassen.

Und dann doch eine Polizeilaufbahn?

Bei einem Heimspiel der SG Kirchheim im Frühsommer 1979 traf ich den Cousin meines Vaters auf dem Fußballplatz.

„Hosch schun was g'funne?" (Hast du schon etwas gefunden?), fragte er mich nach meinem Berufsziel. Ich verneinte und er meinte ernsthaft, ich solle mich doch bei der Polizei bewerben. Sein Bruder sei beim Wirtschaftskontrolldienst und könne mir bestimmt helfen.

Wenig später gab ich meine Bewerbung beim Einstellungsberater der Polizeidirektion Heidelberg, im altehrwürdigen Gebäude in der Rohrbacher Straße 11 ab, dem ehemaligen Grand Hotel von 1877.
Am 3. März 1980 trat ich meine Ausbildung bei der Bereitschaftspolizei in Bruchsal an. Mein damaliger Gruppenführer erzählte mir später, dass meine Einstellung wegen der sechs Punkte in Flensburg zumindest in Frage gestellt wurde. Allerdings hätte ich einen Fürsprecher in dem damals Zuständigen für das Kraftfahrwesen gehabt. Als beruflicher Kraftfahrer hättest du auch häufiger als andere Situationen, in denen es Punkte geben kann, war seine Expertise. Als 23-Jähriger mit Bundeswehrerfahrung wurde ich schnell zum Ausbildungsassistenten in der Formalausbildung. Und auch den Personenbeförderungsschein ließ man mich aufgrund meiner Fahrpraxis machen.

Streifendienst im Polizeirevier Heidelberg-Nord
Nach der Ausbildung kam ich im Herbst 1981 in den Streifendienst des Polizeireviers Heidelberg-Nord nach Handschuhsheim. Dort setzte zu dieser Zeit der Bau-Boom für Medizin und Wissenschaft im Neuenheimer Feld mit Bau der Kopfklinik so richtig ein und verursachte uns viel Arbeit. Heute pendeln dort täglich bis zu 15.000 Arbeitnehmer und Studenten zu ihren Kliniken, Instituten und sonstigen Organisationen. Gerne erinnere ich mich an einige der schon diensterfahreneren Kollegen, die vor ihrer Versetzung nach Heidelberg überwiegend beim Mannheimer Notruf in der „Schlappenwache“[220] Dienst verrichtet hatten. Ihre Umgangsformen waren auffällig anders als die der in Heidelberg sozialisierten Kollegen. Und in bierseliger Atmosphäre vergossen sie Krokodilstränen über die schöne Zeit in Mannheim. Schon damals hörte ich immer wieder: In Mannheim ist alles anders!
Ich schaffte es im Rang eines Polizeimeisters zum stellvertretenden Dienstgruppenführer und machte 1985 die Zulassungsprüfung zum gehobenen Dienst.

Dienstgruppenführer im Polizeirevier Heidelberg-Mitte
Nach zweieinhalbjährigem Studium an der damaligen Fachhochschule für Polizei in Villingen-Schwenningen und dem Aufstieg in den gehobenen Dienst wurde ich 1987 Dienstgruppenführer beim Polizeirevier Mitte, am Schlossberg in der Heidelberger Altstadt.
Ladendiebstähle und Auswüchse des Nachtlebens dominierten schon damals unseren Berufsalltag.

220 Polizeirevier Mannheim Oststadt im Gebäude des Polizeipräsidiums

Die Angst vor AIDS kam auf. Ausgerechnet wir hatten im Nachtdienst einen angetrunkenen Autofahrer, der angab, HIV-positiv zu sein. Er sei Bluter und lasse sich deshalb kein Blut abnehmen. Der Vertragsarzt dieser Nacht war kein guter Venenfinder. Ich handelte mit dem jungen Mann aus, dass er in den Alkomaten bläst und wir, auch wenn der Grenzwert von damals 0,8 Promille überschritten wird, bei ihm keine Blutprobe anordnen.
Die Kollegen schauten ungläubig. Wir hatten keine Ahnung, wie man mit AIDS-Infizierten umgeht. Was wäre, wenn bei einer zwangsweisen Blutentnahme die Nadel abrutscht und einen von uns verletzt?
Im Fach Staats- und Verfassungsrecht hatte ich während meines Studiums das Prinzip der praktischen Konkordanz als eine Art Güterabwägung von Verfassungsrang kennengelernt. Der Verfassungsrechtler wendet dieses Prinzip an, wenn kollidierende Grundrechte im Weg des Ausgleichs miteinander in Einklang gebracht werden. Dabei fungiert das jeweils andere Grundrecht als Eingriffsrechtfertigung.
Für mich war die körperliche Unversehrtheit meiner Kollegen als verfassungsrechtliches Schutzgut mindestens gleichwertig, wenn nicht höherrangig, als der Strafanspruch des Rechtsstaates in einer minderschweren Verkehrsstrafsache. Bei der Abwägung gab ich der Gesundheit meiner Kollegen den Vorrang.
Die Staatsanwaltschaft akzeptierte meine Entscheidung und brachte den Fall ohne Blutprobenergebnis zur Anzeige. Der Richter traf sechs Monate nach dem Ereignis eine weise Entscheidung. Er stellte das Verfahren ein und händigte dem mittlerweile von seiner Krankheit gezeichneten Angeklagten den Führerschein wieder aus.
Und ich war erstmals aus den Konventionen ausgebrochen.

Meine Sichtungsjahre

1989 wurde ich zur Sichtung für die Laufbahn des höheren Dienstes vorgeschlagen. In den drei Sichtungs- und Vorbereitungsjahren habe ich schnell gemerkt, dass es sehr unterschiedliche Führungskräfte im höheren Dienst gab. Allen gemeinsam war, dass sie vor und während ihrer Sichtungszeit aus der Masse herausgeragt haben. Ich hatte nun mit vielen dieser „Goldfasanen" zu tun. Mein Eindruck von der Polizeihierarchie war: Es wurde wenig gelobt, dafür bei Fehlern schnell kritisiert. Ich richtete mein Verhalten danach aus und umschrieb dieses mit dem Begriff *„aggressive Demut"*.
Einer meiner Mentoren attestierte mir, ich wüsste zu allem etwas zu sagen, hätte aber ein sicheres Gespür dafür, wann das „Fallbeil" fällt. Mein Vorgesetzter im Innenministerium, damals Referatsleiter für

Verkehr, verabschiedete mich mit den Worten: „Sie waren sicher nicht mein bester Umläufer, aber einer der sympathischsten."
Ich schuf mir ein breites Erfahrungswissen – insbesondere im Einsatzbereich. Kein Sondereinsatz war mir zu viel oder zu lang. In rund 1.000 Einsatzstunden der unterschiedlichsten Einsatzformen sammelte ich dabei „Bilder im Kopf", und davon sehr viele. Dadurch bin ich in der Lage, bei Zeit- aber insbesondere in Sofortlagen die passenden Bilder unmittelbar abzurufen und schnelle Entscheidungen zu treffen.
Situationschancen gibt es dabei nur einmal – lässt man sie verstreichen, setzt man den Erfolg aufs Spiel. Deshalb gefiel mir auch auf Anhieb das Pareto-Prinzip. Wenn ich mit 20 Prozent meines Aufwandes 80 Prozent meines Zieles erreichen kann, warum sollte ich für die restlichen 20 Prozent meine Ressourcen vergeuden?
Diese setzte ich fortan für Kreativität und Mitarbeiterführung ein. Dazu muss man aber ein Philantrop sein und vertrauen können. Die eigentliche Führungsleistung ist die richtige Personalauswahl bei den Mitarbeitern, nicht die kleinliche Kontrolle danach.

Erste Erfahrungen mit dem Innenministerium
Die Monate vor der Zulassungsprüfung 1992 verbrachte ich im Innenministerium in der Dorotheenstraße in Stuttgart. Das Gebäude hatte den Charme der 1950er Jahre. Von Anfang an assoziierte ich das Gebäude mit einem Bienenstock, eingeteilt in unzählige Denkwaben.
Ich lernte das hierarchische Prinzip der Zeichnungsleiste dort erst richtig kennen. Selbst die einfachsten Grußformeln des Innenministers in einem kurzen Antwortschreiben wurden dabei mehrfach verdreht und umgestellt, bevor der Schlusszeichnungsberechtigte unterschrieb. Jetzt hatte der Satz zwar wieder denselben Wortlaut, wie von mir entworfen, aber jeder der hierarchisch Vorgesetzten hatte an der Entstehung mitgewirkt.
Jeder hatte dort ein Namenskürzel (ich war SCF) und wurde auch in Referentenunterhaltungen mit seinem Kürzel benannt. Vorgänge wurden in sogenannten Laufmappen weitergeleitet. Ich stellte mir damals vor, wenn ich in das Quadrate-Raster der Mappe statt des Kürzels einfach Meier, Müller oder Schulze geschrieben hätte, würde dieser Vorgang wenigstens zwei Jahre im Umlauf sein.
Die Arrivierten kamen etwas später, arbeiteten dafür aber regelmäßig länger. Der Management-Begriff „work-life-balance" war noch nicht entwickelt.
Viele besonders eilbedürftige Vorgänge aus dem 5. Stock des Ministers oder solche einzelner Landtagsabgeordneter landeten schlussend-

lich in den Schubladen des Vergessens. Ich erkannte schnell – das war nicht meine Welt.
Der damalige Landespolizeipräsident HTG fragte die Prüflinge im Assessment-Center oft danach, warum sie in den höheren Dienst wollten. Ich grübelte im Verlauf des Frühjahres 1992 auch darüber. Wenn ich morgens, via Bahnhof Bruchsal, in den Interregio nach Stuttgart umstieg, schien mir in Fahrtrichtung Osten oft die aufgehende, warme Frühlingssonne ins Gesicht. Dabei entwickelte ich meine – nicht ganz ernst gemeinte – Antwortformel:

Ich möchte einmal am Rausch aufkeimender Verantwortung teilhaben und dann in der Anflutung endorphiner Überlegenheitsgefühle zergehen.

Naja – ich wurde nie danach gefragt.

Die Jahre als „Goldfasan"
Nach meinem Studium an der Hochschule für Polizei, damals Polizeiakademie, in Münster Hiltrup verließ ich den Dienstort Heidelberg und kam zum 1. Juli 1994 nach Mannheim. Dort war der Leiter des Führungsstabes erkrankt und mir wurde dessen Aufgabe übertragen. Schon nach einem halben Jahr erbat ich eine Aussprache mit meinem damaligen Vorgesetzten, der mich deutlich spüren ließ, dass er mit meiner Leistung unzufrieden war. Als Stabschef fällte ich für ihn zu schnelle Entscheidungen, ließ er mich wissen. Aus Sicht der mir nachgeordneten Referenten „schoss ich zu oft aus der Hüfte". Gemeint war damit wohl mein Hang zum Pareto-Prinzip. Während die klassische Stabsarbeit zur Beleuchtung und Beurteilung jeder theoretischen Möglichkeit neigte, entschied ich mich nach Praktikabilitäten und Plausibilitäten. Die gewonnene Zeit nahm ich mir, um beispielsweise während der Dienstzeit zwei Stunden Dienstsport zu machen. So etwas war damals für einen Beamten des höheren Dienstes fast unanständig. Und so nahm mir mein damaliger Vorgesetzter in diesem Gespräch zwischen Weihnachten und Silvester mein „Offiziersehrenwort" ab, dass ich Mannheim bei nächster Gelegenheit wieder verlasse.
Mangels freier Stellen ergaben sich solche Gelegenheit zunächst nicht und er stimmte zu, dass ich 1995 die Verkehrspolizeiinspektion in Mannheim übernahm. Es stellten sich schnell erste Erfolge ein, die ihm imponierten. Er gab daraufhin zu, dass er sich nicht vorstellen konnte, dass man mit solch einer hemdsärmeligen Art erfolgreich sein könne. Er fragte mich gar, ob ich mir vorstellen könnte, in Mannheim zu bleiben. Und wie ich konnte. Heute sind wir übrigens Freunde.

Und ich schaffte mir Freiräume, um auch kreativ sein zu können. Ich delegierte nicht nur Aufgaben, sondern auch die Verantwortung für den übertragenen Bereich. Ich schenkte meinen Mitarbeitern Vertrauen und ließ sie erfolgreich sein. Nebenbei wurde bei uns immer viel gelacht. Ich lebte vor, dass man auch mit der vorgeschriebenen Wochenarbeitszeit seinen Auftrag erfolgreich erfüllen kann und nur in Ausnahmephasen Überstunden anhäufen muss. Mein Prinzip war, nicht nur zu loben, sondern auch bei unbequemen Angelegenheiten offen und ehrlich zu sein. Vorgesetzten gegenüber war ich immer loyal aber auch immer kritisch. Konformismus zur Erreichung von beruflichen Zielen war nie meine Sache. Und ich beanspruchte den mir übertragenen Aufgaben- und Verantwortungsbereich immer zu 100 Prozent. Dafür übernahm ich auch die volle Verantwortung für das polizeiliche Handeln meiner Belegschaft.
Schmunzeln musste ich, als mir auf facebook ein Artikel angezeigt wurde, Titel „Diese 5 Sternzeichen sind die besten Chefs".
Jungfrau: Mir nach!
Detailorientiert und in jeder Angelegenheit nach Exzellenz strebend, sind Jungfrauen gleichzeitig auch die lustigsten Vorgesetzten. Sie sind an den meisten Tagen unglaublich kreativ und verspielt, so lange Du Deine Arbeit auf ihre Art erledigst.
Man sollte vielleicht betonen, wie wichtig es ihnen ist, dass Du Dich an ihre Vorgaben hältst, doch sobald Du aufhörst zu murren und Dich an die Arbeit machst, wirst Du merken, dass Dein Jungfrau-Chef Dir alles bietet, was Du brauchst, um in Deinem Beruf zu wachsen und hervorzustechen.[221]
Schmunzeln musste ich deshalb, weil einer meiner nicht ganz ernst gemeinten Vortragssprüche immer war: *Seht zu, dass es mir gut geht. Dann geht es euch gut – aber in dieser Reihenfolge.*
In all den bewegten Jahren war mir, mit zeitweiligen Unterbrechungen, auch die Verkehrspolizei unterstellt, die innerhalb der Polizei schon immer ein gewisses Stiefmütterchen-Dasein fristet und von manchem Streifenbeamten belächelt wird. Das ist wohl auch der Grund, warum es im Land Baden-Württemberg nur wenige echte Verkehrsexperten im höheren Dienst gibt.
Im Rahmen der letzten großen Reform der Baden-Württembergischen Polizei wurden das Polizeipräsidium Mannheim und die Polizeidirektion Heidelberg verschmolzen. Ich durfte bis Ende 2013 die neue Verkehrspolizeidirektion Mannheim planen und aufbauen. Zum 1. Janu-

221 https://www.apost.com/de/blog/diese-5-sternzeichen-sind-die-besten-chefs/5996/?rd=n

ar 2014 wurde ich mit der Wahrnehmung der Aufgaben des Leiters dieser nun größten Verkehrspolizei im Lande beauftragt. Diese endet, aufgrund eines ergänzenden politischen Reformbeschlusses der Regierungskoalition zur Auflösung der Verkehrspolizeidirektionen im Land, zum 31. Dezember 2019, nach sechs Jahren.
So schließt sich der Kreis und belegt, dass auf der obersten Führungsebene in Baden-Württemberg keine gewachsene Lobby für die Verkehrspolizei vorhanden ist. Das ist bedauerlich und wird der Wertschätzung der verkehrspolizeilichen Aufgaben in der Gesellschaft nicht gerecht.
Die Vorläufigkeit meiner Beauftragung hat bis zur Auflösung meiner Direktion zum 31.12.2019 Bestand.
Einige werden sagen, ich war selbst mit schuld daran. Mag sein, aber ich halte denen entgegen, wenn gute Leistung aus Desinteresse oder eigener Machtvollkommenheit gar nicht wahrgenommen wird und Konformität der wichtigste Karrierebaustein ist, bereue ich nichts.

Gelassenheit und persönliches Interesse – das hätte ich mir manchmal auch von meinen Vorgesetzten gewünscht.

Mein Fremdbild

In mehr als 25 Jahren mit Führungsverantwortung hat man auch viele Kontakte zur Presse und den Medien. Ich denke, der Kontakt war immer konstruktiv und von beidseitiger Wertschätzung getragen. Die Themen, die ich dienstlich aufgriff, waren immer von Bürgernähe, Offenheit, aber auch Konsequenz geprägt. Dementsprechend positiv war auch immer die Berichterstattung.
Bezeichnend war die überwältigende Medienresonanz bei der Pressekonferenz zur Vorstellung der Initiative „Hellwach mit 80 km/h" – der „Rampenboden" bei der Hafengesellschaft Mannheim war rappelvoll.
Aus dieser Veranstaltung entsprang auch der Kommentar „Aufwachen"[222] des Mannheimer Journalisten und Bloggers Hardy Prothmann, Chefredakteur des Rheinneckarblogs. Natürlich hat jeder, der in der Öffentlichkeit wirkt, seine eitle Seite. Und wer würde behaupten, dass ihm ein ehrlich gemeintes Lob nicht guttut. Ich jedenfalls freute mich riesig, ob dieser Wirkung, die ich erzielt hatte.

Hier also der Kommentar in Auszügen:
Mannheim/Rhein-Neckar, 19. Juli 2018. (red/pro) Dieter Schäfer hat es wieder getan. Er hat sich was ausgedacht und genetzwerkt. Wenn der Polizeidirektor sich was in den Kopf setzt, dann setzt er es auch um – erfolgreich. Bundesweit bekannt wurde er als „Poser-Jäger" mit seiner „Stop-Posing"-Aktion. Dafür hat er sich eine Medaille verdient. Mit der Initiative „Hellwach mit 80" könnte er Pokalgewinner werden.
Kommentar: Hardy Prothmann
Ich kenne Dieter Schäfer etwa seit 2008, also gut zehn Jahre.
<... >
Der Mann ist vollständig geerdet, ein erfahrener Polizeibeamter, ein absoluter Verkehrsexperte und irgendwie hat er den Rechtsstaat in den Genen. Er kann sehr, sehr böse gucken, wenn er das muss, aber meist lächelt er freundlich und verbreitet eine angenehme Atmosphäre. Aufgebrachten Bürgern und Verkehrsteilnehmern wie mir begegnet er geduldig und fachkundig.

Tiefpunkt Kurdenkrawall

Sein persönliches Waterloo hat er als Einsatzleiter beim Kurdenkrawall erlebt. Der massive Angriff von mehreren hundert aggressiven Gewalttätern mit Steinen auf seine Beamten haben ihn damals sichtlich mitgenommen. Über 70 verletzte Beamte. Damit hatte niemand gerechnet und

222 https://rheinneckarblog.de/19/aufwachen/141927.html

auch hier war eine Grenze erreicht. Er richtete eine Art „Sorgengruppe" für seine Kollegen ein, damit diese den Einsatz im Austausch verarbeiten konnten. Er selbst schrieb das Buch „Die Gewalt-Falle", was ich jedem, der sich für Polizeiarbeit interessiert oder sich beruflich damit beschäftigt, ans Herz lege. Obwohl ich selbst vor Ort war, sehr viel zum Thema wusste, habe ich noch viel mehr gelernt.
Misserfolge gehören zu jedem Leben – Dieter Schäfer lernt immer draus und entwickelt weiter. Bei seinen Kollegen ist er sehr geschätzt, weil er sich für sie einsetzt und ernst nimmt. In Heidelberg hat er mit der Aktion „plus 5" klare Erfolge erzielen können, was die Reduzierung von Fahrradunfällen angeht. Durch intensive Schulungen seiner Verkehrspolizei (er ist der kommissarische Leiter der Verkehrspolizeidirektion, weil das Land ihn nicht zum Leitenden Direktor machen wollte, was auch mit seiner direkten Art zu tun hat, aber eine andere Geschichte ist) zeigt er wieder Erfolge – immer mehr Drogenfahrten werden von den Beamten aufgeklärt.

Pokalfinale „Hellwach mit 80"

Seine „Stop-Posing"-Aktivitäten wurden bundesweit berichtet und von anderen Präsidien übernommen. Gegen die protzenden Krawallmacher in getunten Autos vorzugehen – damit hat er vielen Menschen geholfen, die unter dem Krach leiden mussten und wohl auch viele Unfälle verhindert. Dafür hat er eine Medaille verdient.
Die von ihm angestoßene Initiative „Hellwach mit 80" ist möglicherweise sein Meisterstück, für das er einen Championsleague-Pokal erhalten sollte, so es denn funktioniert und es sieht gut aus, dass es funktioniert. Sicher brütet er schon länger darüber, wie man schwere Lkw-Unfälle verhindern kann. Schärfere Gesetze, höhere Strafen, mehr Kontrollen? Dieter Schäfer wäre nicht Dieter Schäfer, wenn er außer dem Rechtsstaat nicht an die Menschen denken würde.
Das größte Problem und die größte Erfolgsaussicht, dieses zu lösen, sind die Fahrer. „Keiner fährt freiwillig auf ein Stauende auf", ist seine kurze Analyse, die auch klar machen soll, dass es nicht darum geht, „einen Schuldigen" zu finden. Dafür müsste Herr Schäfer sich nur irgendwo hinstellen und Schuldige suchen. Er würde genug finden.

Schäfer sucht sich immer Partner

Nein, er will an die Wurzel des Problems. Es gibt massenhafte Fehlentwicklungen, die Fahrer ablenken von der Situation auf der Straße. Zeitdruck ist ein Faktor, aber auch elektronische Geräte wie Smartphones: „Das Problem haben wir auch bei anderen Verkehrsteilnehmern. Die sitzen aber nicht auf 40 Tonnen, die mit Wucht nach vorne schieben."

Seine Analyse: Unfälle lassen sich nie ganz vermeiden, aber es macht einen Unterschied, ob jemand ungebremst mit 80 Sachen in ein Stauende knallt oder mit deutlich niedrigerer Geschwindigkeit. Je niedriger die Geschwindigkeit, desto höher die Überlebenswahrscheinlichkeit.
Dieter Schäfer hat sich die Partner gesucht, die er braucht. Logistikunternehmen, Versicherer und kommunale Verantwortungsträger. Das erste Netzwerk ist geknüpft und durch seine klare, nüchterne und zugleich verbindliche Art konnte er schnell begeistern und das Projekt nimmt zügig Fahrt auf.

Präsenter Charakter
Dieter Schäfer ist ein sehr präsenter Charakter. Stämmige Figur, breiter Schädel, Schnauzbart. Mehr „Klischee-Bulle" geht nicht. Wären da nicht seine lustig blitzenden Augen, die zeigen, dass der Mann durch und durch Mensch ist, an Menschen interessiert und sich für Menschen einsetzt.
Natürlich hat auch Herr Schäfer eine eitle Seite. Dass man ihn nicht zum Leitenden Polizeidirektor gemacht hat, hat ihn enttäuscht. Denn er zeigt außerordentliche Leitungsbereitschaft, ist nachgewiesen äußerst erfolgreich und hat das aus seiner Sicht verdient. So, wie ich ihn kenne, ist er drüber weg. Er hat nicht mehr lange bis zur Pensionierung, eigentlich könnte er schon im Ruhestand sein, hat aber verlängert.
„Hellwach mit 80" – kleiner Scherz – könnte auch ein Zukunftsprojekt für ihn sein, wenn er dann mal irgendwann 80 ist. Es ist tatsächlich ein Zukunftsprojekt – denn der Lkw-Verkehr wird bis 2030 um 39 Prozent zunehmen, prognostiziert das Bundesverkehrsministerium. Gleichzeitig sind viele Autobahnen und Brücken überlastet. Das heißt, es gibt mehr und mehr Baustellen. Diese sorgen für Staus. Und wenn dann von hinten ein unaufmerksamer, abgelenkter Brummi-Fahrer kommt, gibt es Tote. Sozusagen „unausweichlich".

Es geht nur miteinander
Fragen, was die Initiative denn soll, denn Lkw dürften ja nur 80 Stundenkilometer schnell fahren, beantwortet er geduldig. Es geht nicht darum, was man darf oder nicht darf, sondern um Vernunft. Nicht nur im Führerhaus, sondern auch bei den Unternehmen und allen, die irgendwie mit Schwerlastverkehr zu tun haben und das sind wir irgendwie alle, denn dieser Verkehr transportiert unsere Waren, ob für die Wirtschaft oder die Verbraucher.
Mich hat Herr Schäfer damals echt angestrengt, aber letztlich überzeugt. Es isst sich besser an einem Tisch als hinterm Lenkrad. Smartphones lenken ab und es gibt nichts, was wichtig genug wäre, um so unter Zeitdruck zu sein, dass man Leben gefährden könnte.

Für „Hellwach mit 80" wünsche ich Herrn Schäfer und allen Mitstreitern viel Erfolg. Es ist auch eine Initiative mit gesellschaftlicher Relevanz gegen eine immer egoistischere Gesellschaft, in der jeder der Erste sein will. Das wird nicht funktionieren. Es geht nur miteinander.

Na ja, dem ist eigentlich nichts hinzuzufügen (grins). Und wenn ich ehrlich bin, streichelt es auch mein Ego. Sage niemand, er wäre für so etwas nicht empfänglich.

Das war's!

Bei einer Dienstversammlung im Oktober 2018 zur Neuausrichtung der Verkehrspolizei, die zum 1. Januar 2020 vollzogen wird, gab ich den Zeitpunkt meiner Demission bekannt.

Mein Entschluss stand fest. Zum 31. Dezember 2019 würde ich „das Licht bei der Verkehrspolizeidirektion ausmachen."

Und ich bin überzeugt, dass der Innenminister mit seiner neuerlichen Reform der Reform, mit seinem Beschluss zur Auflösung der Verkehrspolizeidirektionen, einen großen Fehler begangen hat.

Er hat eine neue Organisationsform, die für die deutlich kleineren Verkehrspolizeien im ländlich strukturierten Raum seiner CDU-Wähler vielleicht praktikabel erscheinen mag, auch auf die Verkehrspolizei in den Großstädten übertragen.

Dort haben die Abläufe vorbildlich und erfolgreich funktioniert. Es gab überhaupt keinen Grund, Stadt und Land über einen Kamm zu scheren. Und welcher Konzernchef würde seine beste und erfolgreichste Filiale schließen?

Die organisatorische Auflösung des Spezialistentums in der Verkehrspolizei mit der Maßgabe, dass jeder künftig alles machen kann, nimmt der Verkehrspolizei ihre über Jahrzehnte entwickelten Skills und ihre gewachsene Identität.

Der amtliche Tenor ist: *Die Aufgabenwahrnehmung erfolgt gebündelt in den Verkehrsgruppen (multifunktionale verkehrspolizeiliche Aufgabenwahrnehmung).*

Ich prognostiziere, dass in den omnipotenten Großgruppen Spezialwissen schleichend verblasst und die Motivation leidet. Der Spezialist verkümmert binnen weniger Jahre zum Generalisten, da die wechselseitigen Erfahrungen und der Wissenstransfer nicht mehr unter Peers stattfinden.

Learning by doing wird schwieriger und seltener und den Fortbildungseinrichtungen der Polizei fehlen die Kapazitäten, um diesen Wissensverlust auszugleichen.

Die Pensionierungswelle tut ihr Übriges dazu. Die Qualität verkehrspolizeilicher Arbeit verändert sich nachteilig. Letztendlich muss die Stadtbevölkerung das aushalten. Will sie das auch?
Die nächste Reform ist praktisch schon vorgezeichnet.

Heimatverbundenheit, Treue und Selbsterkenntnis
Was wurde eigentlich aus Wolfgang, mit dem ich vom ersten Schultag bis zum Abitur in einer Klasse war. Er studierte Jura, blieb unserer Heimatgemeinde „Kääsche" treu und gründete eine Feld-, Wald- und Wiesen-Kanzlei, wie er zu sagen pflegt.
Bei einem Mandat Mitte der 1990er bekam er es mit einem Obergerichtsvollzieher zu tun. Man nahm Korrespondenz auf und stellte fest, dass man gemeinsam das Helmholtz-Gymnasium besucht hatte und in derselben Klasse war.
Nun wurden Erinnerungen aufgefrischt und Telefonate geführt. Seither treffen sich sieben glorreiche Klassenkameraden, die die Mitte der Gesellschaft abbilden, monatlich in der Goldenen Rose, natürlich in „Kääsche", zur Pflege des gemeinsam erlernten Wertekanons – ich mittendrin.
Denn Freundschaft ist nicht eine Frage des „Wie oft", sondern eine Frage des Wollens.
Und natürlich ist sie stark beeinflusst von einer gemeinsamen Prägung. Bei uns fand diese in den ersten Jahren im Helmholtz-Gymnasium in den ausklingenden Sixties statt.
Leider fordern der berufliche Stress und die sozialen Bindungen und Belastungen auch ihren Tribut.
Wolfgang und einen weiteren Stammtischbruder warfen 2018 unterschiedliche ernsthafte Erkrankungen aus der Bahn. Zwei weitere mussten krankheitsbedingt ihre Lebensgewohnheiten ändern.
Die Einschläge kommen näher – das sagt sich so einfach.
Du wirst auf Anhieb demütig und bescheiden.
Und natürlich hoffst du auf ein Happy End für die Freunde und stellst dir die Frage:
War deine Work-Life-Balance stimmig?
Niemand außer dir selbst kann dies beantworten.

Mein Schwanengesang als Verkehrspolizeichef

Ich bin zwar raus. Bis zu meinem selbst gewählten Pensionierungszeitpunkt im Frühjahr 2020 nehme ich jedoch noch meine Urlaubsansprüche wahr und feiere Überstunden ab. Dazwischen verabschiede ich mich während verbleibender zwei bis drei Wochen von Menschen, die mir in den vielen Jahren wichtig waren.
Rückblickend waren diese sechs Jahre als Verkehrspolizeichef meine schönsten und erfolgreichsten Jahre in einer fast 26-jährigen Karriere als Führungskraft beim Polizeipräsidium Mannheim.
Für die Annalen des Polizeipräsidiums Mannheim bleibt: Ich war der erste und gleichzeitig der letzte Chef der Verkehrspolizeidirektion Mannheim.
Als ich mich am 17. März 2017 spontan entschloss, den Umzug der Berufsfeuerwehr Mannheim vom Stadtteil Lindenhof ins neue Domizil in Neckarau anzuführen, erlebte ich hautnah, was es bedeutet, den Brüdern und Schwestern der Behörden und Organisationen mit Sicherheitsaufgaben anzugehören.
50.000 Menschen, tausende Kinder, säumten in der Dunkelheit die Fahrtstrecke und erwiesen den Rettern die Ehre. Dem Drängen meines Führungsassistenten, den Blaulichtumzug kurzerhand eine Ehrenrunde um das Wahrzeichen Mannheims, den Wasserturm, fahren zu lassen, gab ich Gott sei Dank nach – pure Gänsehaut[223].
Und als ich in der Mühlburger Straße Kleinkinder in Schlafanzügen an den Fenstern stehen sah, die mit großen Augen ihre Nasen an den Scheiben plattdrückten, wusste ich, dass es etwas ganz Besonderes ist, dieser **Blaulichtbruderschaft** anzugehören.
Wir schützen, retten und bergen. Ich habe mich für Ersteres entschieden und meinen Weg nie bereut. Wer das Beschützer-Gen in sich trägt und für das Gemeinwesen eintritt, findet seinen Weg besonders in der Verkehrspolizei. Mehr Bürgernähe im Alltag geht nicht. Und ich bin sehr stolz, dass ich die Geschicke der größten Verkehrspolizei des Landes Baden-Württemberg sechs Jahre lang bestimmen durfte.
Ja, ich war laut und extrovertiert.
Aber ich war auch kreativ und habe Spuren hinterlassen.
Mit hunderten, vielleicht tausenden Berichten in sämtlichen Medien, weit über die Region hinaus, war ich wohl auch der erfolgreichste Verkehrspolizei-Chef der letzten Jahre.
Und ich habe der Verkehrspolizei Mannheim zu dem Ansehen verholfen, das ihr in unserer Gesellschaft gebührt.

223 https://www.rnf.de/mediathek/video/5zehn-blaulichtumzug-in-mannheim/

Barbara, du sagtest mir bei einem Hafenclub-Treffen, ich könne Menschen bewegen – deshalb wird das Buch auch gelesen werden. – Danke.

Träume? Ich kann nicht die Gesellschaft verändern.
Wenn es mir aber gelänge, zusammen mit der Blaulichtbruderschaft eine breite Ächtung der Smartphone-Nutzung bei der aktiven Verkehrsteilnahme anzustoßen und damit Unfallgefahren abzuwehren – das wäre ein tolles Finale.
BOS-Kameradinnen und Kameraden – bundesweit sind wir Legion.

Und zum Schluss – ausdrücklich ja!

Ich war gerne Verkehrspolizist –

auf zu neuen Aufgaben.

Die Entstehung des Buches

Stell dir vor, du sitzt am Ufer des Gardasees bei angenehmen Temperaturen in einem ein wenig aus der Zeit gefallenen Ambiente zu Beginn des 20. Jahrhunderts.
Mit jedem Hauch des lauen Sommerwinds küsst dich die Muße.

Nochmal herzlichen Dank an:

KARL GÄRTNER
ILLUSTRATION · MALEREI

Dieter Schäfer

Die Gewaltfalle

Ein Dokumentarbericht zur Bewältigung und Aufarbeitung der Gewaltexzesse gegen die Polizei beim Kurdischen Kulturfestival im September 2012 in Mannheim

Was als friedliches Kulturfest mit 40.000 Besuchern auf dem Maimarktgelände geplant war, eskalierte in einer noch nie erlebten Gewaltexplosion, in deren Folge 73 Beamte zum Teil schwer verletzt wurden.

Der Autor, Einsatzleiter der Polizei bei diesem Ereignis, nimmt den Leser mit auf eine Informations- und Erkenntnistour, die authentische Einblicke in die polizeiliche Einsatzbewältigung und -nachbereitung gestattet.

Darüber hinaus gewährt er bewegende Einblicke in das Empfinden und die Stressbelastungen der Polizeibeamtinnen und -beamten, die den Gewaltwellen ausgesetzt waren.

Neben dem Informationsgehalt geht es ihm auch um die Ächtung von Gewalt gegen Polizeibeamtinnen und -beamten.

Taschenbuch
11,7 x 18,7 cm, 176 Seiten
ISBN: 978-3-86476-034-1
E-Book
ISBN EPUP: 978-3-86476-610-7
ISBN PDF: 978-3-86476-611-4